# AI as a
# Service

## 쉽게 배우는
## AWS AI 서비스

챗봇, 음성인식, 크롤러 프로젝트를
구현하며 만나는 서비스형 AI

# 쉽게 배우는 AWS AI 서비스

챗봇, 음성비서, 크롤러 프로젝트를 구현하며 만나는 서비스형 AI

**초판 1쇄 발행** 2022년 4월 15일

**지은이** 피터 엘거, 오언 셔녀히 / **옮긴이** 맹윤호, 임지순 / **감수자** 곽근봉 / **펴낸이** 김태헌
**펴낸곳** 한빛미디어(주) / **주소** 서울시 서대문구 연희로2길 62 한빛미디어(주) IT출판부
**전화** 02-325-5544 / **팩스** 02-336-7124
**등록** 1999년 6월 24일 제25100-2017-000058호 / **ISBN** 979-11-6224-552-1  93000

**총괄** 전정아 / **책임편집** 서현 / **기획** 최민이 · 이민혁 / **편집** 이민혁
**디자인** 표지 윤혜원 내지 박정화 / **전산편집** 김민정
**영업** 김형진, 김진불, 조유미, 김선아 / **마케팅** 박상용, 송경석, 한종진, 이행은, 고광일, 성화정 / **제작** 박성우, 김정우

이 책에 대한 의견이나 오탈자 및 잘못된 내용에 대한 수정 정보는 한빛미디어(주)의 홈페이지나 아래 이메일로
알려주십시오. 잘못된 책은 구입하신 서점에서 교환해드립니다. 책값은 뒤표지에 표시되어 있습니다.

**한빛미디어 홈페이지** www.hanbit.co.kr / **이메일** ask@hanbit.co.kr

**지금 하지 않으면 할 수 없는 일이 있습니다.**
**책으로 펴내고 싶은 아이디어나 원고를 메일(writer@hanbit.co.kr)로 보내주세요.**
**한빛미디어(주)는 여러분의 소중한 경험과 지식을 기다리고 있습니다.**

# AI as a Service

## 쉽게 배우는
## AWS AI 서비스

챗봇, 음성인식, 크롤러 프로젝트를
구현하며 만나는 서비스형 AI

MANNING    HB 한빛미디어
Hanbit Media, Inc.

## 지은이 소개

### 피터 엘거Peter Elger

fourTheorem의 공동 설립자이자 CEO이다. 피터는 영국의 JET 조인트 언더테이킹JET Joint Undertaking에서 경력을 시작하여 7년 간 핵융합 연구용 획득, 제어, 데이터 분석 시스템 구축 분야에서 재직했다. 그는 연구용 소프트웨어뿐 아니라 상업용 소프트웨어에 이르기까지 재해 복구, 통신, 소셜 미디어 등 광범위한 영역에서 기술 리더십 역할을 수행했다. fourTheorem을 설립하기 전 피터는 소셜 광고 플랫폼 스티처 애드Stitcher Ads와 Node.js 컨설팅 회사 니어폼NearForm의 공동 설립자이자 CTO를 역임했다. 피터는 현재 최첨단 머신러닝 기술을 서버리스와 클라우드 아키텍처의 적용을 통해 고객에게 실질적인 비즈니스 가치를 제공하는 데 몰두하고 있다. 대규모 분산 소프트웨어 시스템을 설계하는 것부터 이를 구현하는 국제 팀을 이끄는 것까지 다양한 경험을 가지고 있으며, 물리학과 컴퓨터 과학 학위를 보유하고 있다.

### 오언 셔너히Eóin Shanaghy

fourTheorem의 공동 설립자이자 CTO이다. 1980년대 중반에 운이 좋게도 싱클레어사의 제드엑스 스펙트럼ZX Spectrum(8비트 개인용 컴퓨터)을 통해 프로그래밍을 시작할 수 있었다. 이는 그가 분해를 시도하지 않은 최초의 전자 제품이었으며, 그는 대신 소프트웨어 시스템을 분해하고 분석하고자 했다. 현재 기술 컨설팅 회사이자 AWS 파트너 fourTheorem의 CTO이자 공동 설립자로, 스타트업과 대기업을 위한 시스템 구축 및 확장 경험을 가진 아키텍트이자 개발자이다. 오언은 자바 기반 분산 시스템 시절부터 시작하여 다양한 기술들을 접해왔다. 일례로, 2000년의 레거시 시스템을 최신 풀스택 폴리글랏 컨테이너를 지원하는 서버리스 애플리케이션으로 전환했다. 오언은 더블린 트리니티 칼리지에서 컴퓨터 공학을 전공했다.

## 옮긴이 소개

**맹윤호** yunhomaeng@yonsei.ac.kr

IBM의 Data&AI 팀에서 엔지니어로 근무했고, NCT Marketing의 최고데이터책임자(CDO)로 근무했다. 연세대학교에서 데이터 분석 전공으로 석사 과정을 졸업하고 박사 과정을 수료했다. SK C&C, KISTI, NRF, DBpia 등에서 프로젝트를 진행하였으며 Apache Zeppelin, Qiskit, KoGPT-2 등 오픈소스 프로젝트에 기여했다. 삼성, 현대, LG, 딜로이트 등 기업을 대상으로 강연하고 연세대학교, 이화여대, 중앙대학교, 상명대학교, 한성대학교 등에서도 강연했다. 참여 도서로는 『머신러닝 디자인 패턴』(한빛미디어, 2021), 『Do it 강화학습입문』(이지스퍼블리싱, 2021), 『코딩진로』(호모루덴스, 2021), 『초소형 머신러닝 TinyML』(한빛미디어, 2020), 『하이퍼레저 블록체인 개발』(한빛미디어, 2019), 『블록체인의 정석』(지앤선, 2019) 등이 있다. 깃허브에서 @YUNHO0130으로 활동하고 기술 블로그와 유튜브 채널을 운영하고 있다.

**임지순** jisoon.lim@gmail.com

낮에는 계약서와 코드를 두드리고 밤에는 신시사이저와 기타를 난도질하는 공학과 미디어의 주변인. 임베디드 프로그래머, 미들웨어 개발자, 프로젝트 매니저, 사업 개발 등 다양한 직군에 종사해왔으며 최근에는 엔터테인먼트 산업에서 다양한 웹 프로젝트를 진행 중이다. 사회적인 덕후로 생존하기 위해 오늘도 코드, 그리고 글과 씨름하고 있다. 참여 도서로는 『머신러닝 디자인 패턴』(한빛미디어, 2021), 『초소형 머신러닝 TinyML』(한빛미디어, 2020), 『라즈베리 파이로 배우는 컴퓨터 아키텍처』(위키북스, 2017) 등이 있다.

## 감수자 소개

**곽근봉** kkb2849@gmail.com

NBT의 CTO이자 제품총괄로 근무했으며, NCT Marketing CEO로 근무한 바 있다. KAIST 분산처리 연구소에서 석사로 재학하던 도중 NBT를 창업하여 캐시슬라이드, 애디슨 등 Ad-tech 영역에서 다양한 프로젝트를 진행했다. Tensorflow KR의 AI 논문읽기 모임인 PR21의 1기 멤버로서 활동하며 국내 AI 커뮤니티 활성화에 기여했다. 또한 AI와 Ad-Tech를 결합한 광고상품 개발, CTR 예측 모델 등을 구현하며 광고 도메인에서 AI를 적극적으로 도입하고 있다. AI 논문 리뷰 유튜브 채널(https://www.youtube.com/channel/UCmy2BD9vDCY9L_YlhyKbVUA/)과 Ad-Tech 소개 채널(https://www.youtube.com/channel/UCwDX7JciYo-MoEPtwhRgLCjw)을 운영하고 있다.

"기업이 언제 죽는다고 생각하나?"

"경쟁사가 카피캣을 들고 나왔을 때? 아니."
"어른의 사정으로 시스템은 멀쩡한데 하루 종일 장애 공지만 올리고 있어야 할 때? 아니."
"모기업의 탐욕으로 경영권에서 밀려 회사에서 쫓겨났을 때? 천만에!"

"시장(Market)에서 잊혀질 때다."

『원피스』, Dr. 히루루크의 대사 오마주

기술 기업이 망하는 가장 큰 원인은 무엇일까? 해외 리서치 기관의 조사에 따르면, 만든 제품이 시장에서 원래 필요하지 않음을 의미하는 'No Market Needs'라고 한다. 신경망 모델만 들어가면 너도나도 AI라고 이야기하며 인간 일자리의 종말을 외치던 AI 붐 초기와는 다르게, 이제는 옥석을 가리는 시기가 되었다. 이제 더 이상 AI이기 때문에 쓰는 경우는 줄어들었다. 대신, 많이 쓰던 제품과 기능이 AI였구나 하고 깨닫는 경우가 늘어났다. 이와 같은 변화는 무엇을 의미할까? 이는, AI에 대한 대중의 시각이 돈을 벌지 않아도 기업의 경쟁력 선점을 위해 AI를 갖추어야 했던 R&D 관점에서 AI가 실질적으로 고객에게 가치를 전달하는 역할을 하는 비즈니스 관점으로 초점을 옮겼다는 의미다.

『쉽게 배우는 AWS AI 서비스』는 이런 관점에서 세상에 나오게 된 책이다. AI가 단순히 논문과 그 구현체에서 벗어나 실질적으로 돌아가는 시스템의 일환으로서 기능하기 위해 필요한 기술적 근간에 대해 서술하고 있다. 특히나 이를 위해 AWS를 활용하여 기업이 시장의 니즈를 파악하기 위한 시간과 비용을 최소한으로 단축했다. 이는 시장의 니즈에 대한 가설 수립과 검증의 사이클을 빠르게 가져갈 뿐만 아니라, AI로 구현한 서비스의 실질적인 비용을 낮춤으로써, 마켓 니즈를 지속적으로 확인할 수 있다는 장점을 지닌다.

시장에게 영원히 기억되는 AI 서비스를 만들고 싶은가? 그렇다면, 『쉽게 배우는 AWS AI 서비스』를 통해 빠르게 AI 서비스를 구현하여 가설을 검증해보자. AI 서비스가 시장에서 잊혀지기 전에.

**맹윤호**

# 추천사

지난 20년 동안 AI는 우리 삶에서 점점 더 중요한 역할을 해왔습니다. 검색 결과, 제품 추천, 광고를 개선하고 의료 종사자가 더 나은 진단을 제공하도록 지원하기 위해 전 세계 기업에서 뒤에서 조용히 AI 기술을 사용해 왔습니다. 그 결과 AI 기술은 우리 주변에 흔히 존재하게 되었고, 머지 않아 우리는 자율주행차를 타고 여행도 가능할 것입니다!

AI가 점차 중요해지면서 함께 관련 기술에 대한 수요도 증가했습니다. 머신러닝이나 딥러닝에 대한 전문 지식을 갖춘 엔지니어는 종종 큰 기술 회사에서 엄청난 급여를 받게 되었습니다. 게다가, 지구상의 모든 애플리케이션은 AI를 사용하여 사용자 경험을 개선할 수 있습니다. 그러나 관련 기술 보유한 사람을 채용하고 AI 모델을 훈련하는 데 필요한 양의 데이터를 확보하는 능력은 여전히 진입장벽으로 남아 있습니다.

다행스럽게도 클라우드 제공업체는 데이터 수집, 전처리, AI 모델 훈련을 간소화하도록 점점 더 많은 AI 서비스를 제공하고 있습니다. 예를 들어 AWS에서는 퍼스널라이즈$^{Personalize}$를 통해 아마존의 제품 추천 기술과 동일한 기술을 사용할 수 있으며, 트랜스크라이브로 알렉사를 지원하는 음성 인식 기술을 사용할 수 있습니다. 다른 클라우드 제공업체(GCP, Azure, IBM 등)도 유사한 서비스를 제공하며 이러한 서비스를 통해 일상적인 애플리케이션에서 AI 기반의 기능들을 보게 될 것입니다. 그리고 이와 같은 서비스가 더 좋고 더 쉽게 접근할 수 있게됨에 따라 극소수의 전문영역을 제외하고는 사람들이 자신의 AI 모델을 훈련할 필요가 줄어들 것입니다.

마침내 AI 모델 훈련의 세부 사항보다 AI 서비스 활용에 중점을 둔 책을 보게 되어 기쁩니다. 이 책은 AI와 머신 러닝의 중요한 개념을 일반인의 관점에서 설명합니다. 다시 말해, AI를 주제로 한 대화에서 흔히 들을 수 있는 전문용어가 난무하지 않고 상식적인 수준으로 정확히 AI 서비스가 무엇인지를 설명합니다. 그리고 이 책의 장점은 'AWS에서 이러한 AI 서비스를 사용하는 방법'뿐만 아니라 애플리케이션을 서버리스 방식으로 구축하는 방법도 다룬다는 점입니다. 프로젝트 구성에서 시작하여 지속적인 배포(CI/CD), 효과적인 로깅 전략, 서비스, 애플리케이션 지표 설정, 애플리케이션 모니터링 방법에 이르기까지 모든 것을 다룹니다. 이 책의 후반부에는 통합 패턴의 보물창고와 기존 애플리케이션에 마법처럼 AI를 적용하는 방법에 대한 실제 사례도 있습니다.

서버리스란 소프트웨어 개발에서 비즈니스와 고객의 요구를 최전선에 두고 가능한 많은 관리 서비스를 활용하여 최소한의 노력으로 최대 비즈니스 가치를 창출하는 것을 목표로 하는 사고 방식입니다. 이러한 사고 방식은 개발자 생산성과 기능 개발 속도를 향상시킵니다. 그리고 종종 AWS와 같은 거인의 어깨 위에 구축함으로써 더 확장 가능하고 탄력적이며 안전한 애플리케이션을 만듭니다.

서버리스는 소프트웨어를 중심으로 비즈니스를 구축하는 방식으로, 먼 미래 다른 이들의 이야기가 아닙니다. 서버리스는 현실이며, 지금 우리가 구현할 수 있는 시스템 구성 방식입니다. 이 책은 서버리스 개발을 시작하는 데 도움이 되는 AI 서비스를 애플리케이션에 통합하여 사용자 경험을 향상시키는 방법을 보여줍니다. 서버리스를 통해 일석이조의 효과를 이야기해봅시다.

**얀 쿠이**Yan Cui, **AWS 서버리스 히어로 독립 컨설턴트**

## 지은이의 말

4차 산업혁명이 다가온다! 향후 10년은 유전자 편집, 양자 컴퓨팅, 인공 지능(AI)과 같은 분야에서 엄청난 발전을 보게 될 것이다. 우리 대부분은 이미 매일 AI 기술과 상호작용하며 살고 있으며, 이는 단순히 자율주행차나 자동 잔디 깎기를 의미하지는 않는다. AI는 이러한 명백한 예보다 훨씬 더 널리 퍼져 있다. 이를테면, 아마존 웹 사이트를 방문했을 때 나오는 추천 상품이나, 항공편 재예약을 위해 항공사와 방금 나눈 온라인 채팅, 은행에서 귀하의 계정에서 발생할 수 있는 사기 거래에 대해 경고한 문자를 생각해보자. 이러한 모든 예는 AI와 머신러닝 기술에 의해 이루어진다.

앞으로 점점 더 개발자는 자신이 구축하는 제품 및 플랫폼에 '스마트'한 AI 기능과 인터페이스를 추가해야 한다. 물론 AI와 머신러닝의 얼리 어답터들은 이를 진행하고 있다. 그러나 이를 위해서는 연구 개발에 막대한 투자가 필요하며 일반적으로 맞춤형 AI 모델을 훈련, 테스트, 배포, 운영하기 위해 데이터 과학자 팀이 필요하다. 이와 같은 양상은 상업용 AI의 강력한 힘으로 인해 빠르게 변화하고 있다.

니콜라스 카Nicholas Carr는 2010년 베스트셀러인 『빅 스위치Big Switch』(동아시아, 2008)에서 클라우드 컴퓨팅을 전기에 비유하여 결국 우리가 컴퓨팅 리소스를 유틸리티로서 소비하게 될 것이라 예측했다. 우리가 살고 있는 현재는 진정한 유틸리티 컴퓨팅의 시점이 아니지만 이 소비 모델이 빠르게 현실화되고 있다는 것이 점점 더 분명해지고 있다.

클라우드 네이티브 서비스의 범위와 기능이 폭발적으로 증가하는 추세를 보면 알 수 있다. 클라우드 스택의 상품화는 서버리스 컴퓨팅 패러다임을 불러왔다. 서버리스 컴퓨팅이 미래에 소프트웨어 플랫폼과 제품을 구축하기 위한 사실상의 표준 아키텍처가 될 것이다.

광범위한 애플리케이션 스택의 상품화와 함께 AI도 빠르게 상품화되고 있다. 이미지 인식, 자연어 처리, 챗봇 인터페이스와 같은 영역에서 주요 클라우드 제공업체에서 제공하는 AI 서비스의 수를 확인해보자. 이러한 AI 서비스는 매달 그 수와 기능이 증가한다.

우리 회사인 fourTheorem에서는 이러한 기술을 매일 사용하여 고객이 AI 서비스를 적용하여 기존 시스템을 확장하고 개선할 수 있도록 지원하고 있다. 우리는 고객이 서버리스 아키텍처와 도구를 채택하여 플랫폼 개발 노력을 가속화하도록 돕고, 클라우드에서 더 효율적으로 실행할 수 있도록 레거시 시스템을 재구성하는데 우리의 경험을 사용하고자 한다.

서버리스와 AI 서비스의 급속한 성장과 제품화로, 이를 실제 프로젝트에 적용해보았다. 이와 같은 경험이 이 책을 쓰게된 동기가 되었으며, 우리는 서비스형 AI^AI as a Service로 성공할 수 있도록 엔지니어 가이드를 제공하고자 했다. 새로운 시대의 소프트웨어 개발 방식에 대해 여정을 시작한 당신에게 행운을 빈다!

**피터 엘거와 오언 셔너히**

## 이 책에 대하여

『쉽게 배우는 AWS AI 서비스』는 AI 지원 플랫폼과 서비스를 구축하기 위한 엔지니어 가이드를 목표로 집필되었다. 이 책의 목표는 지엽적인 요소에 얽매이지 않고 신속하게 결과를 도출할 수 있도록 하는 것이다. AI와 머신러닝은 큰 주제이며 이러한 분야를 마스터하려면 배워야 할 것이 엄청나게 많다. 누군가가 이 작업을 수행하지 못하도록 하려는 의도는 아니지만 결과를 빨리 얻어야 하는 경우 이 책이 속도를 높이는 데 도움이 될 것이다.

이 책은 점점 더 중요해지고 있는 두 가지 기술인 서버리스 컴퓨팅과 AI에 대해 살펴볼 것이다. 우리는 개발자의 관점에서 이를 검토하여 실용적이고 실질적인 가이드를 제공하고자 한다.

모든 주요 클라우드 공급업체는 다음과 같은 관련 AI 서비스를 제공하기 위한 경쟁에 참여하고 있다.

- 이미지 인식
- STT(음성을 텍스트로 변환), TTS(텍스트를 음성으로 변환)
- 챗봇
- 번역
- 자연어 처리
- 추천 엔진

이 목록은 시간이 지날 수록 점점 늘어날 것이다!

좋은 소식은 이러한 서비스를 사용하기 위해 AI나 기계 학습 전문가가 될 필요는 없다는 것이다. 이 책은 개발자의 일상 업무에 이러한 서비스를 적용하는 방법을 안내할 것이다.

AI 서비스의 성장과 함께 이제 서버리스 접근 방식을 사용하여 최소한의 운영 오버헤드로 애플리케이션을 구축 및 배포를 진행할 수 있다. 우리는 앞으로 몇 년 안에 이 책에서 설명하는 도구, 기술, 아키텍처가 엔터프라이즈 플랫폼 개발을 위한 표준 도구 키트의 일부가 될 것이라고 믿는다. 이 책은 여러분의 빠른 학습을 돕고 서버리스 아키텍처를 사용하여 새로운 시스템을 구축하여 기존 플랫폼에 AI 서비스를 적용하는 데 도움을 줄 것이다.

## 이 책을 읽어야 할 사람

『쉽게 배우는 AWS AI 서비스』는 AI로 향상된 플랫폼 및 서비스를 구현해야 하는 풀스택 및 백엔드 개발자를 위해 작성되었다. 또한 AI를 통해 시스템을 향상시키고 개선할 수 있는 방법을 이해하고자 하는 솔루션 아키텍트와 프로덕트 오너(PO)에게도 가치가 있다. 데브옵스<sup>DevOps</sup> 전문가는 시스템 구축 및 배포에 있어 '서버리스 방식'에 대한 귀중한 통찰력을 얻을 것이다.

## 이 책의 구성: 로드맵

이 책은 총 3부이며 9개의 장으로 구성된다.

1부에서는 이 책을 읽는데 필요한 배경 지식을 제공하고 간단한 서버리스 AI 시스템을 살펴본다.

- 1장 두 기술 이야기: 지난 몇 년간 서버리스 컴퓨팅의 부상에 대해 설명하고 서버리스가 진정한 유틸리티 클라우드 컴퓨팅인 이유를 설명한다. 다음으로 AI에 대한 간단한 내용을 살펴보며 경험이 없는 독자가 빠르게 이해할 수 있도록 돕는다.
- 2장, 3장 서버리스 이미지 인식 시스템 만들기: 기존 이미지 인식 기술을 사용하는 서버리스 AI 시스템을 빠르게 구축할 것이다. 독자는 이 시스템을 배포하고 실험하여 이미지 인식을 사용할 수 있는 방법을 탐색할 수 있다.

2부에서는 개발자가 서버리스와 기존 AI 모델을 효과적으로 사용하기 위해 알아야 하는 개별 도구 및 기술에 대해 자세히 설명한다.

- 4장 서버리스 방식의 웹 애플리케이션 구축과 보안: 서버리스 웹 응용 프로그램을 구축 및 배포해볼 것이며, 서버리스 방식으로 애플리케이션을 보호하는 방법을 살펴볼 것이다.
- 5장 웹 애플리케이션에 AI 인터페이스 추가하기: STT, TTS, 대화형 챗봇 인터페이스를 포함하여 서버리스 웹 애플리케이션에 AI 기반 인터페이스를 추가하는 방법을 탐구할 것이다.
- 6장 서비스형 AI를 효과적으로 활용하는 방법: 프로젝트 구조, CI/CD, 관찰 가능성을 포함하여 이 새로운 기술 셋을 사용하여 효과적인 개발자가 되는 방법에 대한 몇 가지 구체적인 조언을 제공할 것이다.
- 7장 기존 플랫폼에 AI 적용하기: 서버리스 AI가 기존 플랫폼이나 레거시 플랫폼에 어떻게 적용될 수 있는지 자세히 살펴볼 것이다. 여기에서 우리는 적용할 수 있는 일반적인 패턴에 대한 조언을 제공하고 이러한 패턴의 적용을 설명하기 위한 몇 가지 포인트와 솔루션을 살펴볼 것이다.

3부에서는 본격적인 AI 기반 시스템의 맥락에서 처음 두 부분에서 배운 내용을 통합하는 방법을 살펴본다.

- 8장 실제 AI를 위한 대규모 데이터 수집: 서버리스 웹 크롤러의 예를 사용하여 대규모 데이터 수집을 검토해볼 것이다.
- 9장 빅데이터에 AI를 적용해 인사이트 얻기: 서버리스 웹 크롤러에서 수집한 데이터를 사용하여 서비스형 AI를 사용하여 대규모 데이터 셋에서 가치를 추출하는 방법을 살펴볼 것이다.

독자는 1장의 자료를 검토하여 주제에 대한 기본적인 기초를 다지고 개발 환경을 설정하는 방법을 설명하는 2장의 내용에 세심한 주의를 기울이는 편이 좋다. 이 책은 각 장이 이전 장에서 배운 예제와 학습을 기반으로 하기 때문에 순서대로 읽는 것이 가장 좋다.

## 예제 코드

이 책에는 번호가 매겨진 코드부터 본문 중에 소스 코드가 포함되는 등 많은 예가 포함되어 있다. 두 경우 모두 소스코드는 일반 텍스트와 구분하기 위해 고정 너비 글꼴로 서식이 지정된다. 때로는 기존 코드 상에서 변경된 코드를 볼드체로 변경해 강조한다.

많은 경우 원본 소스 코드를 일부 수정하였다. 책이라는 매체에서 사용 가능한 페이지 공간을 수용하기 위해 줄 바꿈을 추가하고 들여쓰기를 다시 작성했다. 드물지만 이마저도 충분하지 않았고, 경우에 따라 같은 줄에 적힌 코드라는 의미로 라인 연속 마커(➥) 또한 사용했다. 추가적으로, 소스 코드에 작성되어있는 주석이 제거되어있기도 하다. 코드 주석은 중요한 개념을 강조하면서 많은 목록과 함께 제공된다. 이 책의 예제에 대한 소스 코드는 https://github.com/hanbit/ai-as-a-service 리포지토리에서 사용할 수 있다.

## 감사의 말

먼저 우리가 책을 완성하기 위해 노력하는 동안 이해심과 인내심을 바탕으로 지원해준 가족들에게 감사드립니다. 오언은 이 자리를 빌어 아내 킬린Keelin의 끝없는 인내, 도덕적 지원, 필수 기술 검토에 대해 감사드리고자 합니다. 또한 세계 최고의 아이들이 되어준 이퍼Aoife와 코맥Cormac에게도 감사를 전하고 싶습니다. 피터는 그의 딸 이소벨Isobel과 케이티Katie에게 감사를 표하고 싶습니다.

오언과 피터는 fourTheorem의 공동 설립자인 피오나 매케나Fiona McKenna에게 감사를 전합니다. 그녀의 믿음과 전문성, 다방면에 걸친 끊임없는 지원이 없었다면 이 책은 나올 수 없었을 것입니다.

이런 프로젝트는 시작하는 것이 가장 어렵기에, 초기에 도움을 주신 분들께 감사를 표합니다. 요하네스 알만Johannes Ahlmann은 이 책이 만들어질 수 있도록 아이디어 제안, 저술 및 토론에 참여했습니다. 제임스 대드James Dadd와 로버트 폴러스Robert Paulus는 귀중한 도움과 피드백을 제공했습니다.

또한 이 책을 가능하게 해준 매닝Manning의 멋진 팀에도 감사드립니다. 특히 개발 편집자인 레슬리 트리츠Lesley Trites의 인내와 지원에 감사드립니다. 또한 검토와 피드백을 주신 기술 개발 편집자인 팔락 마투르Palak Mathur와 알 크링커Al Krinker에게도 감사드립니다. 프로젝트 편집자인 디아드레 히암Deirdre Hiam에게도 감사드립니다. 우리 편집자 벤 베르그Ben Berg, 교정자 멜로디 돌랍Melody Dolab과 검토 편집자 이반 마르티노비치Ivan Martinović에게도 감사를 표합니다.

그리고, 이 책의 서문을 써주신 얀 쿠이Yan Cui에게 감사드립니다. 뛰어난 아키텍트이자 모든 서버리스의 챔피언인 얀의 지지에 감사드립니다.

**피터 엘거와 오언 셔너히**

저자와 같은 맥락에서 번역서 또한 완성하는데에는 많은 노력과 인내심이 필요한 작업이라고 말하고 싶습니다. 그리고 저 또한 이를 위한 많은 분들의 노고가 있었다고 말씀드리고 싶습니다. 우선, 초기에 함께 작업을 제안해주신 임지순 역자님께 이 자리를 빌어서 감사의 말씀을 드립니다. 혼자서는 이 책을 내놓을 수 없었을 겁니다. 또한 물심양면으로 지원해주신 한빛미디어에도 감사를 드립니다. 이 책이 나오기까지 많은 우여곡절이 있었습니다. 번역 작업을 수락한 뒤 탈고를 하기까지 제 개인적으로는 소속 변경이 있어 더욱 세상에 나오기 힘든 서적이었습니다. 특히나 새로 바뀐 인터페이스에 맞게 실습과 스크린샷을 다시 찍고 해당 내용을 바탕으로 원문을 수정해주신 이민혁 편집자님께 지면을 통해서라도 감사의 말씀을 드리고자 합니다. 이 분의 노력이 없었더라면 제 때에 책이 나올 수 없었을 겁니다. 이 외에도 초기에 기획과 커뮤니케이션을 진행해주신 최민이 편집자님, 끝까지 믿어주시고 지켜봐주신 서현 팀장님께도 감사드립니다.

맹윤호

# CONTENTS

---

**PART** ▎ **서버리스 AI 시작하기**

**CHAPTER 1 두 기술 이야기 – 서버리스 컴퓨팅과 인공지능**

# CONTENTS

CHAPTER **2 서버리스 이미지 인식 시스템 만들기 – 크롤러 구축**

## CHAPTER 3 서버리스 이미지 인식 시스템 만들기 – 분석 서비스 구축

# CONTENTS

# CHAPTER 5 웹 애플리케이션에 AI 인터페이스 추가하기

# CHAPTER 6 서비스형 AI를 효과적으로 활용하는 방법

# CONTENTS

## CHAPTER 7 기존 플랫폼에 AI 적용하기

# CONTENTS

**PART III 서버리스 AI를 통한 데이터 수집 및 분석**

**CHAPTER 8 실제 AI를 위한 대규모 데이터 수집**

## CHAPTER 9 빅데이터에 AI를 적용해 인사이트 얻기

# CONTENTS

## 부록

# 서버리스 AI 시작하기

1부에서는 서비스형 AI^AI as a Service(AIaaS)를 빠르게 익힐 수 있도록 기초를 다진다. 먼저 1장에서는 인공지능^Artificial Intelligence(AI)과 서버리스 컴퓨팅^Serverless Computing의 발전과 역사를 살펴본다. 최신 기술을 알아보고, AWS에서 사용 가능한 서비스를 표준 아키텍처 구조로 분류한다. 2장과 3장에서는 AIaaS 서비스 플랫폼으로 첫 번째 프로젝트인 서버리스 이미지 인식 시스템을 구축해본다.

## Part I

# 서버리스 AI 시작하기

# CHAPTER 1

# 두 기술 이야기
# – 서버리스 컴퓨팅과 인공지능

**이 장의 목표**

◆ 클라우드 환경

◆ 서버리스란?

◆ AI란?

◆ 대중화를 이끄는 무어의 법칙

◆ 표준 서비스형 AI 아키텍처

◆ 아마존 웹 서비스의 표준 아키텍처

환영한다! 이 책은 최근 폭발적으로 성장하고 있는 두 가지 기술인, 서버리스 컴퓨팅과 인공지능(AI)을 공학적 관점에서 살펴볼 것이다. 공학적 관점에서 본다는 표현은, 이 책이 많은 이론에 얽매이지 않고도 서비스형 AI^(AI as a Service)(AIaaS)를 시작하고 실행할 수 있는 실용적인 실습 가이드를 제공함을 의미한다.

서버리스 컴퓨팅과 AI에 대해서는 이미 들어보았을 것이다. 또 이 서로 다른 두 가지 주제를 한 권의 책으로 결합한 이유가 궁금할 것이다. 다음 장에서 살펴보겠지만, 두 기술의 조합은 엔터프라이즈 및 B2C 플랫폼 개발을 위한 사실상의 표준이 될 가능성이 높다. 이 조합은 소프트웨어 개발자와 그들이 일하는 기업에 기존 시스템을 확장, 개선하고 새로운 AI 지원 플랫폼을 신속하게 개발, 배포할 수 있는 엄청난 힘을 제공할 수 있다.

세상은 점점 디지털화되고 있다. '디지털 전환^(digital transformation)'이라는 말을 들어봤을 것이다. 디지털 전환이란 기존에 보통 스프레드시트, 로컬 데이터베이스를 사용하거나 소프트웨어를 전혀 사용하지 않고 수동으로 실행하던 비즈니스 프로세스를 클라우드에서 실행되는 플랫폼으로 전환하는 프로세스를 말한다. 서버리스는 디지털 전환을 가속화하는 일련의 도구를 제공하고, AI는 비즈니스 프로세스의 전체 또는 일부에서 인간의 자리에 컴퓨터가 대체하며 전환 과정의 핵심부를 구성할 것이다.

소프트웨어 개발자는 이러한 플랫폼을 구현하자는 요구를 점점 더 많이 받게 될 것이다. 즉, 소프트웨어 산업에 종사하는 대부분의 사람들은 이러한 유형의 시스템을 설계, 개발, 유지 관리하는 데 더욱 더 익숙해져야 한다.

혹시 '나는 AI에 대해 아무것도 모르는데 굳이 엄청 어려워 보이는 AI 전문가가 되어야 하나?' 라는 의문을 가질 독자가 있겠지만, 당황하지 마라! 서버리스 AI 시스템을 구축하기 위해 데이터 과학자나 머신러닝 전문가가 될 필요는 없다. 이 책에서 볼 수 있듯이 대부분의 기반은 이미 '기성품' 클라우드 AI 서비스의 형태로 출시되어있다. 소프트웨어 전문가의 목표는 이런 기성품을 활용하여 솔루션을 구축하는 것이다.

간단하게 호텔 체인을 예시로 상상해보자. 이 기업은 성공적인 호텔 운영과 수익 창출을 위해 많은 프로세스가 필요하다. 그 예로, 특정 날짜의 객실 요금을 결정한다고 생각해보자. 가격이 너무 높으면 공실이 발생하고, 너무 낮으면 회사의 수익 창출이 어려워진다. 이 프로세스의 운영자는 지역 경쟁부터 연중 시간, 예상 날씨, 해당 지역에서 발생할 수 있는 이벤트 같은 요소를 총합해 고려하여 경험에 의존한 객실 요금을 결정한다. 일단 결정을 내린 이후, 이 요금을 외부로 공개하지만 지역 조건의 변경과 객실 예약 현황에 따라 객실 요금이 지속적으로 조정할 것이다.

이런 프로세스는 최적화와 연관된 문제이므로 AIaaS 플랫폼을 사용하기에 매우 적합하다. 클라우드 네이티브 서비스를 사용하면, 로컬 이벤트 정보를 제공하는 웹사이트 스크랩하거나 API를 사용해 필요한 데이터를 수집하고 저장하는 서비스를 빠르게 개발할 수 있다. 이렇게 수집한 데이터를 기성품 AI 모델을 사용하여 해석하고, 기존 신경망을 교차 학습시키면 최적 객실 요금을 계산할 수 있다. 요금은 다른 서비스를 통해 자동으로 공개할 수 있다. 이제 AI를 잘 모르는 사람이라도, 클라우드 네이티브 AI와 데이터 서비스를 연결만 하면 이러한 시스템을 구축할 수 있다.

관심분야가 주로 간단한 웹사이트나 저수준 통신 프로토콜 개발 분야라면 AIaaS에 큰 관심이 생기지는 않을 것이다. 그러나 대다수의 소프트웨어 전문가에게 앞으로 AIaaS는 커리어에 직결되는 요소가 될 것이다!

# 1.1 클라우드 생태계의 조망

소프트웨어 산업에 종사하는 사람이라면 클라우드 컴퓨팅에 대해 최소한 기본적인 이해를 가지고 있을 것이다. 클라우드 컴퓨팅은 다른 사람의 하드웨어에서 가상 서버를 실행하는 메커니즘인 서비스형 인프라Infrastructure as a Service(IaaS)로 시작되었다. 이후 클라우드 컴퓨팅은 다양한 컴퓨팅 부하를 처리할 수 있는 훨씬 더 풍부한 주문형 서비스 제품군으로 발전했다. 현재 주요 사업자로는 아마존, 구글, 마이크로소프트가 대표적이며, 아마존 웹 서비스Amazon Web Service(AWS)는 놀라울 정도로 다양한 제품을 제공하는 클라우드 인프라의 핵심 사업자로서 위상을 지키고 있다.

2021년 12월 기준으로 아마존, 구글, 마이크로소프트의 플랫폼은 매우 유사한 서비스를 제공하고 있다. [표 1-1]에서 아마존(AWS), 구글, 마이크로소프트(애져Azure)에서 사용할 수 있는 서비스의 개수를 확인할 수 있다.[1]

표 1-1 클라우드 서비스 개수 (2022년 2월 기준)[2]

| 서비스 유형 | AWS | 구글 | 애져 |
| --- | --- | --- | --- |
| AI 및 머신러닝 | 33 | 27 | 32 |
| 컴퓨팅 | 10 | 10 | 20 |
| 컨테이너 | 11 | 8 | 8 |
| 개발자 도구 | 16 | 18 | 8 |
| 데이터베이스 | 15 | 7 | 14 |
| 스토리지 | 9 | 4 | 18 |
| IoT | 12 | 1 | 22 |
| 네트워크 | 11 | 18 | 22 |
| 보안 | 20 | 25 | 16 |
| 기타 | 106 | 116 | 117 |
| 총계 | 243 | 234 | 277 |

---

**1** 출처: https://aws.amazon.com/products, https://cloud.google.com/products, https://azure.microsoft.com/en-us/services

**2** 옮긴이_ 서비스 숫자가 특정 클라우드의 우수성을 보장하는 것은 아니다.

보다시피 수많은 서비스가 있고, 각 서비스마다 고유한 API를 갖고 있다. 물론 이렇게 끊임없이 새로운 서비스가 추가되고 업데이트되어 변화하는 생태계의 모든 서비스를 상세하게 이해하기란 어렵다. 그렇다 하더라도, 이런 생태계를 잘 이해하는 유능한 엔지니어가 되려면 어떻게 해야 할까?

그러기 위해서는 아키텍처의 원칙을 이해하고, 특정 비즈니스 목표를 달성하기 위해 그에 맞는 서비스를 선택해 시스템을 구성하는 방법을 이해해야 한다. 또한 목표하는 결과에 맞는 서비스 종류를 숙지하고, 필요한 새 서비스를 신속하게 이해하고 활용할 수 있도록 해당 서비스의 세부 사항을 심층적으로 분석하는 능력이 필요하다.

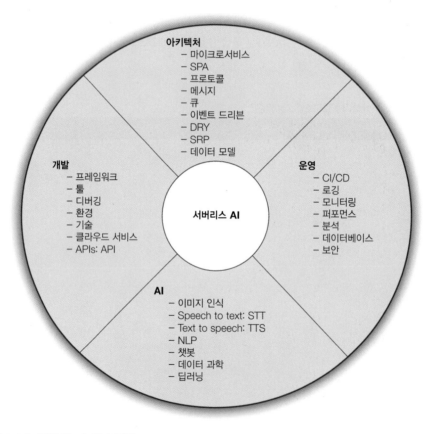

그림 1-1 효과적인 AIaaS 엔지니어링

[그림 1-1]은 AIaaS 플랫폼을 이해하기 위한 사고 방식을 다음 네 가지 요소에 기반을 두고 간략하게 도식화한 모델이다.

- **아키텍처**: 서버리스 컴퓨팅을 사용하기 위한 효과적인 아키텍처 패턴은 무엇인가?
- **개발**: 최고의 개발 툴, 프레임워크, 기술은 무엇인가?
- **AI**: 사용 가능한 머신러닝과 데이터 처리 서비스는 무엇이며, 어떻게 하면 가장 적절하게 비즈니스 문제를 해결할 것인가?
- **운영**: 어떻게 하면 이 서비스를 효과적으로 프로덕션과 운영 관리에 투입할 수 있을까?

이 책에서는 챗봇 및 음성−텍스트 변환speech-to-text(STT)과 같은 머신러닝 서비스를 통합하는 소프트웨어 시스템의 예제를 만들면서 각 AI 하위 주제의 애플리케이션에 대하여 알아볼 것이다. 이어서 효과적인 서버리스 개발을 위한 프레임워크와 도구, 그리고 서버리스 환경에서 효과적으로 디버깅하는 방법도 알아본다. 뒤에는 AI 도구와 기술을 플랫폼 운영에 적용하는 방법과 서버리스 플랫폼을 보호하는 방법을 살펴본다.

또한 소프트웨어 아키텍처에 대한 기존 경험이 서버리스 도메인에 어떻게 적용되는지 살펴보고, 각 클라우드 서비스를 상황에 맞게 배치하기 위한 AIaaS 플랫폼의 표준 아키텍처를 만든다. 이러한 표준 아키텍처는 책 전체에서 개발하는 예제 시스템의 참조 모델로 사용할 것이다.

이 장의 나머지 부분에서는 서버리스와 AI의 개발 과정과 각각의 역사에 대해 알아보겠다. 이러한 중요한 배경을 알면 서버리스와 AI가 산업으로서 오늘날의 위치에 어떻게 도달했는지, 마냥 복잡해 보이는 AI와 클라우드 컴퓨팅 분야가 어떻게 진화했는지 이해할 수 있을 것이다. 모든 이론은 이 장에서 정리하고 2장부터는 바로 코드를 살펴보겠다.

## 1.2 서버리스란?

서버리스serverless라는 용어에 대한 공식적인 정의는 없지만, 비공식적으로는 다음과 같이 정의할 수 있다.

> 서버리스 컴퓨팅은 클라우드 공급자가 서비스 사용자의 기본 리소스를 동적으로 관리하는 클라우드 유틸리티 컴퓨팅의 한 형태이다. 서버리스 컴퓨팅은 기본 인프라에 대한 추상화 계층을 제공해 최종 사용자의 관리 부담을 덜어준다.

서버리스 소프트웨어는 클라우드 소프트웨어의 일종으로, 서버나 컨테이너처럼 인프라를 명시적으로 생성하고 관리하지 않는다. 즉 기존 컴퓨팅 리소스는 클라우드 공급자가 관리하고 실행하는 함수로 대체되며 이것을 서비스형 함수$^{Function-as-a-Service}$(FaaS)라고 한다. 서버리스 애플리케이션은 데이터베이스, 파일 스토리지 또는 메시지 큐와 같은 묵직한 전용 리소스를 생성하지 않는 대신, 방대한 워크로드를 처리하기 위해 자동으로 확장되는 클라우드 업체가 제공하는 관리형 서비스에 의존한다. 서버리스 애플리케이션의 또 다른 중요한 점은 가격 구조다. 클라우드 업체는 사용 여부와 정도에 관계없이 서버리스 애플리케이션에 대한 리소스 비용을 청구하지 않고, 함수가 호출되거나 관리형 서비스가 사용될 때에만 비용을 청구한다. 이런 사용량과 인프라 비용과의 정비례 관계로 인하여 많은 비용 절감이 가능하다.

서버리스 컴퓨팅의 원칙은 다음과 같이 요약할 수 있다.

- 서버와 컨테이너는 필요에 따라 실행되는 클라우드 함수로 대체된다.
- 맞춤형 리소스보다는 관리형 서비스, 서드파티 API를 선호한다.
- 아키텍처는 주로 이벤트 기반이며 분산되어있다.
- 개발자는 하위 수준의 인프라가 아닌 핵심 제품 구축에 집중할 수 있다.

사실 서버리스라는 표현은 약간 잘못 설정된 용어다. 사실 모든 작업은 항상 서버를 사용하기 때문이다! 어쨌든 서버리스의 요점은 사용자가 더 이상 기반 인프라에 신경을 쓸 필요가 없다는 것이다. 클라우드 공급자는 FaaS와 기타 관리 서비스를 통해 기본 인프라에 대한 추상화 계층을 제공한다.

어떻게 보면 컴퓨팅의 역사는 모든 추상화 계층의 탄생과 연관되어있다. 초기 컴퓨터 사용자는 운영체제의 추상화가 이루어질 때까지 물리적 디스크 섹터와 레지스터를 다뤄야 했다. 프로그래밍 언어는 점점 더 정교해지는 일련의 추상화를 통해 어셈블리 언어와 같은 낮은 수준의 언어에서 파이썬$^{Python}$과 같은 현대의 동적 언어로 발전했다. 서버리스 또한 마찬가지이다.

개발자, 데브옵스$^{DevOps}$ 전문가, 관리자, 기술 전문가 등 소프트웨어 개발 기술에 종사하는 사람은 누구나 이 업계의 변화 속도가 다른 분야와 다르다는 것을 알고 있다. 의사, 치과 의사, 변호사, 토목 기술자 같은 직업이 소프트웨어 산업과 같이 정신차릴 수 없는 속도로 지식을 업데이트해야 한다고 상상해보자. 물론 상상하기 어려운 일이다.

이는 곧 혜택이자 저주다. 이 업계의 많은 사람들은 최신의, 최고의 기술 스택을 사용하기 즐기지만, 선택할 수 있는 언어, 플랫폼, 기술이 너무 많아 선택의 역설에 시달리기도 한다.

한동안 업계에 종사해 온 많은 이들은 최신 기술 동향이나 프레임워크를 따르는 추세에 회의적인데, 충분히 타당한 태도다. 그러나 지금 서버리스와 AI의 물결은 단기적인 추세가 아닌, 진정한 패러다임의 변화라는 것이 필자의 신념이다.

서버리스가 실제로 무엇을 의미하는지 이해하려면 먼저 어떻게 이 업계가 오늘날에 이르렀는지를 이해한 다음, 그 핵심 동력을 파헤쳐야 한다. 바로 '속도'다!

# 1.3 속도에 미치다

컴퓨터 산업의 역사와 발전은 흥미로운 주제로 이를 다룬 명저도 많다. 이 책에서 컴퓨터 산업의 역사를 완전히 정리할 수는 없지만, 몇 가지 주요한 역사적 흐름과 그 이면의 동력을 이해할 필요가 있다. 이를 통하여 서버리스가 논리적으로 역사의 다음 흐름에 위치한 단계인 것을 알 수 있다.

## 1.3.1 초창기

컴퓨팅의 역사는 고대의 주판으로 거슬러 올라간다. 많은 역사가들은 19세기에 에이다 러브레이스<sup>Ada Lovelace</sup>가 찰스 배비지<sup>Charles Babbage</sup>를 위해 구현한 알고리즘이 최초의 컴퓨터 알고리즘이라고 말한다. 초기 컴퓨팅 환경은 제한된 목적으로만 동작하는 알고리즘을 위해 설계된 복잡하고 무거운 시스템이었다. 현대 소프트웨어 시대의 포문을 연 것은 1964년 개발된 최초의 멀티태스킹 운영체제 멀틱스<sup>MULTICS</sup>였고, 그 후 유닉스<sup>Unix</sup> 운영체제가 멀틱스의 뒤를 이었다.

## 1.3.2 유닉스 철학

유닉스 운영체제는 1970년대 벨 연구소의 켄 톰슨Ken Thompson과 데니스 리치Dennis Ritchie가 개발했다. 처음 개발된 AT&T 버전은 많은 파생물을 낳았는데, 그 중 리눅스 커널과 리눅스 배포판이 가장 유명할 것이다. [그림 1-2]는 유닉스 계열 OS의 가계도로 컴퓨터의 역사에 관심을 가진 이들이라면 흥미롭게 볼 자료다. 보다시피 초기의 유닉스는 리눅스, 맥OS X, BSD 운영체제 제품군을 포함하여 많은 성공적인 제품으로 이어졌다.

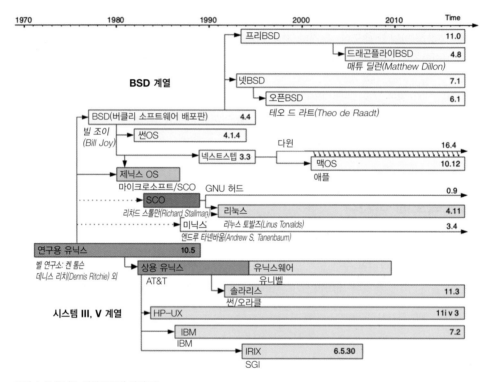

그림 1-2 유닉스 계열 OS의 가계도[3]

유닉스에서 운영체제보다 더 중요한 것은 유닉스 문화를 중심으로 발전한 철학일지도 모른다. 그 철학을 정리하면 다음과 같다.

----

**3** 출처: http://mng.bz/6AGR

- 한 가지 일을 잘하는 프로그램을 작성할 것.

- 함께 작동하는 프로그램을 작성할 것.

- 범용 인터페이스인 텍스트 스트림을 처리하는 프로그램을 작성할 것.

> **TIP_** 철학에 대한 구체적인 설명은 브라이언 커니핸Brian Kernighan과 롭 파이크Rob Pike가 쓴 『The Unix Programming Environment』(Prentice-Hall, 1983)을 참고하자.

유닉스 철학이란 시스템 설계 접근 방식은 소프트웨어 개발에 모듈화 개념을 처음 도입했다. 이 철학을 기본 운영체제나 언어에 관계없이 적용할 수 있다는 점을 명심하자. 간단히 말하면 C#을 사용하는 윈도우 프로그래밍 환경에서도 유닉스 철학을 완벽하게 적용할 수 있다. 이 철학에서 이해해야할 핵심은 프로그램이나 모듈을 작성할 때 단일 초점을 유지해야 한다는 단일 책임 원칙single responsibility principle이다.

---

### 단일 초점

프로그램의 단일 초점single focus 개념을 이해할 수 있도록 다음 유닉스 커맨드라인 도구를 살펴보자.

- ls는 디렉토리 내의 파일을 나열한다.
- find는 디렉토리 트리에서 파일 검색을 찾는다.
- grep은 텍스트 내에서 문자열을 검색한다.
- wc는 텍스트에서 라인이나 단어를 센다.
- netstat는 열린 네트워크 연결을 나열한다.
- sort는 숫자 또는 알파벳순으로 정렬한다.
- head는 입력에서 상위 n개 라인을 반환한다.

이러한 각 도구는 그 자체로는 매우 간단하지만, 결합시키면 더 복잡한 작업을 수행할 수 있다. 예를 들어, 다음 코드는 시스템에서 리스닝 중인 TCP 소켓의 수를 출력한다.

```
$ netstat -an ¦ grep -i listen ¦ grep -i tcp ¦ wc -l
```

또한, 다음 예제는 디렉토리 트리에서 가장 큰 5개의 파일을 표시한다.

```
$ find -type f -exec ls -s {} \; ¦ sort -n -r ¦ head -5
```

---

한 가지 일을 잘하는 프로그램을 만들자는 철학은 소프트웨어가 존재하는 한 늘 지지받을 것이다. 이 원칙을 따라 소프트웨어를 개발하면 코드끼리 서로 얽혀있는 대규모 단일체보다 파악하기 쉬우면서 바로잡기도 쉬운 작은 코드 단위로 작성하게 된다.

### 1.3.3 객체 지향과 패턴

초창기의 이런 깔끔한 모듈화 접근 방식은 객체 지향 패러다임이 인기를 끌며 대부분 뒤로 밀려났다. 이후 1980년대 말부터 1990년대 초 사이, C++ 같은 언어가 점차 주류를 차지하였다. 소프트웨어 패턴이란 개념과 함께 확산되기 시작한 객체 지향 프로그래밍은, 상속이나 다형성과 같은 메커니즘을 통해 코드를 객체 수준으로 재사용하게 되리라는 장밋빛 미래를 보여주었다. 하지만 이러한 장밋빛 미래는 결코 실현되지 않았고, 이를 빗대어 객체 지향의 문제를 표현한 '바나나와 원숭이, 정글 문제'라는 표현도 등장했다.

**바나나와 원숭이, 정글 문제**

바나나와 원숭이 정글 문제는 실제 객체 지향 코드 베이스에서 일어나는 재사용 문제에 대한 비유로 다음과 같이 정리할 수 있다. '바나나가 필요해서 바나나를 쥐었더니, 바나나를 쥐고 있던 원숭이도 차지하게 되었다. 게다가 원숭이가 나무를 쥐고 있었기 때문에 결국 정글 전체를 차지하게 되었다.'

다음 코드를 통해 보다 직관적으로 이해할 수 있다.

```
public class Banana {
    public Monkey Owner {get;}
}

public class Monkey {
    public Jungle Habitat {get;}
}

public class Jungle {
}
```

> Banana 클래스를 사용하려면 먼저 여기에 Monkey 인스턴스를 제공해야 하고 Monkey 클래스를 사용하려면 Jungle 등의 인스턴스를 제공해야 한다. 이러한 조합은 대부분의 객체 지향 코드베이스에서 실제 존재하는 문제로 저자들 역시 접한 적이 있다.

웹이 등장하기 이전이었던 이 시기는, 일반적으로 시스템을 단일체로 개발하고 구축했으며 대규모 시스템은 단일 실행 파일을 백만 줄 이상의 코드로 구성한 경우를 흔하게 볼 수 있었다.

## 1.3.4 자바, J2EE, .NET

객체 지향의 트렌드는 1990년대부터 2000년대까지 계속되었고, 자바와 C# 같은 언어가 눈에 띄게 되었다. 그런데 이러한 시스템의 특성이 데스크톱 환경에서 분산된 네트워크 애플리케이션으로 이동하기 시작했다. 애플리케이션 서버 모델이 부상했으며 대규모 단일체의 코드베이스, 프로시져가 많은 대규모 관계형 데이터베이스, 분산 통신과 상호 운용성을 위한 CORBA/COM 등이 대표적이다. 몇 주 동안의 기획 기간과 다운타임을 거쳐서 대체로 3~6개월마다 배포가 진행되었다.

> **CORBA/COM**
>
> CORBA<sup>Common Object Request Broker Architecture</sup>는 2000년대 초반에 유행한 레거시 바이너리 통신 프로토콜이며 COM<sup>Common Object Model</sup>은 마이크로소프트가 제공하는 CORBA의 대체제이다. 참으로 다행인 점은 두 기술 모두 대부분 RESTful API로 대체되었다는 것이다.

**그림 1-3** 조지 하비의 1881년작 〈밭 가는 황소〉라고 쓰고, 2000년경 기업용 소프트웨어 개발 환경이라고 읽는다.[4]

돌이켜 보면 21세기 초의 개발 환경은 농업의 초창기와 비슷했다. 당시에는 혁명적이었지만, 이후와 비교하면 느리고, 다루기 힘들고, 융통성 없고, 노동 집약적이었다.

### 1.3.5 XML, SOAXML, SOA

이때부터, 소프트웨어업계는 전체에 대한 구성 통신의 수단으로 **XML**Extensible Markup Language을 채택하였고, SOAP의 출현과 함께 소위 **서비스 지향 아키텍처**service-oriented architecture(SOA)를 향한 추진력이 정점에 도달했다. 이는 개방형 표준의 이점에 대한 이해를 시발점으로 한 디커플링과 상호 운용성에 대한 욕구에서 비롯되었다.

---

#### SOAP

SOAPSimple Object Access Protocol은 CORBA, COM보다 더 나은 대안으로 알려진 XML 기반의 텍스트 프로토콜이다. SOAP는 텍스트 기반이라는 특성으로 인하여 CORBA나 COM보다 플랫폼간 상호 운용성이 양호하지만 최근 널리 쓰이는 JSON 기반 RESTful API와 비교하면 여전히 무겁고 다루기 힘들다.

---

**4** 출처: http://mng.bz/oRVD

### 1.3.6 웹 속도

닷컴 붐과 붕괴, 그리고 엔터프라이즈 소프트웨어 개발의 변화와 함께 **서비스 소프트웨어**Software as a Service(SaaS) 모델이 주목을 받기 시작했다. 초기에는 외부 대면 고객용을 위한 기본 애플리케이션 제공 매커니즘 방식의 웹으로 시작해서, 내부 기업용까지 점차 그 범위가 확대되었다. 그러는 사이 소프트웨어의 초기 배포뿐 아니라, 기능 추가같은 신속한 배포에 대한 필요성이 증가했다. 현재는 추가 기능을 서버에 배포하면 즉각적으로 반영되지만 당시 가장 많이 사용된 SaaS 호스팅 모델은 온−프레미스on-premise 서버 또는 데이터 센터에 배치된 머신에 배포하는 것이다. 여기에는 두 가지 문제가 있었다. 예상 부하 처리에 필요한 하드웨어를 구매하기 위한 예산을 편성하기 위해 필요한 용량을 사전에 예측해야 한다는 점과 대규모 단일체의 객체 지향 코드베이스는 웹 개발 모델로 적합하지 않았다는 점이었다.

무거운 폐쇄형 엔터프라이즈 모델은 웹 속도 전달에 분명 부적합하다. 이런 이유로 개방형 표준 기반 접근 방식의 채택이 증가하고, 오픈소스 기술의 사용이 증가했는데 이러한 움직임은 GNU/리눅스, 아파치Apache, 자유 소프트웨어 재단Free Software Foundation(FSF)같은 조직이 주도하였다.

오픈소스로의 전환은 엔터프라이즈 소프트웨어 아키텍처 정의 방식에 중요하고 돌이킬 수 없는 변화를 가져왔다. 그 전에는 모범 사례나 표준, 도구 등이 썬 마이크로시스템즈Sun Microsystems, 오라클Oracle, 마이크로소프트와 같은 선도 기업의 이익에 따라 결정되었지만, 이 변화 덕에 개발자 커뮤니티, 스타트업, 학계에서 오픈소스를 활용하며 전례 없는 속도로 빠른 혁신과 공유 그리고 반복 실험을 하기 시작했다. 거대 기업들이 함께 모여 복잡한 표준화를 협의하는 동안, 오픈소스 모델은 커뮤니티의 응집력과 민첩성으로 즉각적인 작동과 지속적으로 빠르게 개선되는 실용적 솔루션을 도출하는 성과를 이룩했다.

### 1.3.7 클라우드 컴퓨팅

클라우드 컴퓨팅은 2006년 아마존이 일래스틱 컴퓨터 클라우드Elastic Compute Cloud(현재는 아마존 EC2라는 이름으로 알려져 있다)를 출시하면서 처음으로 주목을 받았다. 2008년에는 구글의 앱 엔진App Engine이, 2010년에는 마이크로소프트의 애저Azure가 뒤따랐다. 2017년 아마존 웹 서비스는 미화 174억 6천만 달러의 매출을 기록할 정도였으니 '클라우드 컴퓨팅으로 인하여 소프트웨어 산업이 근본적으로 변화됐다'는 발언도 사실상 부족한 편이다.

주문형 컴퓨팅 파워의 유용성에 힘입어 개인과 자금력이 약한 스타트업들은 혁신적인 프로젝트를 저렴한 비용으로 빠르게 구축하여 업계에 파격적인 영향을 미칠 수 있게 되었다. 그러자 관련업계는 엔터프라이즈 소프트웨어 공급업체가 아닌 소프트웨어 도구를 혁신적으로 사용하는 선도적인 최종 사용자를 주요 고객으로 삼기 시작했다. 클라우드 컴퓨팅의 부상으로 기업에 몇 가지 큰 변화가 발생하였는데 그 중 핵심은 다음과 같다.

- 초기의 대규모 투자 모델을 장기적인 소규모 운영비용 모델로 전환
- 필요에 따라 리소스를 사용한만큼 비용을 지불하는 탄력적 확장성 확보
- 클라우드 API의 성장으로 전체 배포 스택을 코드로 관리하는 도구로서 인프라와 데브옵스 관리코드가 개발

## 1.3.8 마이크로서비스의 재발견

운영비용 모델로의 전환과 탄력적 확장에 힘을 얻은 오픈소스의 광범위한 채택은 엔터프라이즈 플랫폼 개발에서 유닉스 철학을 재발견하는 한편 마이크로서비스 아키텍처의 채택에 크게 이바지하였다. 마이크로서비스에 대해 합의된 공식적인 정의는 없지만, 관련 업계의 대다수 실무자들은 마이크로서비스를 다음과 같은 특징으로 정리한다.

- 마이크로서비스는 작고 세밀하며 하나의 기능을 수행한다.
- 조직 문화는 테스트와 배포의 자동화를 수용한다. 이를 통해 관리, 운영 부담이 경감되고, 여러 개발팀이 배포 가능한 코드 단위로 독립적으로 작업할 수 있게 된다.
- 문화와 설계 원칙은 실패를 통해 더 강해지도록 실패와 결함을 포용한다.
- 모든 서비스는 탄력적이며, 복원력이 있고, 구성 가능하며, 단순하며, 완전성을 가진다.
- 서비스는 개별적으로나 수평적으로나 확장이 가능하다.

마이크로서비스의 개념은 새로운 것이 아니었다. 1970년대부터 분산시스템이 있었고 얼랭 Erlang은 1980년대에 마이크로서비스를 수행했으며 그 이후에도 CORBA에서 SOA에 이르기까지 모든 것들이 분산되고 연결된 구성 요소라는 목표를 달성하기 위해 노력했다. 마이크로서비스가 주류가 되게 이끈 원동력은 클라우드, 컨테이너, 커뮤니티였다.

- AWS와 같은 클라우드 인프라 덕분에 빠르고 저렴하게 효용성 높고 안전한 머신 클러스터를 배포, 제거할 수 있게 되었다.
- 컨테이너(도커Docker)는 마이크로서비스 규모 단위에서 소프트웨어를 포함하는 불변 단위를 빌드, 패키징, 배포할 수 있는 기능을 제공했다. 이전에는 불가능했던, 겨우 수백 줄의 코드를 단일 단위로 배포하는 일이 가능해졌다!

- 커뮤니티는 수많은 소규모 배포 단위를 다루기 시작할 때 나타나는 새로운 형태의 복잡성을 관리할 수 있는 도구를 제공했다. 여기에는 쿠버네티스<sup>Kubernetes</sup> 형태의 오케스트레이션, ELK(일래스틱서치<sup>Elasticsearch</sup>, 로그스태시<sup>Logstash</sup>, 키바나<sup>Kibana</sup>)또는 집킨<sup>Zipkin</sup> 형태의 모니터링은 물론 넷플릭스 개발팀의 오픈소스 작업과 같은 방대한 범위의 도구가 포함된다.

마이크로서비스 모델은 모든 구성 요소를 개별적으로 확장할 수 있으므로 최신 클라우드 인프라에 매우 적합하며 모든 구성 요소를 개별적으로 배포할 수도 있다. 이것으로 인하여 개발 주기가 훨씬 더 빨라졌고, 개발자가 구성하여 일련의 엄격한 자동화 테스트를 통과한 코드가 사람의 개입없이 즉시 프로덕션으로 이동하는, 후에 지속적 배포<sup>continuous deployment</sup>(CD)라고 불리게 될 접근법이 개발되었다.

마이크로서비스에 대한 상세한 내용은 『The Tao of Microservices』(Manning, 2017)를 참고하길 추천한다.


## 1.3.9 클라우드 네이티브 서비스

아마존의 EC2와 같은 서비스를 일반적으로 **서비스형 인프라**<sup>Infrastructure as a Service</sup>(IaaS)라 지칭한다. IaaS는 강력하지만, 대부분의 시스템 작동에는 특정한 형태의 데이터베이스와 기타 인프라가 필요하기 때문에 서비스의 최종 사용자는 여전히 운영과 관리를 부담하게 된다. 또한 IaaS를 기반 시스템을 구축하려면 데이터베이스 서버 클러스터를 설치, 유지 관리하는 동시에 필요한 부하를 처리하기 위하여 백업과 지리적 중복성, 클러스터의 확장같은 문제를 다뤄야 한다. 반면, 클라우드 네이티브 서비스를 사용하면 이러한 모든 오버헤드가 발생하지 않는다. 사용자가 설정이나 API를 활용하여 시스템에 수행할 작업을 간단하게 알리면, 해당 모델의 클라우드 공급자는 데이터베이스의 관리 및 운영을 처리한다.

좀 더 구체적인 예로 완전 관리형 고성능 키-값 데이터베이스인 아마존<sup>Amazon</sup>의 다이나모DB<sup>DynamoDB</sup>를 살펴보자. 다이나모DB는 AWS 콘솔의 다이나모DB 설정 페이지에 들어가 테이블에 몇 가지 구성 정보를 입력만 하면 사용할 수 있다(1분도 안 걸린다!). EC2 인스턴스에 자체 키-값 저장소를 설치하려면 수시간이 걸리는 설정과 지속적인 유지 관리가 필요한 점을 생각해보면 다이나모DB를 사용하는 것이 훨씬 편하다.

클라우드 서비스에서 흥미롭게 살펴볼 발전 중 하나는 기본 서버와 상관없이 클라우드에서 관리 코드 단위를 실행하는 서비스형 함수, 즉 **서비스형 함수**<sup>Function as a Service</sup>(FaaS)이다. FaaS는

AWS에서 **람다**Lambda 서비스로, 구글 클라우드에서는 이를 **클라우드 함수**Cloud Functions로 구현한다.

## 1.3.10 추세를 만드는 속도

이러한 사실에 비추어 볼 때, 이 분야의 주된 추진력은 속도라는 사실이 명확하게 드러난다. 결국 시간은 돈이다! 그래서 최대한 빠른 코드의 프로덕션 도입과 신속한 관리 및 확장 가능에 대한 요구가 증가하고 있다. 기능에 대한 신속한 개발과 배포 경로를 제공하는 마이크로서비스와 클라우드 네이티브 서비스가 채택되는 데에는 속도에 대한 필요성이 큰 영향을 미쳤다.

기술 환경의 변화와 더불어 업계의 개발 방법론 또한 진화하였다. 이러한 추세는 [그림 1-4]에 요약되어있다.

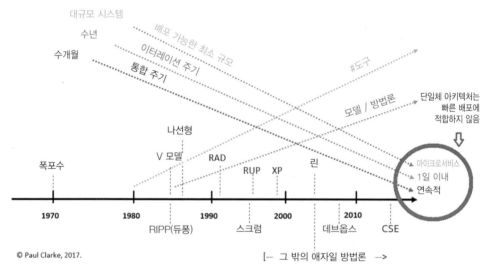

© Paul Clarke, 2017.

**그림 1-4** 반복 시간 및 코드 볼륨의 변화[5]

그림과 같이 개발의 이터레이션 주기가 빠르게 단축되고 있다. 80년대부터 90년대 초반에 주류를 이루었던 폭포수 방법론에서는, 이터레이션에 해당한다할 수 있는 전체 프로젝트의 길이가 대부분 1년 이상이었다. 1990년대 중반부터는 래셔널 통합 프로세스Rational Unified Process(RUP) 같은 초기 애자일 방식의 채택으로 이터레이션 주기가 단축된 이후, 익스트림 프로그래밍Extreme

---

**5** 출처: 폴 클라크Paul Clarke의 컴퓨터 과학 강의 노트. (더블린 시티 유니버시티Dublin City University 및 아일랜드 소프트웨어 연구센터 레로Lero, 2017)

Programming(XP)과 같은 애자일 방법론이 2000년대에 출현하여 2~3주로 감소했으며, 최근에는 일부 고도화된 애자일 방식을 사용해 약 1주일까지 단축되었다.

1980년대와 1990년대에 1년 이상이었던 소프트웨어의 출시 주기는 크게 감소하고 있다. 지속적 배포를 도입한 고도화된 조직은 실제로 하루에도 소프트웨어를 프로덕션에 여러 번 출시할 수 있다.

이런 엄청난 속도의 출시는 배포 단위당 코드 용량의 감소, 즉 규모의 감소라는 또 다른 추세로 인하여 가능했다. 대규모 단일체 코드베이스가 주류였던 80~90년대에는 코드베이스에 결합된 특성 때문에 테스트와 배포가 힘들고 그 시간도 오래 걸렸다. 90년대 후반부터 2000년대 초 사이에 서비스 지향 아키텍처가 출현하면서 배포 단위의 크기가 감소되었고, 마이크로서비스의 보급에 따라 감소의 폭은 더욱 커졌다.

[그림 1-5]는 규모의 감소 및 가속화된 배포 주기와 기본 하드웨어에서의 추상화 수준 향상과의 상관 관계를 나타낸다.

**그림 1-5** 규모의 단위가 변화하는 과정

대부분 관련 업계는 가상 서버를 통한 물리적인 하드웨어 설치와 실행의 단계로부터 컨테이너 기반 배포로 전환하였다. 요즘의 최신 기술은 쿠버네티스와 같은 일종의 오케스트레이션 플랫폼에 IaaS로 설정된 데이터베이스나 클라우드 네이티브 데이터 서비스를 사용한 소규모 서비스를 컨테이너로 구축하여 배포하는 방식이다. 한편 경제적인 측면에서 배포 속도의 단축과 규모 단위의 감소 추세가 바람직한 목표에 해당한다면, 논리적으로 추정되는 다음 단계는 완전한 서버리스 시스템으로의 진행이다.

[그림 1-6]은 서버리스 개발로 이끈 경로와 기술 마일스톤을 정리했다.

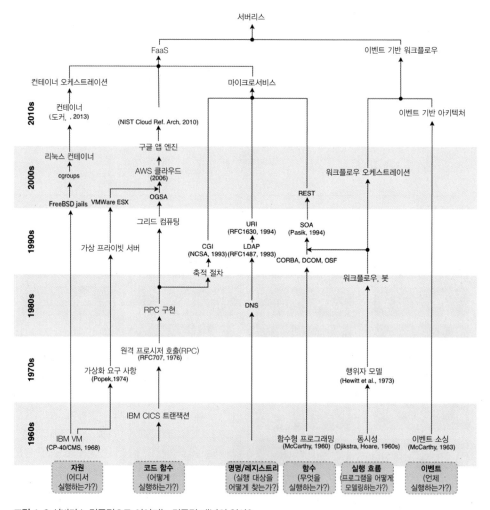

**그림 1-6** 서버리스 컴퓨팅으로 이어지는 컴퓨팅 개념의 역사[6]

**6**  출처: 어원 반 에이크^Erwin van Eyk 외 (2018). Serverless is More: From PaaS to Present Cloud Computing. IEEE Internet Computing 22, no. 5 (Sept/Oct. 2018), 8–17, doi: 10.1109/ MIC.2018.053681358.

요약하자면, 소프트웨어의 신속한 개발과 배포에 대한 요구는 규모 단위의 감소로 이어졌다. 이런 추세의 논리적인 다음 단계는 완전한 서버리스 아키텍처를 채택하는 것이다.

## 1.4 AI란?

**인공지능**Artificial intelligence(AI)은 컴퓨터 과학의 다양한 기술과 알고리즘 접근 방식을 망라하는 용어가 되었다. 많은 사람들이 디스토피아 지향적인 영화 매트릭스와 터미네이터의 영향으로 AI란 단어를 들으면 종종 통제불능인 킬러 로봇의 이미지를 떠올리기도 한다.

AI에 대한 보다 냉정하고, 합리적인 정의는 다음과 같다. AI란, 컴퓨터가 인간과 다른 동물처럼 학습 및 의사 결정을 할 수 있는 능력을 지칭한다.

---

### 그저 코드일 뿐

오늘날 AI 시스템이 보여주는 일부 기능은 기적처럼 여겨질 수도 있으나 결국은 코드에 불과하다는 사실을 명심하기 바란다. 한 예로, 이미지를 인식하는 알고리즘이 아주 강력한 도구가 될 수 있을지라도, 그 기반은 아주 간단한 단위의 코드가 서로 연결된 집합일 뿐이다. AI 알고리즘의 '학습' 프로세스는 학습 데이터를 기반으로 수치를 조정하는 아주 간단한 문제지만, 대량의 수치로부터 창발되는 시스템의 거동이 놀라운 결과를 만들어낸다.

---

### 광의의 AI와 협의의 AI

(옮긴이) 업계에서는 AI를 정의하는 다양한 방법이 존재해왔다. 이를 크게 두 가지로 나눈다면, 광의의 AI와 협의의 AI로 나눌 수 있다.

본문에서 저자가 언급한 AI의 정의는 광의의 AI로 일반적으로 보통 사람들이 AI에 관하여 생각하는 개념인 하나의 모델이 다양한 작업을 수행할 수 있는 AI를 지칭한다. 이를 다른 말로 '범용 AI'General Purpose AI' 혹은 '강 AI'Strong AI'라고도 한다.

이에 반해 협의의 AI는 특정 작업만을 수행 가능한 AI 모델로 우리가 앞으로 다루게 될 신경망 기반의 AI 모델이나 머신러닝 기반 모델을 의미한다. 손글씨 인식, 이미지 인식, 텍스트 분석, 시계열 분석 등 각각의 데이터 분석을 위해 별도의 모델을 훈련하고 활용하게 된다. 이를 다른 말로 '제한적 AI'Special Purpose AI' 혹은 '약 AI'Weak AI'이라고 한다.

---

## 1.4.1 AI의 역사

왜 갑자기 모두가 AI에 관심을 갖게 되었을까? 어떻게 AI와 머신러닝에 대한 수요가 증가했을까? AI의 발달은 흥미로운 주제로, 그 자체만으로 수 권의 책을 채울 수 있지만 이 책의 목적은 이것을 완벽하게 다루는 것이 아니다.

인류는 언제나 자신의 인공 복제품을 갈망해왔다. 하지만 그 갈망은 17세기에 라이프니츠와 데카르트와 같은 철학자들이 인간의 생각을 체계적이고 수학적 방식으로 설명할 수 있다는 개념을 탐구하기 시작하면서 비로소 인간이 아닌 기계에 의한 복제가 가능해질 수 있다는 희망이 생겼다.

최초의 철학적 시도 이후, 20세기 초에 이르러서야 러셀Russel, 부울Boole 같은 사상가가 인간의 복제품에 대한 공식적인 정의를 발전시켰고 이 정의에 수학자 쿠르트 괴델Kurt Godel의 훌륭한 성과가 결합되어 앨런 튜링Alan Turing의 작업으로 발전한다. 튜링이 통찰한 내용의 핵심은, 괴델의 불완전성 정리의 한계를 벗어나지 않는 모든 수학적 문제는 이론적으로 튜링 머신Turing Machine이라는 컴퓨팅 장치로 해결할 수 있다는 것이다.

영국의 블레츨리 파크Bletchley Park에서 봄브Bombe와 콜로서스Colossus 시스템을 개발하던 튜링과 플라워스Flowers의 획기적인 성과는, 1956년 여름에 열린 다트머스 회의로 이어졌으며 이 행사는 현재까지도 AI란 분야를 확립한 회의로 알려져 있다.

초기에는 아래와 같은 희망적인 예측과 더불어 낙관론이 대세였다.

- H.A. 사이먼 & A. 뉴웰, 1958년: '10년 내에 디지털 컴퓨터가 세계 체스 챔피언이 될 것이다.'
- H.A. 사이먼, 1965년: '20년 내에 사람이 할 수 있는 모든 일을 기계가 할 수 있을 것이다.'
- M. 민스키, 1967년: '한 세대 내에… 인공지능 생성 문제는 실질적으로 해결될 것이다.'

이러한 희망적인 기대와 달리, 1970년대 초반까지 AI 기술에 관한 연구 성과는 부진했다. 별다른 진전 없이 시간은 흘러 자금이 고갈되고, 현장 연구는 더딜 뿐이었다. 바로 최초의 'AI 겨울AI winter'로 알려진 기간이다.

1980년대에 전문가 시스템expert system[7]이 윤곽을 드러냈으며, 프롤로그Prolog 같은 규칙 기반 문제 해결 언어가 비즈니스 커뮤니티에서 많은 관심과 인기를 얻었다. 시간이 흘러 1980년대 말,

---

**7** 옮긴이_ 전문가 시스템이란, 1980년대 전문가의 지식, 의사결정 과정 등을 컴퓨터 시스템으로 대체하려는 과정에서 만들어진 시스템으로 현대의 지식관리시스템(Knowledge Management System)등의 시초가 되었다.

전문가 시스템의 초기 약속은 실현되지 못한다는 결론에 이르게 되었고, 상용 PC 하드웨어가 부상하면서 기업은 AI 시스템에 필요한 고가의 맞춤형 하드웨어에 더 이상 투자하지 않는, 두 번째 AI 겨울이 시작되었다.

이면의 성과로, 연구자들은 네트워크 아키텍처와 역전파와 같은 개선된 학습 알고리즘에서 신경망 개발 분야에 발전과 진전을 이루었으나 가장 중요한 핵심 요소인 계산 능력이 이에 맞추지 못했다.

1990년대와 2000년대 초 사이, 컴퓨팅 성능은 기하급수적으로 증가한다는 무어의 법칙이 계속 빠르게 실현됐다. 이러한 성능 증가로 인하여 더 복잡한 신경망 구축과 학습 주기의 단축이 가능하게 되어, 혁신이 더욱 활기차고 빠르게 진행될 수 있었다. 1997년, 체스 챔피언 개리 카스파로프Gary Kasparov를 앞지른 IBM의 딥블루Deep Blue를 시작으로 AI는 많은 분야로 확장되었고, 동시에 AI의 상품화 속도 역시 빨라져 전문 연구팀 없이 저렴한 비용으로 다양한 영역에서 사용할 수 있게 되었다.

## 1.4.2 실세계의 AI

1950년대부터 목표를 정하여 실현 방법을 모색할 수 있는 인간의 능력을 발휘할 수 있는 기계를 만들기 위한 노력이 진행되어, 지난 몇 년 사이에 일상에서 사용되는 실제 AI 솔루션이 등장했다. 이미 여러분도 TV 드라마를 보거나, 음악을 듣거나, 온라인 쇼핑을 하거나, 최신 뉴스 업데이트를 받을 때 최신 AI 기술을 접하고 있다. AI 기술이 큰 영향을 미친 영역을 살펴보자.

### 소매와 전자 상거래

온라인, 오프라인 소매점에서는 고객에게 구매 확률이 가장 높은 제품을 추천하는 목적으로 AI를 활용한다. 초기 전자 상거래에서는 '이 제품을 누가 누가 구입했다.' 같은 홍보 방식을 사용하였으나, 이제는 많은 쇼핑몰이 AI 알고리즘을 활용하여 실시간으로 고객의 브라우징 행동 데이터를 상세하게 모니터링한 후 구매 가능성이 높은 제품을 눈에 띄게 배치한다.

### 엔터테인먼트

온라인 영화, TV, 음악 부문의 급격한 소비 증가로 인하여 서비스 공급자는 막대한 양의 소비

데이터를 확보할 수 있게 되었다. 넷플릭스는 구독자의 선택 80%가 플랫폼의 추천 알고리즘에 의해 이루어진다고 밝혔다. 스포티파이 또한 사용자 행동을 학습해 추천 음악을 제안[8]한다.

## 뉴스와 미디어

소셜 미디어 및 온라인 뉴스에서 AI를 사용한다는 것은 많이 알려져 있는 사실로, 페이스북과 트위터 모두 사용자의 타임라인에 표시할 게시물을 선택하는 데 AI를 광범위하게 사용한다. 미국 성인의 약 2/3가 소셜 미디어 사이트에서 뉴스를 접하기 때문에 AI는 뉴스에 상당한 영향을 미치고 있다. [9]

## 광고

광고 분야는 AI의 영향을 가장 많이 받는다 해도 과언이 아니다. AI는 소비자의 온라인 행동 및 선호도에 따라 광고를 소비자에게 매칭하며, 모바일과 웹에서 광고주가 소비자 관심을 끌어들이는 프로세스는 AI로 실시간으로 자동화되어있다. 대규모 AI 연구 조직을 보유한 구글과 페이스북은 광고에 AI를 광범위하게 사용하는데, 페이스북과 구글의 2017년 매출의 90%는 신규 광고 사업이 차지했다. [10]

## 고객 관리

소비자가 비즈니스와 상호 작용하는 방식은 온라인 세상의 진화에 따라 변화한다. 사람들은 하나씩 불러주는 번호를 선택하는 시스템이나 성능이 다소 의심스러운 음성인식 시스템을 사용하는 자동 전화 응답에 익숙해졌다. 이제 고객 지원 운영은 비용 절감과 고객 경험 제고를 위해 감정 분석을 사용하여 어조를 감지하고, 일부 상호 작용의 중요성에 우선 순위를 부여하거나, 직원 없이 챗봇chatbot을 활용하여 일반적인 질문에 답하는 등 다양한 기술을 활용하고 있다.

고객관리 시스템의 성능 향상 추세에 따라 음성 인식 및 음성 합성은 더욱 유용하게 활용되고 있으며 2018년 구글 듀플렉스Google Duplex 시연은 이러한 기능의 우수함을 보여주는 환상적인 사례가 되었다. [11] 일상 속에서 온라인으로 알렉사, 시리 또는 구글 어시스턴트를 이용하여

----

**8**   출처: http://mng.bz/4BvQ, http://mng.bz/Qxg4
**9**   출처: http://www.journalism.org/2018/09/10/news-use-across-social-media-platforms-2018
**10**   출처: https://www.marketingaiinstitute.com/blog/ai-in-advertising-what-you-need-to-know
**11**   출처: http://mng.bz/v90a

필요한 정보를 얻고, 생활 양식을 재정비하고, 구매 활동을 하는 사람의 수는 점점 늘어나고 있다.

## 데이터와 보안

기업, 소비자, 규제 기관은 개인 정보와 보안을 점점 더 중요시하고 있다. 이는 데이터의 저장, 유지, 처리 방법에 관한 규제가 자리잡는 과정을 통해 확인할 수 있다. 또한 보안 침해에 대한 우려 역시 계속 증가하고 있다. AI는 보안의 침해와 보안의 강화 두 가지 영역에 모두 사용된다. 개인 데이터의 문서 처리, 분류, 식별은 이미 아마존 메이시$^{Macie}$와 같은 서비스에 구현되어 사용 가능한 상태이다. 또한, 위협 및 침해 탐지 영역에서도 AI는 예방 단계와 경고 단계에 모두 사용되는데 아마존 가드듀티$^{GuardDuty}$가 그 좋은 사례다.

정보 보안뿐 아니라 물리적 보안 분야에서도 많은 애플리케이션에 AI가 적용되고 있다. 최근 이미지 처리, 안면 인식의 최신 기술은 도시, 건물, 공항 보안에 적용되고 있으며 폭발물, 총기, 기타 무기와 같은 물체의 물리적 위협의 감지에도 효과적으로 적용될 수 있다.

## 금융

금융 애플리케이션 데이터는 보통 시계열 데이터로 분류된다. 특정 연도의 일일 제품 판매 수를 포함하는 데이터셋을 예로 들면, 이러한 시계열 데이터는 예측 AI 모델에 적합하기 때문에 이러한 모델은 예측 및 자원 계획에 쓰일 수 있다.

## 의료

의료 분야에서 AI의 개발은 주로 진단 도구, 특히 방사선 및 미생물학 분야의 이미지 해석과 관련이 있다. 이 분야의 딥러닝 연구에 대한 최근 설문 조사를 보면, 해당 분야에 대한 관심이 폭발적으로 증가하였고 최근 몇 년 간에 성능이 비약적으로 향상된 것을 알 수 있다. 일부 영역에서는 이미 AI가 의료 전문가를 능가한다고도 하지만, AI는 일반적으로 모호한 이상을 감지하고 측정하는 보조 도구로 사용되리라 예상한다.[12]

실제로 의료 전문 지식이 부족한 개발 도상국에서 AI를 이용한 흉부 X선 영상의 자동 해석을 통해 결핵 검출을 수행하고 있는 예도 있으며, 이러한 예에서 AI의 활용은 더욱 가치를 빛낸다.

---

**12** 출처: 「A survey on deep learning in medical image analysis」(Litjens et al. 2017) https://arxiv.org/abs/1702.05747

 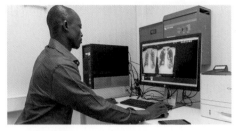

**그림 1-7** 개발 도상국에서 이동식 X-ray 장치를 사용해 결핵 진단을 지원하는 AI[13]

### 1.4.3 AI 서비스

[표 1-2]에는 몇 가지 일반적인 AI 애플리케이션이 나와 있으며, AWS 등의 클라우드 공급자는 사전 학습된 모델을 기반으로 만들어진 서비스를 제공하므로 이를 통해 이러한 애플리케이션을 구축할 수 있다.

**표 1-2** AI의 응용 분야와 서비스

| 애플리케이션 | 용례 | 서비스 |
|---|---|---|
| 자연어 처리 | 기계 번역 | AWS 트랜스레이트 |
| 문서 분석 | AWS 텍스트렉트 | |
| 핵심 어구 | AWS 컴프리헨드 | |
| 감정 분석 | | |
| 토픽 모델링 | | |
| 문서 분류 | | |
| 객체 추출 | | |
| 대화 인터페이스 | 챗봇 | AWS 렉스 |
| 스피치 | STT | AWS 트랜스크라이브 |
| TTS | AWS 폴리 | |
| 컴퓨터 비전 | 객체, 장면, 활동 감지 | AWS 레코그니션 |
| 얼굴 인식 | | |
| 얼굴 분석 | | |

........................................

**13** 출처: Delft Imaging Systems

| 이미지 내 텍스트 | | |
| --- | --- | --- |
| 그 외 | 시계열 예측 | AWS 포캐스트 |
| 실시간 개인화 및 추천 | AWS 퍼스널라이즈 | |

다음 장에서 이런 서비스를 대부분 사용하므로 곧바로 익숙해지겠지만, 미리 익숙해지기 위해 여기에 각 서비스를 요약해보겠다.

- AWS 트랜스레이트Translate는 신경망 기계 번역 서비스로, 딥러닝 모델을 사용하여 기존의 통계 및 문법 기반의 번역 알고리즘보다 정확하고 자연스러운 번역을 수행한다.
- AWS 텍스트렉트Textract는 광학 문자 인식optical character recognition(OCR) 및 텍스트 분류 모델의 조합을 사용하여 스캔 문서에서 텍스트와 데이터를 자동으로 추출한다.
- AWS 컴프리헨드Comprehend는 머신러닝을 사용하여 텍스트에서 관계를 찾고 직관을 추출하는 자연어 처리 natural language processing(NLP) 서비스다.
- AWS 렉스Lex는 대화형 인터페이스 음성 및 텍스트(챗봇) 구축하기 위한 서비스로, NLUNatural Language Understanding 및 자동 음성 인식automatic speech recognition(ASR)을 위한 딥러닝 모델을 사용한다.
- AWS 트랜스크라이브Transcribe는 딥러닝 모델을 사용하여 음성을 오디오 파일의 텍스트로 변환한다.
- AWS 폴리Polly는 고급 딥러닝 모델을 사용하여 텍스트를 실제와 같은 음성으로 변환한다.
- AWS 레코그니션Rekognition은 딥러닝 모델을 사용하여 이미지와 비디오에서 객체, 사람, 텍스트, 장면, 활동을 식별하고 부적절한 콘텐츠를 감지하는 이미지 인식 서비스다.
- AWS 포캐스트Forecast는 Amazon.com에서 사용된 것과 같은 기술이다. 머신러닝을 사용하여 시계열 데이터를 추가 변수와 결합하여 예측을 작성한다.
- AWS 퍼스널라이즈Personalize는 Amazon.com에서 사용되는 추천 기술을 기반으로 상품 및 컨텐츠에 대한 개인화된 추천을 제공한다.

### 1.4.4 AI와 머신러닝

지난 10년 동안 AI는 머신러닝 영역에서 집중적인 발전을 이룩했다. 톰 미첼Tom Mitchell은 자신의 책 『Machine Learning』(McGraw Hill, 1991)에서 머신러닝을 '경험을 통해 자동으로 향상되는 컴퓨터 알고리즘 연구'라 정의한 바 있다. AI와 머신러닝의 구체적 의미와 그 미묘한 차이에는 논쟁의 여지가 있지만, 적어도 이 책에서 언급하는 소프트웨어 시스템의 AI는 머신러닝을 지칭한다.

머신러닝의 실습은 대체로 테스트 단계와 그에 이어지는 학습 단계를 포함한다. 머신러닝 알고리즘은 데이터셋을 학습하는데, 이미지 인식 알고리즘의 경우에는 이미지 데이터셋이, 재무 예측 모델의 경우에는 구조화된 표 형태의 데이터셋이 학습에 보통 쓰인다. 알고리즘의 목적은 학습 데이터에서 '배운' 특징을 기반으로 테스트 데이터셋을 판단하는 것이다.

머신러닝은 [그림 1-8]에 나와 있는 몇 가지 유형으로 분류할 수 있다.

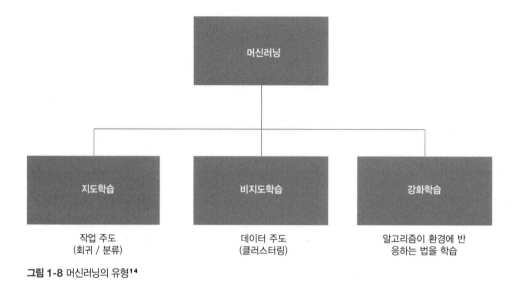

**그림 1-8** 머신러닝의 유형[14]

> **NOTE_** 머신러닝에서 중요한 개념이다. 이를테면, 이미지에서 고양이를 인식하기 위하여 삼각형 귀, 수염, 꼬리와 같은 특징을 찾을 수 있다. 올바른 특징 세트를 선택하는 일은 알고리즘의 성능을 높이기 위한 중요한 요소이다.

전통적인 머신러닝 알고리즘에서 특징은 수작업으로 만들어지고, 신경망에서의 특징은 네트워크에 의해 자동으로 선택된다.

머신러닝은 다음과 같은 3가지 범주로 나눌 수 있다.

- 지도학습
- 비지도학습
- 강화학습

---

**14** 출처: https://www.analyticsvidhya.com/machine-learning

## 지도학습

지도학습supervised learning은 레이블이 지정된 학습 데이터셋을 알고리즘에 제공하는 방식이다. 예를 들어, 각 문서의 주제를 나타내는 레이블이 지정된 문서 데이터셋을 생각해보자. 이 데이터셋으로 훈련한 알고리즘은 레이블이 없는 테스트 문서의 주제를 예측할 수 있다. 충분한 양의 레이블을 가진 학습 데이터셋이 준비되어있다면 더욱 효과적이다. 물론 레이블이 충분하게 지정된 학습 데이터셋을 찾거나, 만들기 어렵다는 단점은 있다.

## 비지도학습

비지도학습unsupervised learning은 학습 데이터셋의 레이블 없이도 데이터에서 관련된 패턴을 추출하는 방식이다. 클러스터링, 차원 축소, 이상 탐지와 같은 예가 대표적이다. 특별한 결과를 예상하지 않고 데이터셋에서 패턴을 추출하려는 경우 비지도학습을 사용할 수 있다. 비지도학습 방식은 데이터셋의 레이블을 필요로 하지 않는다는 확실한 이점이 있는 반면, 추출된 결과를 해석하기 어렵거나 학습된 패턴이 원하는 것과 다를 수 있다는 단점도 가진다.

## 강화학습

강화학습reinforcement learning은 직접적인 경험을 통해 배우는 것으로 환경과 보상 함수가 주어졌을 때 보상 함수를 극대화하는 것을 목표로 한다. 알고리즘이 실행하고 실행한 결과를 관찰할 수 있게 한 다음, 결과가 기대와 얼마나 일치하는지에 따라 보상 함수reward function를 계산한다. 현재 강화학습을 적용할 가능성이 가장 높은 분야는 짧은 시간 내에 수백만, 또는 수십억 개의 상호 탐색 작용이 가능한 합성 컴퓨터 시뮬레이션 환경synthetic computer-simulated environments이다.

## 1.4.5 딥러닝

딥러닝deep learning은 1950년대 처음 연구된 인공 신경망artificial neural network(ANN)을 기반으로 한다. 인공신경망은 서로 연결된 노드층 또는 퍼셉트론perceptron으로 구성된다. 일련의 수를 입력층에 입력하면 보통 출력층에서 숫자를 출력하며, 입력층과 출력층 사이의 층은 은닉층hidden layer이라고 한다. ANN은 출력층에서 원하는 결과의 근사치를 생성하기 위해 각 퍼셉트론에 대한 가중치를 반복적으로 학습한다. '딥deep'이란 네트워크에 많은 계층이 있다는 의미이다(최소 7~8 계층 정도가 있으면 딥러닝의 영역에 속하고, 이 계층은 수백 개에 달할 수도 있다). [그림

1-9]에서 딥러닝 네트워크의 도식을 볼 수 있다.

신경망으로 구성된 인간 두뇌를 모델링하는 개념은 AI 연구의 초창기부터 있었지만, 당시의 컴퓨팅 성능은 그러한 개념을 실현하기에는 한참 모자랐다. 하지만 2000년대 후반부터 2010년대 초반 사이에 훨씬 강력한 처리 능력이 구현된 덕에 신경망과 딥러닝이 AI에 대한 접근방식의 주류가 되었고, 알고리즘의 발전과 인터넷에서 오는 방대한 양의 훈련 데이터 활용이 가능해지면서 딥러닝은 더욱 발전하게 되었다. 학습 데이터에 레이블을 지정하는 작업은 대체로 아마존 메카니컬 터크Mechanical Turk같은 크라우드소싱 방식으로 이루어진다.

입력층　　　　　　　　　　은닉층　　　　　　　　　출력층

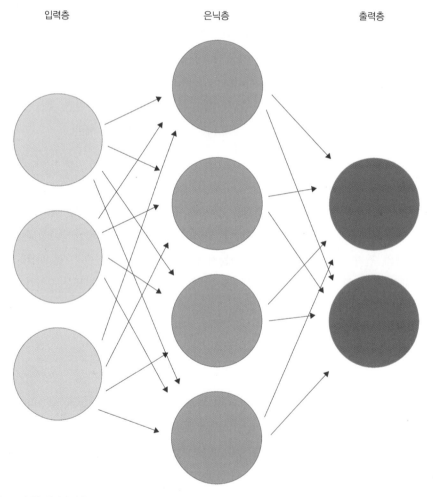

**그림 1-9** 심층 신경망의 층

딥러닝의 엄청난 진전을 보여준 하이라이트는 알파고AlphaGo가 바둑계의 인간 최고수와 대결에서 승리한 사건이다. 알파고는 영국이 본사인 딥마인드DeepMind Technologies에서 처음 개발되었고, 딥마인드는 2014년 구글에 인수되었다.

이 사건을 이해하기 위해서는, 네트워크가 바둑을 '학습'해야 한다는 사실을 알아야 한다. 게임 규칙을 따라 가능한 경우의 수를 살펴보면 딥블루Deep Blue가 체스 대결에서 개리 카스파로프를 이길 수 있었던 상황과는 차원이 다르다. 체스에는 게임 상태가 약 $10^{45}$개로 게임 지식과 알고리즘 ML 기술을 조합하면 딥블루를 체스전문가로 프로그래밍할 수 있다. 반면, 바둑의 게임 상태는 약 $10^{170}$개다. 관측 가능한 우주의 원자 수가 $10^{80}$개로 추정된다는 점을 고려하면 바둑은 너무나 복잡하여, 체스처럼 전문가 시스템 접근 방식을 시도할 수 없다. 그래서 알파고는 수백만 회의 바둑 게임을 관찰하여 학습한 심층 신경망을 사용했다.

[그림 1-10]은 머신러닝의 도구와 기술에 대하여 앞에서 요약한 내용을 다이어그램으로 정리했다. 다이어그램으로 모든 내용을 자세하게 설명할 수는 없지만, 적어도 머신러닝을 개론적으로 다루기 위한 하나의 틀로 참조할 수 있을 것이다.

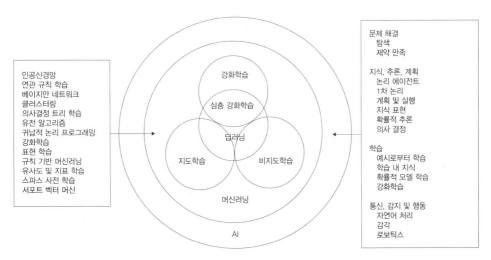

**그림 1-10** AI와 머신러닝의 알고리즘 및 애플리케이션[15]

---

**15**　출처: 「Deep reinforcement learning: an overview」(Yuxi Li, 2017) https://arxiv.org/abs/1701.07274

### 1.4.6 AI의 도전 과제

현재 AI를 주도하는 분야는 학습 데이터가 필요한 지도학습이다. 그런데 레이블이 지정된 학습 데이터의 확보가 어렵기 때문에, 비지도학습 모델의 개발 역시 주목받고 있다. 많은 사용자들이 AI를 활용하려 하지만 충분한 데이터를 확보할 수 없는 경우가 빈번하다. 제한된 데이터셋을 사용하여 학습할 경우 종종 알고리즘에 편향이 남고, 편향이 생긴 알고리즘은 학습 데이터 셋과 유사하지 않은 데이터에 잘못된 판단을 내린다.

AI는 법률 및 윤리 측면에서도 문제를 야기한다. 머신러닝 알고리즘이 불합리한 판단을 내릴 경우, 이 판단의 책임을 누구에게 귀속시킬지 결정하기 어렵다. 예를 들어 은행이 한 고객에 대해 모기지를 받을 자격이 없다고 결정한 경우, 누가 왜 그 결정이 내렸는지 명확하지 않은 경우가 발생한다.

## 1.5 컴퓨팅 파워와 AI의 대중화

무어의 법칙이 수십 년 동안 이끌어 낸 대중화의 영향을 지켜보는 것은 흥미로운 일이다. 펀치 카드로 실행 프로그램을 제출하던 프로그래머가 지금도 현업에서 일하고 있다는 점을 생각해 보자! 메인프레임과 미니 컴퓨터 시대에는 소수의 특권자만 귀중한 컴퓨터 사용 시간을 부여받을 수 있었지만 이제는 대부분의 사람들이 초창기 컴퓨터보다 더 강한 컴퓨팅 파워를 가진 스마트폰을 주머니 속에 넣고 다닌다.

클라우드 컴퓨팅에도 유사한 효과가 있다. 이전 닷컴 시대에는 전문 하드웨어 엔지니어가 함께 배치된 시설에 서버 랙을 구축해야 했다. 반면, 오늘날에는 충분한 자금만 있다면 데이터 센터에 해당하는 시스템을 스크립트만으로 쉽게 구축하고, 해체할 수 있다!

그리고 여기에 AI가 곁들여진다. 이전에는 음성 인식 시스템을 구축하려면 고도로 전문화된 맞춤형 하드웨어와 소프트웨어를 사용하거나 직접 음성 인식에 대한 연구를 수행해야 했지만, 오늘날에는 클라우드 네이티브 음성 인식 서비스 하나만 연결하면 플랫폼에 음성 인터페이스를 추가할 수 있다.

## 1.6 표준 AIaaS 아키텍처

AIaaS처럼 새롭고 광범위한 주제에 접근할 때에는, 각 부분의 결합 관계를 나타내는 그림을 그려보면 도움이 된다. [그림 1-11]은 서버리스 AI 플랫폼의 일반적인 구조를 표현하는 표준 아키텍처이다. 이 책 전반에 걸쳐 이 표준 아키텍처를 '공통 참조 모델'로 가리킬 것이다.

이 아키텍처에서 알아야할 핵심 사항은 다음과 같다.

- 실제 머신, 또는 가상 머신이나 컨테이너 없이 클라우드 네이티브 서비스로 완전히 구현할 수 있다.
- 주요 공급 업체가 제공하는 여러 클라우드 플랫폼에서 구현할 수 있다.

**그림 1-11** 표준 AIaaS 플랫폼 아키텍처

## 1.6.1 웹 애플리케이션

일반적인 플랫폼은 웹 애플리케이션 계층, 즉 HTTP(S) 프로토콜을 사용하여 기능을 제공한다. 이 계층은 일반적으로 아래 요소를 포함한 여러 요소로 구성된다.

- 이미지, 스타일 시트, 클라이언트 측 자바스크립트와 같은 정적 애셋
- 콘텐츠 전송 네트워크(CDN content delivery network) 또는 페이지 캐시
- RESTful API
- 그래프QL 인터페이스
- 사용자 등록 로그인/로그아웃
- 모바일 API
- 애플리케이션 방화벽

이 계층은 사용자 요청을 위한 기본 플랫폼에 대한 통로로 작용한다.

## 1.6.2 실시간 서비스

이러한 서비스는 대체로 웹 애플리케이션 계층에서 사용자 요청에 즉각적으로 반응하기 위하여 사용되며, 플랫폼의 모든 부분 간의 공통 접착 계층common glue layer으로 작용한다. 예를 들어, 이미지를 가져와 AI 서비스에 분석하도록 전달한 다음 그 결과를 사용자에게 반환하는 서비스가 여기에 해당한다.

## 1.6.3 배치 서비스

장시간 실행되는 비동기 작업을 위한 서비스로, ETLExtract Transform Load 프로세스와 장기 실행 데이터 로딩, 기본적 애널리틱스 등이 포함된다. 배치 서비스는 대개 하둡Hadoop 또는 스파크Spark와 같이 널리 알려진 클라우드 네이티브 서비스로 제공되는 분석 엔진을 사용한다.

## 1.6.4 통신 서비스

대부분의 플랫폼에는 일종의 비동기 통신이 필요하며, 이는 보통 특정 형태의 메시지 전달 인프라 또는 이벤트 버스event bus 위에서 구현된다. 비동기 통신 내에서 서비스 등록 및 검색과 같은 것을 찾을 수도 있다.

### 1.6.5 유틸리티 서비스

유틸리티 서비스에는 간편 인증$^{single\ sign-on}$, 연합 ID와 같은 보안 서비스가 포함되며, VPC$^{Virtual}$ $^{Private\ Cloud}$, 인증서 처리와 같은 네트워크 및 설정 관리 서비스도 포함된다.

### 1.6.6 AI 서비스

AI 서비스는 서버리스 AI 플랫폼의 지능형 코어를 형성하며, 플랫폼의 목적에 따라 챗봇 구현, 자연어 처리 또는 이미지 인식 모델과 서비스 등 다양한 AI 서비스를 사용할 수 있다. 대부분의 경우 이러한 서비스는 이미 완성된 클라우드 네이티브 AI 서비스를 사용하여 플랫폼에 연결된다. 물론 경우에 따라 플랫폼에 배포하기 전에 모델이 특정 교차 학습을 필요로 할 수도 있다.

### 1.6.7 데이터 서비스

서버리스 AI 스택$^{stack}$의 토대는 데이터 서비스로, 일반적으로 관계형 데이터베이스, NoSQL 데이터베이스, 클라우드 파일 스토리지 등을 혼합하여 사용한다. 시스템의 다른 영역과 마찬가지로, 데이터 서비스는 직접 설치하고 관리하는 인스턴스가 아닌 클라우드 네이티브 데이터 서비스 사용을 통해 구현된다.

### 1.6.8 운영 지원

이 그룹에는 플랫폼의 성공적인 작동에 필요한 로깅, 로그 분석, 메시지 추적 경고 등과 같은 관리 도구가 포함된다. 시스템의 다른 부분과 마찬가지로, 인프라를 직접 설치하고 관리할 필요가 없다. 특히, 경보 및 이상 감지를 지원하는 운영 지원 서비스에서 AI 서비스를 자체적으로 사용하도록 구현할 수 있다. 이런 내용은 다음 장에서 자세히 다룰 것이다.

### 1.6.9 개발 지원

이 그룹은 플랫폼 배포와 관련된 것으로, 다른 서비스 그룹을 위한 클라우드 패브릭 생성에 필요한 스크립트를 담는다. 또한 다른 서비스 그룹 각각에 대하여 CI/CD 파이프라인과 플랫폼의 종단간 테스트를 지원한다.


### 1.6.10 플랫폼 외

플랫폼 외 요소는 플랫폼 운영 모델에 따라 있을 수도, 없을 수도 있다.


#### AI 지원

여기에는 데이터 과학 유형, 맞춤형 모델 학습 등의 조사가 포함된다. 머신러닝 시스템을 학습시키는 과정은 운영 단에서 머신러닝을 사용하는 과정과 전혀 다르다. 대부분의 사례에서는 운영 단에서 학습을 필요로 하지 않는다.


#### 내부 데이터 소스

엔터프라이즈 플랫폼에는 대체로 내부 또는 레거시legacy 시스템에 대한 접점이 있다. 여기에는 고객관리customer relationship management(CRM)와 엔터프라이즈 리소스 계획enterprise resource planning(ERP) 시스템 또는 레거시 내부 API에 대한 연결이 포함된다.


#### 외부 데이터 소스

대부분의 플랫폼은 완전히 분리하기 어렵고, 서드파티 API의 데이터와 서비스를 사용할 수 있다. 이러한 서드파티 API는 서버리스 AI 플랫폼의 외부 데이터 소스가 된다.


## 1.7 AWS 위에서의 구현

표준 아키텍처와 AWS 서비스의 대응을 [그림 1-12]에 정리했다. 물론 이것이 AWS 플랫폼에서 사용할 수 있는 클라우드 네이티브 서비스 전체를 모두 담지는 않았지만, 이 그림을 참고해 서비스를 일관된 아키텍처 구조로 그룹화할 수 있다.

## AWS를 사용하는 이유

이 책의 전반에 걸쳐서 크게 다음 두 가지 이유로 AWS 플랫폼을 선택해 코드와 예제를 제공한다.

- AWS는 시장 점유율 측면에서 클라우드 컴퓨팅 분야의 최정상에 있다. 이 책을 쓰는 현재 AWS의 점유율은 48%에 육박하므로, 책에 수록된 예제는 많은 독자에게 친숙하리라 본다.
- AWS는 혁신의 선구자이다. 최근 AWS를 포함한 여러 클라우드 업체들의 다양한 서비스의 출시 날짜를 비교해보면, AWS가 다른 업체보다 평균 2.5년 빨리 출시한다. 즉, AWS의 서비스 제공이 더 성숙하고 완전하다.

물론 주요 클라우드 서비스 세 곳 모두에서 예제를 구축하면 많은 작업이 필요하므로 편의상 AWS 하나만 선택했다는 점도 인정한다.

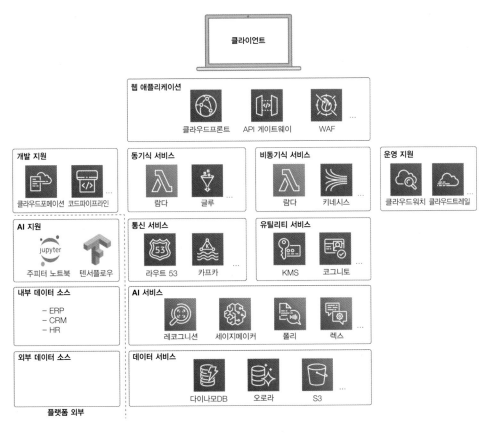

그림 1-12 AWS 위에 구현한 AIaaS 플랫폼

## 동기식 서비스와 비동기식 서비스

(옮긴이) 동기식 서비스Synchoronous Service란 주어진 작업이 끝나야 다음 작업을 진행하는 방식으로 설계된 서비스를 의미한다. 동기식 서비스는 설계가 비교적 직관적인 장점이 있어 널리 사용되는 편이며, 순차적으로 실행이 보장되어야 하는 시스템에서 주로 사용된다.

 비동기식 서비스Asynchoronous Service란 주어진 작업이 끝나지 않아도 다음 작업을 진행하는 방식으로 설계된 서비스를 의미한다. 비동기식 서비스는 주로 순서 보장이 필요없는 작업 목록을 분산 컴퓨팅을 통해 빠르게 처리가 필요한 경우 많이 사용된다.

이 그림에 담긴 핵심은 다음과 같다.

- 이 시스템에서는 서버를 설치하고 관리할 필요가 전혀 없다. 그러므로 관리, 확장, 용량 계획 등과 관련된 많은 운영 부담이 줄어든다.
- 이러한 서비스의 모든 생성과 배포는 배포 스크립트를 통해 제어할 수 있어, 배포 스크립트로 버전을 제어하고 스크립트를 코드 자산으로 관리할 수 있다.
- AI 서비스는 시스템 구축을 위한 머신러닝 전문가 없이도 기성품처럼 사용 가능하다.

이번 장에서 여러분이 업계 동향에 대한 충분한 배경 정보를 익히고, AIaaS 및 서버리스가 향후 플랫폼 개발을 위한 실질적인 표준이 되리라 확신했으면 하는 바람이다.

이제부터는 서버리스 AI 개발의 최첨단으로 바로 진입하기 위한 실용적인 레시피와 예제에 중점을 두겠다. 이 장에서 다룬 표준 아키텍처를 참조하여 점점 복잡성을 높여가며 다양한 AI 시스템 구축을 다루겠다.

이 책에서는 AWS를 사용하지만 그 아키텍처, 원리, 실행 방식은 다른 클라우드에서도 적용이 가능하다. 애저와 GCP 모두 이 책에서 다루는 예제를 구성할 수 있는 기능을 제공한다.

이제 곧바로 첫 번째 AIaaS 시스템 구축을 시작하겠다!

# 1.8 요약

- 서비스의 단위는 점점 작아지고 있다. 앞으로의 흐름은 서비스형 함수, 즉 FaaS이다.

- 서버리스는 복잡한 IT 인프라 관리의 필요성을 크게 줄인다.

- 서비스 확장은 클라우드 공급자가 처리하므로, 용량 계획이나 복잡한 자동 확장 설정이 필요하지 않다.

- 서버리스를 사용하면 기업은 인프라 및 운영보다 플랫폼 기능 개발에 더욱 집중할 수 있다.

- 데이터의 양과 복잡성의 증가에 따라 비즈니스와 기술 분석 모두에서 AI 서비스의 필요성이 증가할 것이다.

- 클라우드 기반 AI 서비스가 AI 기술에 대한 접근을 대중화시켜서 이제 AI 전문가가 아니더라도 사용할 수 있으며, 사용 가능한 제품의 범위는 지속적으로 증가할 것이다.

- 이러한 모든 흐름은 서버리스 플랫폼 구축과 AI의 활용을 위한 엔지니어링 중심의 접근을 가능하게 한다.

# CHAPTER 2

# 서버리스 이미지 인식 시스템 만들기
# – 크롤러 구축

---

**이 장의 주요 내용**

◆ 단순한 AIaaS 시스템 구축

◆ 클라우드 환경 설정

◆ 로컬 개발 환경 설정

◆ 단순한 비동기식 서비스 구현

◆ 클라우드에 배포하기

---

2장과 3장에서는 우리의 첫 AI 서버리스 시스템을 구축할 것이다. 그리고 웹 페이지의 이미지를 읽어서 인식하고, 인식 결과를 표시하는 작은 시스템을 설정하여 클라우드에 배포하는 내용으로 마무리할 것이다. 한 장에서 다루기에는 굉장히 많은 내용으로 느껴질 수 있다. 실제로 이 장에서 구현할 시스템은 서버리스 및 기성 AI 제품이 출현하기 전에는 소규모 기술 팀이 수개월에 걸쳐서 구현해야 하는 작업이었다. 하지만 아이작 뉴턴이 말했듯, 우리는 거인의 어깨에 섰다! 이 장에서 우리는 수많은 소프트웨어 엔지니어와 AI 전문가의 어깨에 올라타 서버리스 AI의 'hello world' 시스템을 신속하게 조립할 것이다.

AWS 및 서버리스 기술을 처음 접하는 독자라면, 이 두 장의 과정을 진행하는 데 상당한 노력이 필요할 것이다. 그래서 차근차근 학습할 수 있도록 구체적인 정보를 제공하는 데 목표를 둘 것이다. 코드와 배포 지침만 잘 따르면 무난하게 따라올 수 있다.

내용을 진행하다 보면 '디버깅은 어떻게 하는 걸까?', '단위 테스트는 어떻게 한다는 거야?' 같은 궁금증이 분명 생길 것이다. 이런 것들은 다음 장에서 보다 상세하게 다룰 것이니, 당장은 커피나 한 잔 준비하자!

## 2.1 첫 번째 시스템

첫 번째 서버리스 AI 시스템은 아마존 레코그니션을 사용하여 웹 페이지의 이미지를 분석한다. 시스템은 해당 이미지의 분석을 통해 워드클라우드word cloud를 생성하고 각 이미지에 대한 태그를 제공한다. 우리는 시스템을 불연속적으로 분리된 서비스로 구축할 것이다. 완성된 사용자 인터페이스의 스크린샷은 [그림 2-1]에서 볼 수 있다.

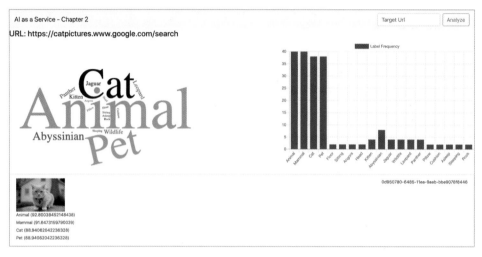

그림 2-1 완성된 UI

[그림 2-1]은 고양이 이미지가 포함된 웹 페이지를 시스템에 표시한 화면이다. 이미지 인식 AI는 이미지를 분석해 고양이 사진임을 정확히 식별해냈고, 분석 중 얻어낸 레이블의 빈도에 따라 워드클라우드와 히스토그램을 생성한다. 그리고 시스템은 분석 결과와 각 태그에 대한 신뢰 수준과 함께 분석된 모든 이미지를 보여준다.

## 2.2 아키텍처

일단 구현을 시작하기 전에 만들고자 하는 시스템을 1장에서 구성한 표준 아키텍처에 어떻게 대응시킬지, 만들고자 하는 기능을 구현하려면 각 서비스가 어떻게 협업해야 하는지 파악할 수 있도록 해당 시스템의 간단한 아키텍처를 살펴보도록 하자. [그림 2-2]는 시스템의 전체 구조다.

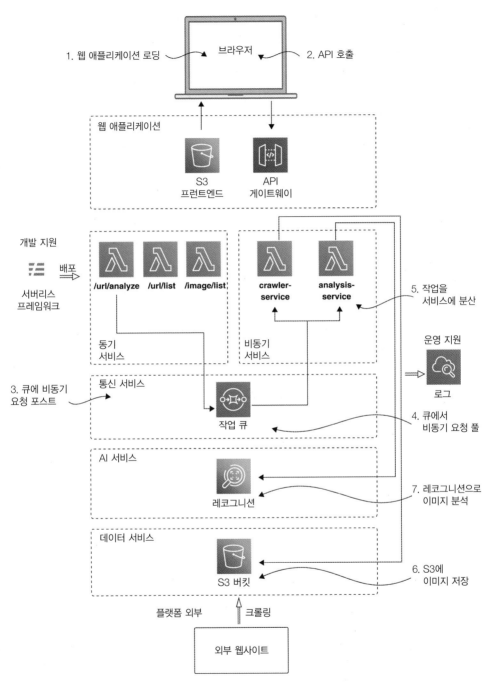

**그림 2-2** 시스템 아키텍처. AWS 람다 및 API 게이트웨이를 사용하여 구축한 커스텀 서비스로 시스템을 구성했다. SQS는 메시지 통신에 사용한다. 사용하는 관리형 서비스는 S3, 레코그니션이다.

시스템 아키텍처는 시스템의 계층을 보여준다.

- S3<sup>Simple Storage Service</sup>에 업로드 된 프런트엔드에서 API 게이트웨이<sup>API Gateway</sup>를 통해 API를 호출한다.

- SQS<sup>Simple Queue Service</sup> 메시지가 비동기식 람다 함수를 트리거한다.

- API 게이트웨이에서 오는 이벤트가 동기식 람다 함수를 트리거된다.

- 레코그니션은 완전 관리형 AI 이미지 분석 서비스다.

## 2.2.1 웹 애플리케이션

시스템의 프런트엔드는 [그림 2-3]과 같이 HTML과 CSS, UI를 렌더링하기 위한 간단한 자바 스크립트로 구성된 단일 페이지 애플리케이션이다. 아래 그림은 이 장 전반에 걸쳐 시스템의 구성 요소를 살펴볼 때마다 확인할 예정이다.

그림 2-3 웹 애플리케이션

프런트엔드는 S3 버킷에 배포된다. 또한, 이때 API 게이트웨이를 사용하여 프런트엔드에 렌더링 데이터를 제공하는 동기식 서비스에 대한 경로를 제공한다.

## 2.2.2 동기식 서비스

[그림 2-4]와 같이 람다 함수로 구현된 동기식 서비스 세 개가 있다.

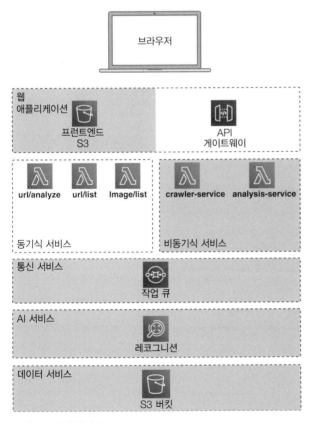

**그림 2-4.** 동기식 서비스

이 서비스는 API 게이트웨이를 통해 액세스되는 REST API의 엔드포인트로 사용할 수 있다.

- POST /url/analyze: 이 엔드포인트는 본문에서 URL을 가져와 분석을 위해 SQS 큐에 제출한다.
- GET /url/list: 프런트엔드가 시스템이 처리한 URL 목록을 가져오는 데 사용한다.
- GET /image/list: 지정된 URL에 대해 처리한 일련의 이미지와 분석 결과를 반환한다.

분석을 트리거하기 위하여 시스템 사용자는 UI 상단의 입력 필드에 URL을 입력하고 분석 버튼을 클릭해야 한다. 그러면 /url/analyze에 POST 요청을 보내고, 다음 형식의 SQS 큐에 JSON 메시지가 포스팅된다.

```
{body: {action: "download", msg: {url: "http://ai-as-a-service.s3-website-eu-
   west-1.amazonaws.com"}}}
```

### 2.2.3 비동기 서비스

비동기 서비스는 시스템의 주요 처리 엔진을 형성하며, [그림 2–5]에 강조 표시된 것처럼 두 가지 주요 서비스가 있다.

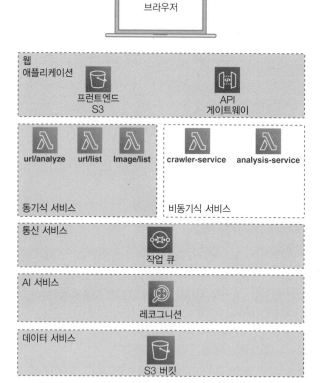

그림 2-5 비동기식 서비스

크롤러 서비스(crawler-service)는 HTML 페이지에서 이미지를 추출한다. 분석 서비스(analysis-service)는 AWS 레코그니션에 인터페이스를 제공하여 분석용 이미지를 제출하고 결과를 대조한다.

'다운로드' 메시지를 받으면 크롤러 서비스는 제공된 URL에서 HTML을 가져온다. 크롤러는 해당 HTML을 분석하고 페이지의 각 인라인 이미지 태그에서 소스 속성을 추출해 각 이미지를 다운로드한 뒤 S3 버킷에 저장한다. 크롤러는 모든 이미지를 다운로드하면 분석 SQS 큐에 아래와 같은 형식의 분석 메시지를 게시한다.

```
{body: {action: "analyze", msg: {domain: "ai-as-a-service.s3-website-eu-west-
1.amazonaws.com"}}}
```

분석 서비스는 이 메세지를 선택해, 이미지 인식 AI를 호출하여 다운로드한 모든 이미지에 대한 결과를 수집하고, 추후 프런트엔드에 표시할 수 있도록 버킷에 결과를 기록한다.


## 2.2.4 통신 서비스

시스템 내부에서는 [그림 2-6]과 같이 메시지 파이프라인으로 SQS를 사용한다.

이 책 전체에서 사용하는 이런 방식의 메시징 접근법은 시스템 전체에 아주 미세한 영향만 주면서도, 시스템에 서비스를 추가하고 제거할 수 있는 강력한 패턴이다. 또한 이 접근법은 서비스를 분리 상태로 유지하고 개별적으로 확장할 수 있다는 이점이 있다.

이 시스템에서는 기본 통신 메커니즘으로 SQS를 사용하지만, 이제부터 사용자와 서비스 간의 통신을 촉진하는 데 사용할 수 있는 모든 인프라 기술을 포괄적으로 통신 서비스communication service라는 용어로 지칭하겠다. 통신 서비스는 일반적으로 특정 형태의 서비스 검색service discovery과, 하나 이상의 통신 프로토콜이 필요하다. [그림 2-7]은 통신 서비스 부분만 별도로 표시한 것이다.

브라우저

**웹**
**애플리케이션**
프런트엔드
S3

API
게이트웨이

url/analyze   url/list   Image/list

crawler-service   analysis-service

동기식 서비스

비동기식 서비스

통신 서비스

작업 큐

AI 서비스

레코그니션

데이터 서비스

S3 버킷

그림 2-6 통신 서비스와 데이터 서비스

여기서는 서비스 검색을 위해 라우트 53 도메인 네임 시스템Domain Name System(DNS)과 통신 프로토콜 HTTP, SQS 세 가지의 통신 서비스를 사용한다. 일반적으로 JSON 데이터 형식을 사용하여 당사자 간의 메시지를 인코딩한다. 이는 기본 통신 프로토콜과는 무관하다.

```
1. 사용자가 서비스 발견

[라우트 53]  →  [사용자]

검색

HTTP
{
 ID: '1234',
 type: 'abc',
 payload: {…}
}

2. 사용자가 JSON
   메시지 페이로드로 서비스를 호출

[서비스] [서비스]  →  {                    {
                     ID: '1234',           ID: '1235',      …      [서비스]
[서비스]              type: 'abc',          type: 'abc',
                     payload: {…}          payload: {…}            [서비스]
                    }                    }

                              SQS

3. 서비스는 큐에 JSON 메시지를        4. 큐 메시지로 호출된
   포스트하여 비동기식 서비스를 호출        비동기식 서비스
```

그림 2-7 통신 서비스

---

### 메시징 기술

메시징 시스템, 큐 및 기타 관련 기술은 큰 주제이므로 이 책에서 자세히 다루지 않겠다. 그러나 아직 모른다면 개념만은 알고 있어야 한다. 간단히 말하면 메시징 시스템은 일반적으로 다음 두 가지 모델, 즉 지점 간 메시징 또는 Pub/Sub(게시/구독) 중 하나를 지원한다.

- 지점 간 메시징: 이 모델에서 큐에 배치된 메시지는 한 사용자와 다른 한 사용자에게만 전달한다.
- Pub/Sub: 이 모델에서는 메시지 유형을 구독한 모든 사용자가 메시지를 받는다.

큐 시스템이 사용자에게 새 메시지를 알리는 방법도 몇 가지 종류로 나뉜다. 대체로 다음 세 가지 방법 중 하나를 사용한다.

- 푸시: 큐 시스템이 메시지를 사용자에게 푸시한다.
- 폴링: 사용자가 메시지 큐를 가져온다.
- 긴 폴링: 사용자가 장기간 폴링한다.

이 장에서는 SQS가 람다 함수로 메시지를 푸시한다.

이 주제를 다루는 입문서로 그레거 호프Gregor Hohpe와 바비 울프Bobby Woolf의 『기업 통합 패턴』(에이콘, 2014)를 추천한다.

### 2.2.5 AI 서비스

이 시스템은 AI 서비스를 아마존 레코그니션 한 가지만 사용한다. 레코그니션은 물체 및 장면 감지, 얼굴 인식, 얼굴 분석, 유명인 인식, 이미지의 텍스트 감지 등 다양한 이미지 인식 모드를 제공한다. 이번 시스템은 기본 객체 및 장면 감지 API를 사용한다.

### 2.2.6 데이터 서비스

데이터 서비스에서는 이 초기 플랫폼의 요구 조건을 충족시키는 아마존 S3simple storage service만 사용한다. 다음 장에서는 다른 데이터 서비스 또한 살펴보겠다.

### 2.2.7 개발 지원과 운영 지원

서버리스 프레임워크를 주요 개발 지원 시스템으로 사용하며, 모든 로그 데이터는 클라우드워치CloudWatch를 사용하여 수집한다. 이에 대한 자세한 설명은 다음 절에서 다룬다.

## 2.3 준비 작업

이제 최종 목표를 확인했으니 시스템을 구성해보자. 아직 AWS 계정이 없다면 새로 생성하고, 만일 AWS를 처음 사용한다면 부록 A의 설정 가이드를 참조하도록 한다. AWS에 익숙한 사용자들은 이 책의 예제를 다른 시스템과 구분하기 위하여 하위 계정을 별도로 생성하기를 권장한다.

부록 A에는 API 키 생성과 커맨드라인, API 접근 설정법도 포함했다. 숙련된 AWS 개발자라도 적절한 개발 환경 설정을 위해 부록의 내용을 확인해보기를 권장한다.

> **TIP_** 예제 코드는 eu-west-1 리전에서 테스트했으므로, 여러분 또한 코드 배포시 이 리전을 사용하기 바란다.

> **WARNING_** AWS 사용은 유료! 그러므로 실습을 끝낼 때마다 모든 클라우드 인프라의 리소스 제거 여부를 확인하기 바라며, 각 장마다 끝 부분에 리소스 제거에 도움이 되는 스크립트를 수록했다.

## 2.3.1 DNS 도메인과 SSL/TLS 인증

책의 모든 예제를 수행하기 위해 DNS 도메인과 관련 인증서가 필요하다. 부록 D에서 AWS를 통해 쉽게 설정하는 방법을 설명했으니, AWS 환경을 지침대로 설정했는지 확인한 다음 예제를 실행하기 바란다.

이 책에서는 Node.js를 주요 개발 플랫폼으로 사용하므로, 아직 설치하지 않았다면 바로 설치하자.

---

### Node.js를 사용하는 이유

이 책에서 Node.js를 개발 플랫폼으로 선택한 이유는, 서버 측을 비롯하여 모든 주요 웹 브라우저에서 자바스크립트를 쓸 수 있다는 편의성 때문이다. 게다가 자바스크립트는 모든 주요 FaaS를 구현하는 언어로 사용할 수 있으므로 이 선택은 자연스럽다.

Node.js를 사용해 본 적이 없더라도 자바스크립트를 조금만 알고 있다면 무난하다. Node.js(및 자바스크립트)에 대해 자세히 알고 싶다면 노드 스쿨<sup>Node School</sup>의 튜토리얼 시리즈(https://nodeschool.io/)를 적극 권장한다.

---

번역서 출간 시점 Node.js LTS(장기 지원) 버전은 12.x 와 14.x, 16.x이다. 바이너리 설치 프로그램은 https://nodejs.org/에서 다운받을 수 있으니 개발 시스템에 적합한 바이너리를 선택해 설치하자.

설치가 완료되면 콘솔 창을 열고 아래의 명령을 사용하여 Node.js 및 NPM 버전을 확인하자.

```
$ node -v
$ npm -v
```

### NPM

NPM은 Node.js용 패키지 관리 시스템이다. 이 책에서는 각 예제를 노드 모듈node module이라는 종속 소프트웨어 단위로 관리한다. NPM에 익숙하지 않다면 노드 스쿨(https://nodeschool.io/#workshopper-list)에서 NPM 튜토리얼을 참조하기 바란다.

## 서버리스 프레임워크

다음으로 서버리스 프레임워크를 설치하자. 서버리스 프레임워크는 기본 AWS API 위에 설정과 추상화 계층을 제공하며, 보다 쉽게 클라우드 서비스를 생성하고 사용할 수 있게 해준다. 이 책 전반에 걸쳐 서버리스 프레임워크를 광범위하게 사용하므로 익숙해지자. NPM을 사용하여 서버리스를 설치하려면 콘솔 창을 열고 아래 명령을 실행하자.

```
$ npm install -g serverless
```

### NPM 전역 설치

-g 플래그와 함께 npm install을 실행하면 NPM이 모듈을 전역적으로 설치하도록 지시한다. 이렇게 하면 모듈을 시스템 명령으로 실행할 수 있다.

콘솔에서 아래 명령어를 실행하여 서버리스가 성공적으로 설치되었는지 확인하자.

```
$ serverless -v
```

---

**서버리스 프레임워크**

서버리스 개발을 지원하는 다양한 프레임워크가 있지만 이 책을 쓰는 시점에서, Node.js로 구현된 서버리스 프레임워크가 최고다. 잠시 깊이 살펴보자면 서버리스 프레임워크는 Node.js AWS API를 사용하여 작업을 수행하고, AWS는 클라우드포메이션<sup>CloudFormation</sup>에 의존한다. 이 장에서는 자세한 작동 방식에 대한 설명없이 프레임워크를 사용한다. 여기서 핵심은 프레임워크를 통해 인프라 및 람다 함수를 코드로 정의할 수 있다는 것이다. 다시 말하면, 시스템의 나머지 소스 코드를 관리하는 방법과 유사한 방식으로 운영 리소스를 관리할 수 있다.

---

**NOTE_** 서버리스에 대해 더 자세히 알고 싶다면 부록 E를 참고하자.

**TIP_** 6장에서는 몇 가지 고급 서버리스 주제를 다루고, 프로덕션에 이용할 수 있는 템플릿을 제공한다.

## 2.3.2 설정 체크리스트

실습을 진행하기 전에 기본적으로 설정해야할 사항이 존재한다. 다음 체크리스트를 검토하여 모든 것이 잘 설정되어 있는지 확인하자.

- 부록 A

  AWS 계정 생성

  AWS 커맨드라인 설치

  AWS 접근 키 생성

  접근 키로 개발 셸을 설정하고 인증

- 부록 D

  라우트 53 도메인 등록

  SSL/TLS 인증 생성

- 이번 장

    Node.js 설치

    서버리스 프레임워크 설치

설정을 완료했다면, 이제 실습을 시작하자!

> **WARNING_** 이 체크리스트에 있는 사항을 모두 완료하지 않으면 예제 코드 실행에 문제가 발생할 수 있다. 특히 부록 A에 기술한 내용과 같이 환경 변수 `AWS_REGION` 및 `AWS_DEFAULT_REGION`이 모두 동일한 AWS 리전을 가리키는지 확인하자.

## 2.3.3 코드 다운로드

이제 기본 설정을 완료했으므로 시스템 코드를 가져올 수 있다. 이 장의 소스 코드는 `https://github.com/hanbit/ai-as-a-service` 저장소의 `chapter2-3` 디렉토리에 있다. 시작하려면 다음 커맨드로 이 저장소를 복제하기 바란다.

```
$ git clone https://github.com/hanbit/ai-as-a-service.git
```

코드는 아키텍처에 대응된다. 아래 예시에 표시된 것과 같이, 정의된 각 서비스마다 최상위 디렉토리가 있다.

예시 2-1 저장소 구조

```
├ analysis-service
├ crawler-service
├ frontend-service
├ resources
└ ui-service
```

## 2.3.4 클라우드 리소스 설정

서비스 디렉터리 외에도 **resources**라는 최상위 디렉터리가 있다. 이 시스템은 많은 클라우드 리소스에 의존하는데, 서비스 요소를 배포하려면 이러한 리소스들이 모두 제 위치에 있어야 한다. 이번 시스템은 비동기 통신을 위한 SQS 큐와 다운로드한 이미지를 보관할 S3 버킷이 필요하다. 전용 서버리스 프레임워크 설정 파일을 사용하여 이러한 자원을 배포해보자. cd 명령으로 chapter2-3/resources 디렉터리로 이동해 아래 예시에 표시된 serverless.yml 파일을 살펴보도록 하자.

**예시 2-2** 서버리스 리소스 설정

```
service: resources ◁── 서비스 이름
frameworkVersion: ">=1.30.0"
custom: ◁── 커스텀 정의
  bucket: ${env:CHAPTER2_BUCKET}
  crawlerqueue: Chap2CrawlerQueue
  analysisqueue: Chap2AnalysisQueue
  region: ${env:AWS_DEFAULT_REGION, 'eu-west-1'}
  accountid: ${env:AWS_ACCOUNT_ID}


provider: ◁── 제공자 관련 설정
  name: aws
  runtime: nodejs14.x
  stage: dev
  region: ${env:AWS_DEFAULT_REGION, 'eu-west-1'}


resources:
  Resources:
    WebAppS3Bucket: ◁── 버킷 정의
      Type: AWS::S3::Bucket
      Properties:
        BucketName: ${self:custom.bucket}
        AccessControl: PublicRead
        WebsiteConfiguration:
          IndexDocument: index.html
          ErrorDocument: index.html
    WebAppS3BucketPolicy: ◁── 버킷 정책
```

```
    Type: AWS::S3::BucketPolicy
    Properties:
      Bucket:
        Ref: WebAppS3Bucket
      PolicyDocument:
        Statement:
          - Sid: PublicReadGetObject
            Effect: Allow
            Principal: "*"
            Action:
              - s3:GetObject
            Resource: arn:aws:s3:::${self:custom.bucket}/*
Chap2CrawlerQueue: ◁── 큐 정의
  Type: "AWS::SQS::Queue"
  Properties:
    QueueName: "${self:custom.crawlerqueue}"
Chap2AnalysisQueue:
  Type: "AWS::SQS::Queue"
  Properties:
    QueueName: "${self:custom.analysisqueue}"
```

TIP_ 서버리스는 구성에 YAML<sup>YAML Ain't Markup Language</sup> 파일 형식을 사용하며, YAML에 대한 자세한 정보
는 https://yaml.org/에서 찾을 수 있다.

처음에는 이런 내용이 낯설겠지만, 이 책 전반에 걸쳐 서버리스 프레임워크를 사용하다보면 설
정 파일 작성이 매우 익숙해질 것이다. 이 파일의 전체 구조를 살펴보자.

TIP_ 서버리스 프레임워크 및 설정에 대한 전체 문서는 프로젝트의 메인 사이트(https://serverless.
com/framework/docs/)에 있다.

서버리스 설정은 몇 개의 상위 섹션으로 나뉘는데, 그 중 알아야 할 핵심은 다음과 같다

- custom: 설정 내 어디에서나 사용할 속성을 정의한다.
- provider: 프레임워크에서 공급자에 특화된 설정을 정의한다. 이 예에서는 AWS를 공급자로 사용하지만, 다
  른 여러 클라우드 플랫폼도 지원한다.

- functions: 서비스가 구현하는 함수 엔드포인트를 정의한다. 이 예에서는 정의할 함수가 없으므로 이 섹션이 나타나지 않는다.

- resources: 클라우드 플랫폼 상의 지원 리소스를 정의한다. 이 예에서는 두 개의 SQS 큐와 하나의 S3 버킷을 정의한다. 이 설정을 배포하면 서버리스 프레임워크가 큐와 버킷을 생성한다.

> **NOTE_** 클라우드 리소스를 배포하는 데 사용할 수 있는 다양한 도구들로 AWS 클라우드포메이션 또는 해시코프Hashicorp의 테라폼Terraform과 같은 도구가 있다. 두 가지 모두 코드를 통한 인프라 관리가 가능한 훌륭한 도구이므로, 인프라 집약적인 프로젝트를 진행한다면 이러한 도구를 알아볼 것을 권한다. 이 책에서는 대부분 서버리스 프레임워크를 사용하며, 서버리스 프레임워크는 내부적으로 AWS 클라우드포메이션을 사용한다. 부록 E에서 더 자세히 다루겠다.

리소스를 배포하기 전에 버킷 이름부터 결정해야 한다. AWS 버킷 네임스페이스는 글로벌이므로, 사용할 수 있는 이름을 고른 후 AWS 환경 변수를 설정하는 것과 동일한 방법으로 셸에 환경 변수 **CHAPTER2_BUCKET**을 추가하여야 한다(부록 A.4.4 로컬 AWS 환경 설정하기 참조).

```
export CHAPTER2_BUCKET=<사용할 버킷 이름>
```

**<사용할 버킷 이름>**을 생성할 버킷의 이름으로 바꾸면 모든 준비가 완료된 것이다. 이제 리소스를 가동하여 배포를 시작하자. chapter2-3/resources 디렉토리의 커맨드 셸에서 다음을 실행하자.

```
$ serverless deploy
```

서버리스가 가동되어 리소스를 배포하면 다음과 비슷한 출력을 볼 수 있다.

예시 2-3 서버리스 배포 진행 시 출력

```
Serverless: Packaging service...
Serverless: Creating Stack...
Serverless: Checking Stack create progress...
.....
Serverless: Stack create finished...
Serverless: Uploading CloudFormation file to S3...
```

```
Serverless: Uploading artifacts...
Serverless: Validating template...
Serverless: Updating Stack...
Serverless: Checking Stack update progress...
.............
Serverless: Stack update finished...
Service Information
service: resources
stage: dev
region: eu-west-1
stack: resources-dev
api keys:
  None
endpoints:
  None
functions:
  None
```

서버리스 프레임워크가 S3 버킷과 SQS 큐를 생성했다. 지원 인프라가 완비되었으므로, 이제 실제 구현을 진행해보자!

## 2.4 비동기식 서비스 구현

기본 설정이 완료되면 첫 번째 서비스 작성을 진행할 수 있다. 이번 절에서는 크롤러 및 분석 비동기 서비스를 합한 다음 격리 상태로 테스트할 것이다.

### 2.4.1 크롤러 서비스

먼저 크롤러 서비스 코드를 살펴보자. [그림 2-8]은 이 서비스 내부의 프로세스를 보여준다.

크롤러 서비스는 크롤링할 대상 URL이 포함된 메시지가 큐에 배치되면 호출된다. 크롤러는 지정된 URL에서 HTML 페이지를 가져오고, 이미지 태그를 파싱한 다음 각 이미지를 차례대로

S3 디렉터리로 다운로드한다. 모든 이미지를 다운로드하면 마지막으로 다음 프로세스를 위해 분석된 URL의 도메인 이름을 포함한 분석 메시지를 분석 큐에 포스트한다.

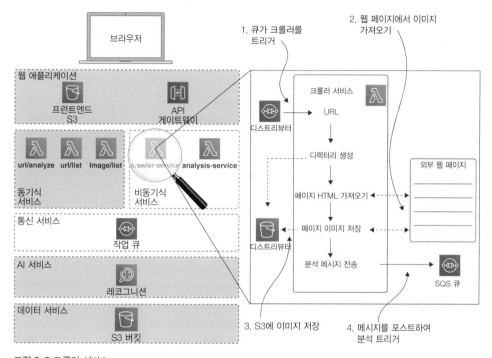

**그림 2-8** 크롤러 서비스

크롤러 서비스의 코드는 chapter2-3/crawler-service에 있다. 이 디렉토리로 이동하면 여기에 나열된 파일을 볼 수 있다.

- handler.js
- images.js
- package.json
- serverless.yml

이 서비스에서 사용하는 리소스와 전체 구조를 이해하려면, 먼저 serverless.yml 파일을 살펴보아야 한다.

```yaml
service: crawler-service
frameworkVersion: ">=1.30.0"
custom:
  bucket: ${env:CHAPTER2_BUCKET}       ⟵── S3 버킷 이름
  crawlerqueue: Chap2CrawlerQueue      ⟵── 큐 정의
  analysisqueue: Chap2AnalysisQueue
  region: ${env:AWS_DEFAULT_REGION, 'eu-west-1'}
  accountid: ${env:AWS_ACCOUNT_ID}     ⟵── 로컬 환경의 계정 ID

provider:
  name: aws
  runtime: nodejs14.x
  stage: dev
  region: ${env:AWS_DEFAULT_REGION, 'eu-west-1'}
  iamRoleStatements:
    - Effect: Allow   ⟵── S3 권한
      Action:
        - s3:PutObject
      Resource: "arn:aws:s3:::${self:custom.bucket}/*"
    - Effect: Allow
      Action:
        - sqs:ListQueues
      Resource: "arn:aws:sqs:${self:provider.region}:*:*"
    - Effect: Allow   ⟵── 크롤러 큐에서 수신 허용
      Action:
        - sqs:ReceiveMessage
        - sqs:DeleteMessage
        - sqs:GetQueueUrl
      Resource: "arn:aws:sqs:*:*:${self:custom.crawlerqueue}"
    - Effect: Allow   ⟵── 분석 큐에 게시 허용
      Action:
        - sqs:SendMessage
        - sqs:DeleteMessage
        - sqs:GetQueueUrl
      Resource: "arn:aws:sqs:*:*:${self:custom.analysisqueue}"
```

```
functions:
  crawlImages: ⟵── 핸들러 함수 진입점 정의
    handler: handler.crawlImages
    environment:
      BUCKET: ${self:custom.bucket}
      ANALYSIS_QUEUE: ${self:custom.analysisqueue}
      REGION: ${self:custom.region}
      ACCOUNTID: ${self:custom.accountid}
    events:
      - sqs: ⟵── 크롤러 큐에 의해 트리거되는 함수
          arn: "arn:aws:sqs:${self:provider.region}:${env:AWS_ACCOUNT_ID}\
          :${self:custom.crawlerqueue}"
```

이 설정은 크롤러 서비스 기능을 정의하여 AWS에 배포하고, 배포한 크롤러용 SQS 큐에 의해
크롤러 서비스가 트리거되도록 설정한다. 주요 섹션은 다음과 같다.

- custom: 설정 내 어디에서나 사용할 속성을 정의한다.
- provider: 이 설정의 provider 섹션은 서비스의 AWS 권한을 설정해서 서비스가 SQS 큐에 접근할 수 있
  도록 허용하고 S3 버킷에 쓸 수 있는 권한을 부여한다.
- functions: 이 섹션은 람다 서비스를 정의한다. 핸들러 설정은 구현을 참조하며, 여기에 대해서는 곧 살펴볼
  것이다. 이벤트 항목은 앞에서 배포한 SQS 크롤러 큐에 함수를 연결한다. 마지막으로 환경 블록은 함수에 사
  용할 수 있는 환경 변수를 정의한다.

> **NOTE_** iamRoleStatements 블록에 정의된 권한은 AWS Identity and Access Management
> (IAM) 모델에 직접 대응된다. 여기에 관한 전체 설명은 https://aws.amazon.com/iam에서 찾을 수
> 있다.

앞의 serverless.yml 파일과 달리 이 파일은 리소스를 정의하지 않는다. 서비스의 범위 밖에
서 리소스를 정의하기로 결정했기 때문이다. 일반적으로, 전역이나 공유 리소스는 공통 리소스
스택에서 배포하는 것이 좋고 하나의 서비스에서만 사용하는 리소스는 특정한 리소스 서비스
에서 배포하는 것이 좋다.

> **TIP_** 서버리스 YAML 파일의 리소스 섹션은 배포할 때 생성될 리소스를 정의한다. 이 리소스에 의존하는
> 다른 서비스는 리소스를 생성한 후 배포해야 한다. 전역 리소스는 별도의 설정으로 두는 것이 가장 좋다.

이제 크롤러의 기본 구현 파일인 handler.js를 살펴보자. 파일 제일 상단에 다음과 같이 많은 모듈이 포함된다.

예시 2-5 크롤러 handler.js 에서 호출하는 모듈

```
const request = require('request')  ←┐ 요청은 완전한 기능을 갖춘 HTTP 클라이언트를 구현하는 노드 모듈이다.
const urlParser = require('url')  ←┐ url은 URL을 파싱하는 방법을 이해하는 데 필요한 핵심 노드 모듈이다.
const AWS = require('aws-sdk')  ←┐ AWS SDK 노드 모듈을 포함한다. 이 경우 S3 버킷과 큐간 상호작용을
const s3 = new AWS.S3()  └ 위해 S3 및 SQS 객체를 인스턴스화한다.
const sqs = new AWS.SQS({region: process.env.REGION})
const images = require('./images')()  ←┘ ./images는 images.js 파일에서 자체 모듈을 참조한다.
```

이 서비스의 진입점은 crawlImages이다. 이 함수는 event, context, cb라는 세 인수를 받는다. 전체 코드는 다음과 같다.

예시 2-6 크롤러 서비스 진입점

```
module.exports.crawlImages = function (event, context, cb) {
  asnc.eachSeries(event.Records, (record, asnCb) => {  ←── 메시지를 기준으로 반복
    let { body } = record

    try {
      body = JSON.parse(body)
    } catch (exp) {
      return asnCb('message parse error: ' + record)
    }

    if (body.action === 'download' && body.msg && body.msg.url) {
      const udomain = createUniqueDomain(body.msg.url)
      crawl(udomain, body.msg.url, context).then(result => {  ←── URL을 크롤링해 이미지를 찾는다.
        queueAnalysis(udomain, body.msg.url, context).then(result => {  ←┐ SQS에
          asnCb(null, result)                                            │ 메세지를 보내
        })                                                               │ 분석을 시작한다.
      })
    } else {
      asnCb('malformed message')
```

```
    }
  }, (err) => {
    if (err) { console.log(err) }
    cb()
  })
}
```

이 함수가 받는 각 인수의 내용은 다음과 같다.

1. event: 처리 중인 현재 이벤트에 대한 정보를 제공한다. 이 경우 event 객체가 SQS 큐에서 가져온 레코드
   배열을 보유한다.
2. context: 호출에 대한 정보를 제공하기 위하여 AWS에서 사용하는 인수로, 사용 가능한 메모리, 실행 시간,
   클라이언트 호출 컨텍스트 등의 정보를 담는다.
3. cb: 콜백 함수. 처리가 완료되면 핸들러가 결과와 함께 이 함수를 호출한다.

---

### 콜백과 비동기 I/O

콜백 함수는 자바스크립트의 필수 요소로, 코드가 비동기적으로 실행되어 전달된 콜백 파라미터
의 실행을 통해 결과를 반환할 수 있다. 콜백은 비동기 I/O(동기 I/O와 반대)를 구현한 것으로
Node.js 플랫폼이 성공한 이유 중 하나이기도 하다. 자바스크립트의 함수 및 콜백에 대한 자세
한 내용은 노드스쿨의 Javascripting 튜토리얼에서 확인할 수 있다.

---

**예시 2-7** 크롤러 서비스 package.json

```
{
  "name": "crawler-service",
  "version": "1.0.0",  ⟵── 모듈 버전 설정
  "description": "",
  "main": "handler.js",
  "scripts": {
    "test": "echo \"Error: no test specified\" && exit 1"
  },
  "author": "",
  "license": "ISC",
  "dependencies": {
```

```
    "async": "^3.2.0",
    "aws-sdk": "^2.286.2",  ◁── aws-sdk 모듈 버전 설정
    "htmlparser2": "^3.9.2",
    "request": "^2.87.0",
    "shortid": "^2.2.15",
    "uuid": "^3.3.2"
  }
}
```

---

### package.json

package.json 파일의 작성 형식은 비교적 단순하지만 시맨틱 버전 지원 및 스크립트와 같은 몇 가지 미묘한 차이가 있다. 이에 대한 자세한 기술은 이 책의 주제를 벗어나므로 필요한 경우 NPM의 https://docs.npmjs.com/files/package.json을 참고하자.

---

이 진입점 함수는 아주 간단하다. 크롤링 함수를 호출하여 이벤트 객체의 URL에서 이미지를 다운로드하고, 크롤링이 완료되면 다운로드 된 이미지가 분석 준비가 되었음을 나타내는 메시지를 SQS 큐에 넣는다.

메인 크롤링 함수는 다음과 같다.

예시 2-8 crawl 함수

```
function crawl (domain, url, context) {
  const domain = urlParser.parse(url).hostname  ◁── 요청한 URL에서 도메인 부분을 추출.

  return new Promise(resolve => {                    요청 모듈은 주어진 URL에 대한
    request(url, (err, response, body) => {  ◁──┘    HTML을 가져오는 데 사용.
      if (err || response.statusCode !== 200) {
        return resolve({statusCode: 500, body: err})
      }                                              이미지 목록은 fetchImages 함수로 전달되어 각
      images.parseImageUrls(body, url).then(urls => {  ◁──  이미지를 지정된 버킷에 다운로드한다.
        images.fetchImages(urls, domain).then(results => {  ◁──┐ 파싱된 HTML 콘텐츠는 다운로드할 이미지
          writeStatus(url, domain, results).then(result => {  ◁──┘ 목록을 반환하는 parseImageUrls 함수로 전달.
                                                          마지막으로 함수는 promise를 해결하기
                                                          전에 다운스트림 서비스가 사용할 상태
                                                          파일을 버킷에 작성한다.
```

```
            resolve({statusCode: 200, body: JSON.stringify(result)})
        })
      })
    })
  })
}
```

---

### 프로미스와 애로우 연산자

자바스크립트에 익숙하지 않은 독자라면 `.then(result => {...})` 구문이 어떤 의미인지 궁금할
것이다. 이는 애로우 연산자로, 함수 키워드를 대체한다. 실질적으로 다음 코드와 동일하다.

---

```
result => {console.log(result)}
function(result) {console.log(result)}
```

---

`.then` 구문 내부에는 프로미스가 해결될 때에 호출할 핸들러 함수를 정의한다. 프로미스는 비동
기 I/O를 위한 콜백의 대체 메커니즘을 제공한다. 많은 사람들이 콜백 대신 프로미스를 선호하
는데, 코드를 명확하게 유지하고 이른바 콜백 지옥<sup>callback hell</sup>을 피하는 데 도움이 되기 때문이다.
프로미스가 생소하다면 https://www.promisejs.org/에서 자세한 내용을 확인하기 바란다.

---

다음으로 살펴볼 queueAnalysis 함수는 AWS SQS 인터페이스를 사용하여 분석 큐에 메시
지를 게시하며, 이러한 메시지는 나중에 분석 서비스가 선택하게 된다.

예시 2-9 queueAnalysis 함수

```
function queueAnalysis (domain, url, context) {
  let domain = urlParser.parse(url).hostname
  let accountId = process.env.ACCOUNTID
  if (!accountId) {
    accountId = context.invokedFunctionArn.split(':')[4]
  }
```

```
let queueUrl = `https://sqs.${process.env.REGION}.amazonaws.com/
  ${accountId}/
  ${process.env.ANALYSIS_QUEUE}`  ◁── SQS 종단 URL 빌드

let params = {  ◁── 메시지 본체 생성
  MessageBody: JSON.stringify({action: 'analyze', msg: {domain: domain}}),
  QueueUrl: queueUrl
}

return new Promise(resolve => {
  sqs.sendMessage(params, (err, data) => {  ◁── SQS에 메시지를 포스트
    ...
  })
})
}
```

이제 크롤러의 코드를 이해하였으니, 서비스를 배포하도록 하자. 먼저 지원 노드 모듈을 설치하여야 하는데 이를 위해 **crawler-service** 디렉토리로 이동하여 다음을 실행하자.

```
$ npm install
```

이제 서버리스 프레임워크의 **deploy** 명령을 실행하여 서비스를 배포할 수 있다.

```
$ serverless deploy
```

이 명령이 완료되면 [그림 2-9]와 같이 AWS 람다 콘솔을 통해 모든 것이 정상인지 여부를 확인할 수 있다.

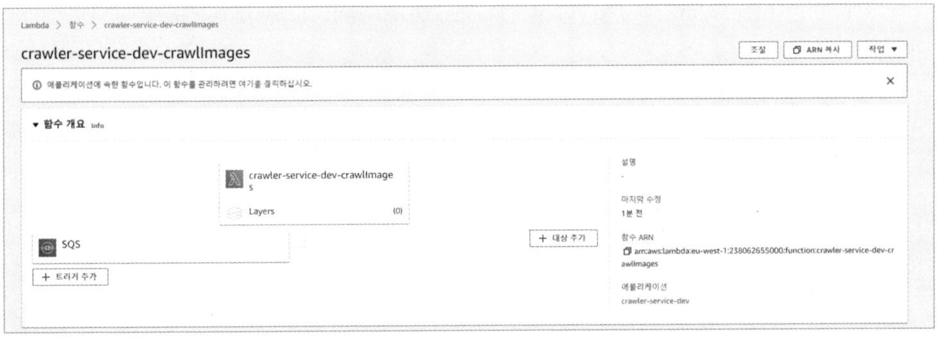

**그림 2-9** 크롤러 서비스 람다

분석 기능으로 이동하기 전에, SQS에 메시지를 전송하여 크롤러를 테스트해보자. AWS 콘솔을 열고 SQS 서비스 페이지로 이동한 다음 Chap2CrawlerQueue를 선택한다. 그 뒤 우측 상단에 있는 [메시지 전송 및 수신] 버튼을 누른다.

**그림 2-10** SQS 메시지 전송

메시지 창에 아래와 같은 JSON을 붙여넣고 [메시지 전송] 버튼을 클릭한다.

```
{
    "action": "download",
    "msg": {
```

```
        "url": "http://ai-as-a-service.s3-website-eu-west-1.amazonaws.com"
    }
}
```

SQS 큐에 메시지가 추가되고 크롤러 서비스는 메시지를 선택한다. 크롤러 로그를 살펴보면 실제로 선택이 이루어졌는지 여부를 확인할 수 있다. AWS 콘솔에 이어서 클라우드워치를 연 다음, 왼쪽의 Logs 메뉴 항목을 클릭하고 crawler-service-dev-crawlimages로 표시된 크롤러 서비스를 선택하여 로그를 검사하자. [그림 2-11]과 유사한 출력이 표시되어야 한다.

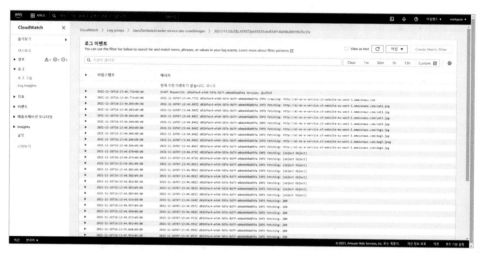

그림 2-11 크롤러의 클라우드워치 로그

마지막으로 이미지 다운로드가 제대로 되었는지 확인해보자. AWS 콘솔을 열고 S3 서비스로 이동하여 버킷을 선택한다. <임의의-문자열>.ai-as-a-service.s3-website-eu-west1.amazonaws.com이라는 디렉터리가 표시되어야 한다. [그림 2-12]와 같이 다운로드한 이미지를 보려면 이 디렉터리를 클릭하자.

**그림 2-12** 다운로드한 이미지

다음 장에서는 분석 서비스에 대한 내용을 파악하고 비동기 서비스 배포를 완료하겠다. 지금까지 진행하느라 수고가 많았다. 그럼 잠시동안 편안히 휴식을 취하기 바란다!

## 2.5 요약

- AWS는 활용 가능한 다양한 클라우드 네이티브 서비스를 제공한다. 이 장에서는 S3, 라우트 53, 람다, SQS를 사용했다.
- AWS는 계정을 설정하고 API 접근 키를 설정할 수 있는 웹 기반 콘솔을 제공한다.
- 서버리스 프레임워크는 S3 버킷, SQS 큐 및 라우트 53 DNS 레코드를 포함한 클라우드 인프라를 배포하는 데 사용한다. `serverless.yml` 파일을 사용하면 예측 가능한 논리적인 방식으로 인프라를 정의하여 배포할 수 있다.
- SQS 큐는 크롤러 람다 함수에 연결된다.
- 크롤러 서비스는 이미지를 다운로드하여 S3 버킷에 배치하는 람다 함수다.

**ATTENTION_** 3장에서도 이 시스템의 구축은 계속되며, 3장 끝부분에서 실습 과정동안 배포한 리소스를 제거하는 방법을 설명한다. 당분간 3장 실습을 진행할 계획이 없다면, 비용이 추가로 발생하지 않도록 이 장에서 배포된 모든 클라우드 리소스를 완전히 제거하는 걸 잊지 말자!

# 서버리스 이미지 인식 시스템 만들기
# – 분석 서비스 구축

**이 장의 주요 내용**

◆ 간단한 AIaaS 시스템 구축

◆ AI 이미지 인식 서비스 사용

◆ 동기 및 비동기 서비스 구현

◆ UI 배포

◆ 클라우드에 배포

이 장에서는 2장에서 진행한 서버리스 이미지 인식 시스템을 이어서 구축한다. 일단 AWS 레코그니션을 호출하는 이미지 인식 서비스를 추가하고, 이후 이미지 인식 기능을 테스트할 수 있는 간단한 프런트엔드를 구축한다. 2장에서 진행한 작업을 바탕으로 구축하기 때문에, 2장 내용을 제대로 습득하지 못했다면 지금 바로 앞 장으로 돌아가 복습한 후 시작하기 바란다. 2장 실습을 제대로 마쳤다면 바로 이어서 분석 서비스를 배포해보자.

## 3.1 비동기 서비스 배포

2장에서는 개발 환경을 설정하고 크롤러 서비스까지 배포했다. 이 장에서는 분석 서비스부터 나머지 시스템의 배포를 계속 이어간다.

### 3.1.1 분석 서비스

먼저 분석 서비스를 살펴보자. 이는 크롤러 서비스와 유사한 방식으로 분석 SQS 큐 메시지에 의해 트리거되는데, 트리거 조건은 S3 버킷에 분석에 사용할 수 있는 이미지가 있는 경우이다. 이 서비스의 논리에 대한 개요는 [그림 3-1]에 나와 있다.

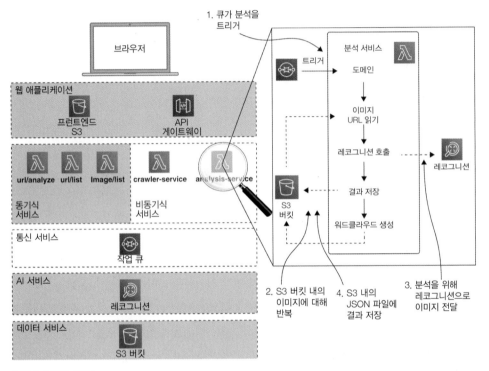

**그림 3-1** 분석 서비스

요컨대 분석 서비스는 다운로드한 이미지를 아마존 레코그니션 서비스와 연결한다. 크롤러 서비스에서 다운로드한 모든 이미지는 레코그니션에 입력되고, 레이블 집합이 반환된다. 각 레이블은 이미지로부터 모델이 인식한 물체를 표현하는 단어와 그에 대한 신뢰도를 표시한다. 신뢰도는 0에서 100 사이의 값을 가지는데, 그 값이 100일 경우 해당 이미지 레이블에 대해 완전히 신뢰함을 뜻한다.

서비스는 분석 서비스가 반환된 데이터를 처리하여 워드클라우드 생성기에 공급할 수 있는 단어 수의 집합을 만든다. 이렇게 주어진 URL에 있는 이미지들의 공통 스레드를 시각적으로 확인할 수 있다.

serverless.yml 설정부터 시작하여 다음 예시에 표시되어 있는 분석 서비스의 코드를 살펴보자.

**예시 3-1** 분석 서비스 serverless.yml

```
service: analysis-service
custom:
  bucket: ${env:CHAPTER2_BUCKET}
  ...

provider:
  ...
  iamRoleStatements:
    - Effect: Allow  ⟵──┐ 레코그니션 API 접근 승인
      Action:
        - "rekognition:*"
      Resource: "*"
  ...

functions:
  analyzeImages:  ⟵──┘ 메인 진입점 정의
    handler: handler.analyzeImages
    ...
```

이 서비스에 대한 serverless.yml 설정 파일이 이전 파일과 매우 유사하다는 사실에 주목하자. 차이가 있다면 람다 함수가 레코그니션 API에 접근할 수 있다는 점이다. 이 인터페이스가 어떻게 작동하는지 살펴보자. 분석 서비스 코드의 handler.js 파일이 해당 인터페이스를 구현한다.

다음 예시는 분석 서비스의 require()문이다.

**예시 3-2** 분석 서비스의 require()

```
const AWS = require('aws-sdk')  ⟵── AWS SDK 모듈 로딩
const s3 = new AWS.S3()  ⟵── 버킷 및 그 객체를 다루기 위한 S3 인터페이스를 생성
const rek = new AWS.Rekognition()  ⟵── 레코그니션 인터페이스 생성
```

다음 예시에서는 **analyzeImageLabels** 함수가 레코그니션 객체를 사용하는 방식을 볼 수 있다.

**예시 3-3** 레코그니션 API 사용

```
function analyzeImageLabels (imageBucketKey) {
  const params = {    ◁─┐ 레코그니션 호출 파라미터 생성
    Image: {
      S3Object: {
        Bucket: process.env.BUCKET,
        Name: imageBucketKey
      }
    },
    MaxLabels: 10,
    MinConfidence: 80
  }
  return new Promise((resolve, reject) => {
    rek.detectLabels(params, (err, data) => {    ◁─┐ 레코그니션의 detectLabel API 호출
      if (err) { return resolve({image: imageBucketKey, labels: [], err: err}) }
      return resolve({image: imageBucketKey,
        ▬labels: data.Labels})    ◁─┐ 결과를 반환하며 프로미스 종료
    })
  })
}
```

이렇게 간단한 함수가 대단한 일을 해냈다! 함수는 이미지 인식 AI 서비스가 S3 버킷에 저장된 이미지 파일을 읽고 다음 단계를 위한 결과를 반환하도록 트리거한다. 이 모든 과정이 매우 간단한 코드로 구현된다!

레코그니션을 사용해 더 많은 작업을 수행할 수 있다는 점도 주목해야 한다. 단, 이번 장에서는 기본 설정만 사용하며, 추가 작업에 대한 내용은 이후의 장에서 보다 자세히 살펴볼 것이다.

> **TIP_** 레코그니션은 정지된 이미지뿐 아니라 비디오에서도 작동하며, 웃거나 찡그린 얼굴을 구분하거나, 이미지 내용을 파악하고, 유명인을 감지하는 등 이미지 내의 다양한 특징을 감지하는 데 사용할 수 있다. 이를 통해 어떤 애플리케이션을 만들 수 있을까? 최근의 예로, 이미지에서 주소 및 우편 번호 감지에 사용한 사례가 있다.

분석 서비스의 최종 코드는 wordCloudList 함수이다. 감지한 모든 레이블에서 단어의 발생 횟수를 계산한다.

**예시 3-4** wordCloudList 계산

```
function wordCloudList (labels) {    ◁─┐ 함수는 레이블 객체의 배열을 인수로 받음
  let counts = {}
  let wcList = []
                                  ┌ 각 레이블 객체 내의 레이블 셋에 대해 반복하여
  labels.forEach(set => {    ◁────┘ 레이블 출현을 카운팅
    set.labels.forEach(lab => {
      if (!counts[lab.Name]) {
        counts[lab.Name] = 1
      } else {
        counts[lab.Name] = counts[lab.Name] + 1
      }
    })
  })
                                      ┌ 카운팅 결과를 단어-카운트 쌍의 배열로
  Object.keys(counts).forEach(key => {  ◁─┘ 변환해서 2차원 배열을 생성
    wcList.push([key, counts[key]])
  })
  return wcList
}
```

계속해서 서버리스 프레임워크를 사용하여 분석 서비스를 배포해보자.

```
$ cd analysis-service
$ npm install
$ serverless deploy
```

배포가 성공적으로 완료되면 다시 한 번 AWS 콘솔을 통해 SQS 큐로 접근해 Chap2CrawlerQueue에서 테스트 메시지를 전송해보자. 이전과 동일한 JSON 메시지를 보내면 서비스가 실행된다.

```
{
  "action": "download",
  "msg": {
    "url": "http://ai-as-a-service.s3-website-eu-west-1.amazonaws.com"
  }
}
```

SQS가 메시지를 받으면 크롤러 서비스가 실행된다. 서비스가 완료되면 크롤러는 다운로드된 이미지의 분석을 요청하는 메시지를 분석 SQS 큐에 게시하여 분석 서비스를 트리거하며, 그 최종 결과는 S3의 **status.json** 파일에 추가된 태그 세트가 된다. 계속하여 해당 파일을 열면 다음 예시와 유사한 내용이 표시된다.

**예시 3-5** wordCloudList 계산 결과

```
{
  "url": "http://ai-as-a-service.s3-website-eu-west-1.amazonaws.com",
  "stat": "analyzed",
  "downloadResults": [        ←── 이미지 다운로드 결과
    {
      "url": "http://ai-as-a-service.s3-website-eu-west-1.amazonaws.com/cat1.png",
      "stat": "ok"
    },
    ...
  ],
  "analysisResults": [        ←── 이미지 분석 결과
    {
      "image": "ai-as-a-service.s3-website-eu-west-1.amazonaws.com/cat1.png",
      "labels": [
        {
          "Name": "Cat",
          "Confidence": 99.03962707519531
        }
      ]
      ...
    }
```

```
    ],
    "wordCloudList":  ←──┐ 워드클라우드 계산

      [ ["Cat", 3],
        ["Dog", 3],
        ....

      ]
  }
```

이번 데모는 S3만 사용해도 잘 작동하지만, 보다 완전한 시스템을 위해 데이터베이스 또는 키/
값 저장소에 해당 정보를 저장할 수도 있다. 이러한 정보를 저장하는 상태 파일은 프런트엔드
및 UI 서비스를 구동하는 데 사용된다. 이번에는 프런트엔드 및 UI 서비스를 살펴보자.

# 3.2 동기 서비스 구현

이 시스템에서 동기 서비스는 UI 서비스와 프런트엔드로 구성된다. 프런트엔드는 전적으로 브
라우저에서 렌더링하여 실행되는 반면, UI 서비스는 세 가지 람다 함수로 실행된다.

## 3.2.1 UI 서비스

그림과 같이 UI 서비스는 세 가지 진입점을 가지고 있다.

- url/list: 분석을 위해 제출된 모든 URL을 나열한다.
- image/list: 특정 URL에 대해 분석된 모든 이미지를 나열한다.
- url/analyze: 분석을 위해 URL을 제출한다.

[그림 3-2]는 UI 서비스의 작동을 설명한다.

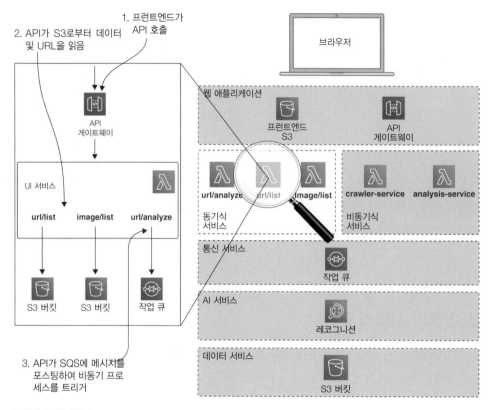

**그림 3-2** UI 서비스

서버리스 프레임워크를 사용하면 하나의 설정 파일에서 람다 함수 여러 개를 정의할 수 있으며, 이를 UI 서비스를 설정하는 과정에 이용했다. 다음 예시에서 UI 서비스의 `serverless.yml` 파일을 살펴보자.

**예시 3-6** UI 서비스의 `serverless.yml`

```
service: ui-service
frameworkVersion: ">=1.30.0"
plugins:
  - serverless-domain-manager  ◁─┤ 메인 플러그인
custom:
  bucket: ${env:CHAPTER2_BUCKET}
  crawlerqueue: Chap2CrawlerQueue
```

```yaml
  region: ${env:AWS_DEFAULT_REGION, 'eu-west-1'}
  domain: ${env:CHAPTER2_DOMAIN}
  accountid: ${env:AWS_ACCOUNT_ID}
  customDomain:        ◁── 커스텀 도메인 설정
    domainName: 'chapter2api.${self:custom.domain}'
    stage: dev
    basePath: api
    certificateName: '*.${self:custom.domain}'
    certificateArn: '${env:CHAPTER2_DOMAIN_ARN}'
    createRoute53Record: true
    endpointType: regional

provider:
  name: aws
  runtime: nodejs14.x
  region: ${env:AWS_DEFAULT_REGION, 'eu-west-1'}
  iamRoleStatements:        ◁── 역할(IAM Role) 권한
  …

functions:
  analyzeUrl:        ◁── URL 분석 람다 HTTP POST
    handler: handler.analyzeUrl
    environment:

      …
    events:
      - http:
          path: url/analyze
          method: post
  listUrls:        ◁── listUrls 람다
    handler: handler.listUrls
    environment:
      BUCKET: ${self:custom.bucket}
    events:
      - http:
          path: url/list
          method: get
          cors: true
  listImages:        ◁── listImages 람다
```

```
handler: handler.listImages
environment:
  BUCKET: ${self:custom.bucket}
events:
  - http:
      path: image/list
      method: get
      cors: true
```

이 설정은 이전 설정 파일 위에 몇 가지 새로운 요소를 계속 도입한다. 우선 커스텀 플러그인 **serverless-domain-manager**를 사용하여 서비스에 대한 커스텀 도메인을 설정하는데, 2장의 시작 부분에서 라우트 53에 도메인을 설정하고 와일드 카드 인증서를 생성한 기억이 날 것이다. 그 도메인을 UI 서비스에 사용한다.

설정 내의 **permissions**(권한) 섹션은 이제 친숙해졌을 것이다. **functions**(함수) 섹션은 하위 항목이 세 개라는 점이 약간 다르나, 각 항목들이 HTTP 이벤트에 연결되어있다는 점에서는 유사하다. 이렇게 하면 서버리스가 함수를 API 게이트웨이로 연결해 지정된 경로에서 해당 함수를 사용한다. 커스텀 도메인 항목은 서비스에 대한 DNS 항목을 생성하여 API 게이트웨이에 연결할 때 사용한다. 서비스를 배포하기 이전에 먼저 **handler.js** 파일의 구현을 살펴보자.

이 내부에서는 익숙한 방식으로 AWS SDK를 가지고 서비스에 필요한 객체, S3 및 SQS를 생성한다. 이 과정은 다음과 같다.

**예시 3-7** UI 서비스 require

```
const urlParser = require('url')  ◁─┤ URL 파싱을 위한 url 노드 모듈 로딩
const AWS = require('aws-sdk')  ◁─┤ AWS SDK를 로딩하고 S3, SQS 인터페이스를 인스턴스화
const s3 = new AWS.S3()
const sqs = new AWS.SQS({region: process.env.REGION})
```

이 서비스는 3개의 개별 람다 함수로 배포한 3개의 진입점을 정의한다. **listUrls** 함수는 다음과 같다.

**예시 3-8** `listUrls` 함수

```
module.exports.listUrls = (event, context, cb) => {  ◁─┤ 진입점
  const params = {
    Bucket: process.env.BUCKET,
    Delimiter: '/',
    MaxKeys: 1000
  }

  s3.listObjectsV2(params, (err, data) => {  ◁─┤ S3 객체 리스트
    let promises = []
    if (err) { return respond(500, {stat: 'error', details: err}, cb) }

    data.CommonPrefixes.forEach(prefix => {
      promises.push(readStatus(prefix.Prefix))
    })
    Promise.all(promises).then(values => {
      let result = []
      values.forEach(value => {
        result.push({url: value.url, stat: value.stat})
      })
      respond(200, {stat: 'ok', details: result}, cb)  ◁─┤ URL 리스트로 응답
    })
  })
}
```

이 경우 함수는 `HTTP GET` 요청에 따라 API 게이트웨이를 통하여 실행되는데, 이 함수의 진입점은 다른 모든 서비스의 진입점과 정확하게 일치하다. 이 함수는 S3 버킷의 최상위 수준에 있는 디렉터리 집합을 나열하여 목록을 JSON 배열로 반환하는 매우 간단한 기능을 수행한다.

`listImages` 함수는 S3에서 파일 `status.json`을 읽고 표시할 내용을 반환하는 훨씬 간단한 함수이므로, 더 이상의 자세한 설명은 생략하고 대신 아래 코드에서 `analyzeUrl` 함수를 살펴보자.

```
module.exports.analyzeUrl = (event, context, cb) => {
  let accountId = process.env.ACCOUNTID
  if (!accountId) {
    accountId = context.invokedFunctionArn.split(':')[4]
  }
  const queueUrl = `https://sqs.${process.env.REGION}.amazonaws.com/
    ${accountId}/
    ${process.env.QUEUE}` ◁─┤ 큐 URL 생성
  const body = JSON.parse(event.body)

  const params = {
    MessageBody: JSON.stringify({action: 'download', msg: body}),
    QueueUrl: queueUrl
  }

  sqs.sendMessage(params, (err, data) => { ◁─┤ SQS 메시지 전송
    if (err) { return respond(500, {stat: 'error', details: err}, cb) }
    respond(200, {stat: 'ok',
      ─details: {queue: queueUrl, msgId: data.MessageId}}, cb)
  })
}
```

URL을 이벤트 본문으로 가져와서 크롤러 서비스가 처리하도록 SQS 큐에 메시지 페이로드의
일부로 포스팅하는 함수다. 이 함수 역시 정말 간단하지 않은가?

---

### 단일 책임 원칙

단일 책임 원칙single responsibility principle, 즉 SRP는 코드 분리 유지 및 관리에 크게 도움이 되는 개념
이다. 독자 여러분이 눈치챘을지 모르지만, 지금까지 이 책의 모든 코드는 단일 책임 원칙을 따
랐다. SRP는 다음과 같이 몇 가지 수준에 걸쳐 적용된다.

- 아키텍처 수준에서, 모든 서비스는 하나의 목적을 가져야 한다.
- 구현 수준에서, 모든 함수는 하나의 목적을 가져야 한다.
- 코드 라인 수준에서, 모든 라인은 한 가지 작업만 수행해야 한다.

---

'코드 라인' 수준이란 표현이 어떤 의미인지 알고 싶다면 잘 보기 바란다. 다음 코드는 한 라인에서 bar에 대한 값을 가져와 foo에 대해 테스트하는 여러 작업을 수행한다.

```
if (foo! == (bar = getBarValue())) {
```

이를 보다 명확하게 구현하려면, 코드를 두 행으로 분할하여 각 행마다 한 가지 작업씩 수행하도록 해야 한다.

```
bar = getBarValue()
if (foo! == bar) {
```

이제 UI 서비스 코드를 살펴봤으니 곧바로 배포를 진행하자. 일단 커스텀 도메인 항목을 만들어야 한다. serverless.yml 파일은 환경 변수 CHAPTER2_DOMAIN을 ui-service 배포를 위한 기본 도메인으로 사용한다. 또한 커스텀 도메인을 생성하려면 기본 도메인에 대한 인증서와 그 인증서의 ARN이 필요하다. 이 변수를 아직 설정하지 않았다면 다음 예시의 내용을 셸의 시작 스크립트에 추가하여 설정하기 바란다(부록 A.4.4 로컬 AWS 환경 설정하기 및 부록 D.2 인증서 설정 참조).

**예시 3-10** 베이스 도메인을 위한 환경 변수 설정

```
export CHAPTER2_DOMAIN=<사용할 도메인>
export CHAPTER2_DOMAIN_ARN=<도메인 인증서의 ARN>
```

**<사용할 도메인>**을 이번 실습에서 사용할 도메인으로, **<도메인 인증서의 ARN>** 부분을 해당 도메인에 대한 인증서의 ARN으로 바꾸자.

그 다음 지원 노드 모듈을 설치하기 위하여 cd 명령어를 이용해 ui-service 디렉토리로 이동하여 다음과 같이 종속성을 설치하자.

```
$ npm install
```

그러면 serverless-domain-manager를 포함하여 package.json의 모든 종속성이 로컬로 설치된다. 그 다음 커스텀 도메인을 생성하려면 다음 명령을 실행하자.

```
$ serverless create_domain
```

이 명령을 실행하면 도메인 관리자 플러그인이 라우트 53에 도메인을 생성한다. 예를 들어, 커스텀 도메인 이름이 example.com이라면 serverless.yml의 customDomain 섹션에 지정한 대로 chapter2api.example.com에 대한 A 레코드가 생성된다. 이 섹션은 다음 예시에 표시되어 있다.

예시 3-11 ui-service를 위한 serverless.yml 커스텀 섹션

```
custom:
  bucket: ${env:CHAPTER2_BUCKET}
  crawlerqueue: Chap2CrawlerQueue
  region: ${env:AWS_DEFAULT_REGION, 'eu-west-1'}
  domain: ${env:CHAPTER2_DOMAIN}         ◁─┤ 커스텀 도메인 환경 변수
  accountid: ${env:AWS_ACCOUNT_ID}
  customDomain:
    domainName: 'chapter2api.${self:custom.domain}'  ◁─┤ 전체 도메인명
    stage: dev
    basePath: api
    certificateName: '*.${self:custom.domain}'  ◁─┤ 인증 참조
    certificateArn: '${env:CHAPTER2_DOMAIN_ARN}'  ◁─┤ 도메인 인증서 ARN
    createRoute53Record: true
    endpointType: regional
```

이 작업이 성공하려면 APIGatewayAdministrator 권한이 필요하다. 새 AWS 계정을 생성한 경우라면 기본적으로 활성화되어 있을 것이다. 마지막으로, 일반적인 방식으로 서비스를 배포하자.

```
$ serverless deploy
```

이렇게 하면 UI 종단을 람다 함수로 배포하고, 이 함수를 호출하도록 API 게이트웨이를 구

성하며, 커스텀 도메인을 API 게이트웨이에 연결하게 된다. 최종 결과는 HTTP를 통해 https://chapter2api.<사용할 도메인>/api/url/list로 함수를 호출할 수 있다. 이를 테스트하려면 웹 브라우저를 열고 해당 URL을 입력했을 때 다음 출력이 표시되어야 한다.

```
{"stat":"ok","details":[{"url":"http://ai-as-a-service.s3-website-eu-west-
  ⇥1.amazonaws.com","stat":"analyzed"}]}
```

지금까지는 다운로드 및 분석을 위해 단일 URL을 제출했고, UI 서비스가 하나의 요소 목록만 반환하기 때문이다.


## 3.2.2 프런트엔드 서비스

시스템의 마지막 부분은 프런트엔드 서비스다. 프런트엔드 서비스는 시스템의 다른 요소와는 조금 다른데, 순수한 프런트엔드 구성 요소이며 전적으로 사용자의 브라우저에서 실행된다는 점이 다르다. [그림 3-3]은 개략적인 프런트엔드 서비스의 구조를 보여준다.

우리는 이 서비스를 S3에 정적 파일 세트로 배포할 것이다. 먼저 코드를 살펴보자. 프런트엔드 서비스 디렉토리로 진입하면 다음 예시와 같은 구조가 표시되어야 한다.

**예시 3-12** 프런트엔드 구조

```
├ app
   ├ code.js
   ├ index.html
   ├ templates.js
   └ wordcloud2.js
```

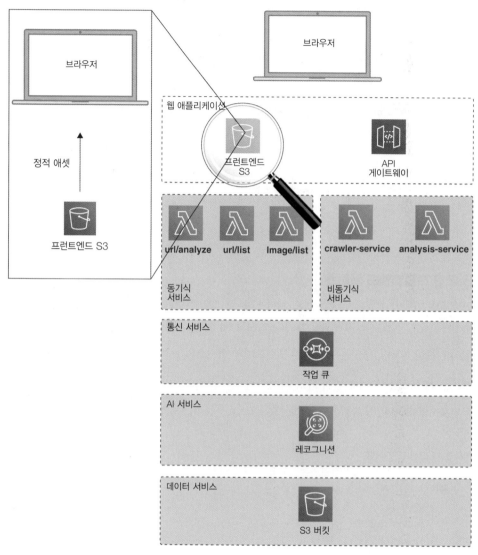

**그림 3-3** 프런트엔드

이 경우 프런트엔드를 S3 버킷에 배포하기 때문에 serverless.yml 설정이 필요없다. 프런트
엔드용 코드는 **app** 디렉토리에 애플리케이션의 HTML 및 자바스크립트 파일로 정리되어있다.
해당 애플리케이션은 단일 페이지 애플리케이션single-page application(SPA)이다. 대규모 SPA 애플
리케이션을 구축하는 프레임워크로 앵귤러Angular, 리액트React, 뷰Vue 등 유용한 프레임워크가 많
이 있다. 지금 진행하는 간단한 애플리케이션은 프런트엔드 프레임워크의 지원이 필요하지 않

을 정도로 애플리케이션이 아주 간단하기에 당장 필요한 최소한의 기능을 모두 제공하는 제이쿼리<sup>jQuery</sup>를 사용하겠다.

---

### 단일 페이지 애플리케이션

단일 페이지 애플리케이션 아키텍처는 새로운 콘텐츠를 렌더링하기 위해 웹 페이지를 리로딩하는 대신 단일 페이지에 콘텐츠만 동적으로 다시 쓴다는 특징을 갖는다. 이런 접근 방식이 점점 대중화되어 대부분 최신 웹 애플리케이션에서 사용하게 되었다. 실제로 이런 애플리케이션 모델이 부상이 앵귤러, 리액트, 뷰와 같은 많은 프런트엔드 자바스크립트 프레임워크의 개발을 이끌었다.

해당 접근 방식에 대해 숙련이 필요하다면 https://github.com/mixu/singlepageappbook 에서 제공하는 전자책을 읽어보기 권한다.

---

**NOTE_** 이 예제 시스템에서는 S3를 직접 사용하여 애플리케이션을 제공한다. 대규모로 운영하려면 아마존 클라우드프론트 CDN의 오리진으로 S3 버킷을 사용하는 것이 일반적이다.

프런트엔드를 구현하는 코드는 단일 HTML 페이지와 자바스크립트로 아주 간단하게 구성된다. 다음 예시에 표시된 **index.html** 페이지를 간단히 살펴보자.

예시 3-13 프런트엔드 index.html

```
<html>
<head>
  <link rel="stylesheet" href="https://stackpath.bootstrapcdn.com/bootstrap/4.1.3/
css/bootstrap.min.css">  ◁─┤ CDN 라이브러리
  <script src="https://code.jquery.com/jquery-3.3.1.min.js"></script>
  <script src="https://stackpath.bootstrapcdn.com/bootstrap/4.1.3/js/bootstrap.
min.js"></script>
  <script src="https://cdn.jsdelivr.net/npm/chart.js@2.8.0"></script>
  <script src="/templates.js"></script>  ◁─┤ 애플리케이션 코드
  <script src="/code.js"></script>
  <script src="/wordcloud2.js"></script>
</head>
```

```
<body>

<div class="navbar navbar-expand-lg navbar-light bg-light">  ⊲──┤ 내비게이션 바 정의
  ...
</div>

<div id="content"></div>  ⊲──┤ 메인 컨텐츠 영역

</body>
</html>
```

페이지의 <head>에서는 공유 CDN으로부터 제이쿼리나 부트스트랩같은 일부 표준 라이브러리를 로드한다. 이는 단지 편의를 위한 것으로, 프로덕션 웹 애플리케이션에서는 보통 완벽성을 보장하기 위해 이러한 라이브러리를 직접 재배포한다. 이어지는 이 페이지의 주요 마크업은 애플리케이션 코드로 채워질 콘텐츠 영역을 선언하기 전에 간단한 탐색 모음을 정의하는데, 이 영역의 대부분은 code.js 파일에 있다.

---

### 제이쿼리와 부트스트랩, CDN

프런트엔드 자바스크립트 개발에 익숙하지 않다면 HTML 파일의 부트스트랩 및 제이쿼리에 대한 링크가 궁금할 것이다. 다행히, 제이쿼리와 부트스트랩 모두 사용자의 편의를 위해 빠른 CDN에서 라이브러리의 축소된 주요 배포 버전을 제공한다.

---

**예시 3-14** 프런트엔드 애플리케이션의 주요 자바스크립트 코드

```
const BUCKET_ROOT = '<버킷 URL>'  ⊲──┤ 버킷 URL 루트 정의
const API_ROOT = 'https://chapter2api.<YOUR CUSTOM DOMAIN>/api/'  ⊲──┤ UI API 루트 정의

function renderUrlList () {
  $.getJSON(API_ROOT + 'url/list', function (body) {
    ...  ⊲──┤ URL 페치 및 렌더링
  })
}
```

```
function renderUrlDetail (url) {
  let list = ''
  let output = ''
  let wclist = []

  $.getJSON(API_ROOT + 'image/list?url=' + url, function (data) {
    ...  ◁── 이미지 페치 및 렌더링
  })
}


$(function () {
  renderUrlList()

  $('#submit-url-button').on('click', function (e) {
    e.preventDefault()
    $.ajax({url: API_ROOT + 'url/analyze',  ◁── 분석용 URL 전송
      type: 'post',
      data: JSON.stringify({url: $('#target-url').val()}),
      dataType: 'json',
      contentType: 'application/json',
      success: (data, stat) => {
      }
    })
  })
})
```

표준 제이쿼리 함수를 코드로 사용하여 방금 배포한 UI 서비스에 AJAX 요청을 한 다음, 페이지를 로드하면서 분석한 URL 목록과 특정 URL에 대해 분석한 이미지 목록을 렌더링한다. 마침내, 사용자가 분석을 위해 새 URL을 제출할 수 있다. 다만 프런트엔드 배포 전에 code.js 파일을 편집하여 다음 행의 내용을 바꿔야 한다.

- const BUCKET_ROOT = '<버킷 URL>'에서 <버킷 URL>은 각자 생성한 버킷 URL로 대체한다. 예: https://s3-eu-west-1.amazonaws.com/mybucket
- const API_ROOT = 'https://chapter2api.<사용할 도메인>/api/'는 각자 사용할 커스텀 도메인으로 대체한다.

위 내용을 처리했으면 계속하여 프런트엔드를 배포할 수 있다. 3장의 처음 부분에서 설정한 AWS 커맨드라인 명령어를 사용하여 다음 명령을 실행하자.

```
$ cd frontend-service
$ aws s3 sync app/ s3://$CHAPTER2_BUCKET
```

> **NOTE_** 이 예에서는 스크랩한 데이터와 동일한 버킷에 프런트엔드를 배포했다. 프로덕션 시스템에서는 이런 방식을 권하지 않는다.

마침내 완전한 서버리스 AI 시스템을 구축하여 배포했다. 다음 절부터 시스템을 한번 실행해보자!

## 3.3 시스템 실행

시스템을 완전히 배포했으므로 이제는 돌려볼 차례다. 웹 브라우저를 열고 `https://<사용할 버킷 이름>.s3.amazonaws.com/index.html`에 접속하자. 인덱스 페이지는 [그림 3-4]와 같이 테스트 배포 중에 분석한 단일 URL을 로드하고 표시할 것이다.

**그림 3-4** URL이 한 개 추가된 기본 랜딩 페이지

이미지 분석 시스템에 실제로 이미지를 넣어서 돌려 보자. 먼저 인터넷 밈의 기본인 고양이로 시작해보자. 구글에서 고양이 사진을 의미하는 'cat pictures'를 검색한 후 이미지 탭을 클릭하자. 그러면 [그림 3-5]와 같은 결과가 나올 것이다.

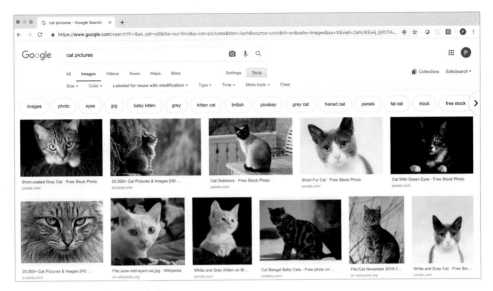

**그림 3-5** 구글 이미지의 고양이 사진

주소 표시줄에서 URL을 복사하고 랜딩 페이지로 돌아가서, 대상 URL 필드에 붙여넣은 다음 분석 버튼을 클릭한다. 몇 초 후 페이지를 새로 고침하면 [그림 3-6]처럼 목록에 **www.google. com**에 관한 분석 현황이 표시된다.

**그림 3-6** 구글 이미지 분석 현황이 보이는 랜딩 페이지

새로 분석한 데이터셋에 대한 링크를 클릭하면, 시스템이 레코그니션에서 분석한 이미지 목록과 프런트엔드에서 생성한 워드클라우드 이미지를 [그림 3-7]과 같이 표시한다.

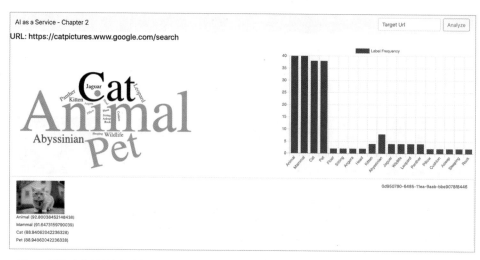

**그림 3-7** 구글 이미지 분석의 랜딩 페이지

이 시스템은 고양이 이미지를 꽤 성공적으로 인식해냈다. 경우에 따라 분석 자체를 완전히 실패한 경우도 있다. 성공으로 처리된 모든 이미지에는 관련 태그 목록이 있다. 모든 태그는 단어와 점수(100점 만점) 두 가지로 구성되어 있는데, 이 점수는 바로 AI가 이미지를 감지하고 추측한 단어가 얼마나 정확하다고 생각하는지에 대한 신뢰 수준의 척도다. 인식하지 못한 이미지를 보면 흥미롭다. 예를 들어, [그림 3-8]에서 등을 뻗고 드러누운 고양이의 이미지를 전혀 분석하지 못한다! 그게 그리 놀랄 일은 아니긴 하다.

**그림 3-8** 구글 이미지 분석 랜딩 페이지

축하한다! 어쨌든 첫 번째 서버리스 AI 시스템을 배포하고 실행하는 데 성공했다. 이 장에서는 임의의 웹 페이지에 포함된 이미지를 인식하는 서버리스 AI 시스템 구축이라는, 대단히 방대한 내용을 다루었다. 정신없이 빠르게 진행되었겠지만, 이제 전문 지식이 없는 개발자도 복잡한 AI 기능을 사용할 수 있다는 것을 보여줬으리라 기대한다.

지금까지 살펴본 내용은 레코그니션을 비롯한 이미지 인식 기술을 이용해 일반적으로 수행할 수 있는 작업에 대해 수박 겉핥기 정도임을 명심하기 바란다. 각자 자신의 프로젝트에서 이 기능을 응용할 방법을 상상해보자. 필자는 이런 사례들을 떠올렸다.

- 이미지에서 이름 및 우편 번호 정보 추출
- 업로드된 프로필 사진이 사람 얼굴에 해당하는지 확인
- 현재 시야에 있는 물체를 묘사하여 시각 장애자나 시약자를 지원
- 시각적으로 유사한 이미지를 검색할 수 있는 이미지 기반 이미지 검색
- 병의 라벨 사진을 찍어 와인의 종류, 가격, 가치를 식별

가능성은 무한하며, 이 기술을 중심으로 새로운 비즈니스가 생기리라고 확신한다.

지금쯤이면 클라우드 인프라가 무거운 작업을 대신 수행하여 비교적 적은 코드로 많은 기능을 달성할 수 있었다는 사실을 깨달았을 것이다. 또한 이러한 이미지 인식 시스템을 신경망이나 딥러닝에 대한 전문 지식이 없어도 구축할 수 있다는 사실 역시 알았을 것이다. 이제부터 이 책은 AI에 대한 공학적 접근 방식을 다룬다.

## 3.3 시스템 제거

시스템 테스트가 끝나면 추가 비용이 발생하지 않도록 시스템을 완전히 제거하도록 하자. 서버리스의 remove 명령을 써서 매우 간단하게 제거할 수 있고, chapter2-3 디렉토리에 제거를 수행하는 스크립트 remove.sh를 준비해뒀다. 이 스크립트를 실행하면 S3에서 프런트엔드가 제거되고 모든 관련 리소스가 해제된다. 다음을 실행하면 된다!

```
$ cd chapter2-3
$ bash remove.sh
```

시스템을 재배포하려면, 언제든지 동일한 디렉터리에 있는 `deploy.sh`라는 관련 스크립트를 활용해 이 장에서 수행한 단계를 자동화하고 전체 시스템을 재배포할 수 있다.

# 3.4 요약

- 이번 분석 서비스는 이미지 인식 AI 서비스를 사용한다. 각 이미지의 레이블이 지정한 객체 감지에 AWS 레코그니션 `detectLabels` API를 사용한다.
- 분석 시스템과 상호 작용하기 위해 간단한 API를 생성하였으며, 해당 API 게이트웨이를 사용하여 서버리스 서비스를 위한 외부 진입점을 제공한다.
- 프런트엔드 단일 페이지 애플리케이션은 서버리스 애플리케이션의 일부로 배포할 수 있다. 단일 페이지 애플리케이션은 공개적으로 접근할 수 있는 S3 버킷에 복사된다.
- 이 시스템의 모든 인프라는 코드로 정의되었으므로, 애플리케이션 배포를 위해 AWS 웹 콘솔을 사용할 필요가 전혀 없다.
- 서버리스 프레임워크를 트리거하는 스크립트를 통해 배포 및 제거를 완전 자동화할 수 있다.

WARNING_ 추가 비용이 발생하지 않도록 이 장에서 배포된 모든 클라우드 리소스를 완전히 제거하였는지 확인하기 바란다!

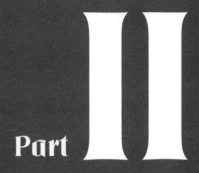

Part **II**

# 서버리스 AI 활용하기

4장에서는 서버리스로 작업 목록to-do list 애플리케이션을 개발해 보고, 이 과정에서 AWS 코그니토Cognito 를 사용할 것이다. 5장에서는 음성-텍스트 및 대화형 챗봇과 같은 AI 기반 인터페이스를 만든다.

6장에서는 AIaaS를 효과적으로 활용하는데 필요한 주요 도구와 기술을 보다 자세히 살펴볼 것이다. 빌 드 및 배포 파이프라인을 생성하는 법, 시스템의 통합 가시성observability을 구현하는 방법, 시스템을 효과 적으로 모니터링하고 디버깅하는 법 등이 포함된다.

시스템을 처음부터 구축하는 일은 상대적으로 쉽다. 실무 환경에서 여러분 대다수는 기존 플랫폼의 유 지와 확장을 하게 될 것이다. 7장에서는 지금까지 배운 내용을 기존 시스템에 적용하는 방법을 살펴보 며 2부를 마무리하겠다.

# Part II

## 서버리스 AI 활용하기

# 서버리스 방식의
# 웹 애플리케이션 구축과 보안

---

**이 장의 주요 내용**

◆ 서버리스 작업 목록 애플리케이션 만들기

◆ 서버리스 데이터베이스 다이나모DB

◆ 서버리스 방식으로 로그인 구현하기

---

이 장에서는 2장과 3장에서 학습한 내용을 바탕으로 더 강력한 두 번째 서버리스 AI 시스템을 구축한다. 대부분의 프로그래밍 도서에서는 학습을 위해 작업 목록to-do list 애플리케이션을 예제로 사용한다. 이 책 역시 다르지 않다. 하지만 이번에 만들 작업 목록은 수준이 좀 다르다! 이 장에서는 간단하게 클라우드 네이티브 데이터베이스로 우리에게 익숙한 CRUD(Create, Read, Update, Delete) 전용 애플리케이션을 만들며 시작하지만, 로그인과 로그아웃을 구현한 다음부터는 목소리로 작업 목록을 기록할 수 있고 시스템이 하루의 작업 목록을 읊어주도록 자연어 음성 인터페이스를 추가할 것이다. 마지막으로 시스템에 대화형 인터페이스를 추가해, 키보드 없이 자연스러운 음성으로 완전한 상호작용할 수 있도록 만들 것이다.

이번 장에서는 서버리스 작업 목록을 구현한다. 이후 5장에서 AI 기능을 추가하며, 이때 클라우드 AI 서비스가 무거운 작업을 담당하도록 만들어 매우 빠르게 구축할 수 있다.

## 4.1 작업 목록

이번에 구현할 작업 목록은 많은 AI 서비스를 사용한다. 이번에도 1장에서 소개하고, 2~3장에서 사용한 서버리스 AI 시스템의 표준 아키텍처 패턴을 따른다. 완성된 서비스의 모습은 [그림 4-1]에서 볼 수 있다.

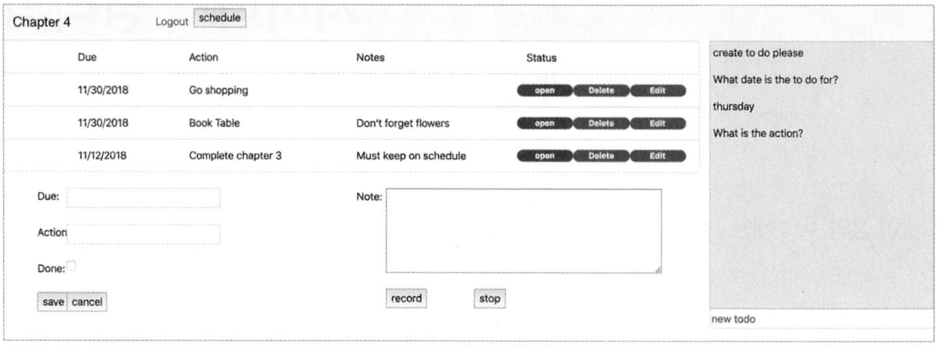

**그림 4-1** 최종 목표

[그림 4-1]에서 사용자는 챗봇과 대화를 통해 새로운 작업을 만들고 있다.

## 4.2 아키텍처

시스템을 조립하기 전에 이 서비스의 아키텍처를 1장에서 개발한 표준 서버리스 AI 아키텍처에 매핑하는 방법을 이해해보자. [그림 4-2]는 시스템의 전체 구조를 보여준다.

시스템 아키텍처는 서비스 간의 명확한 분리를 보여준다. 모든 서비스는 하나의 책임만 가지며 이는 인터페이스로 잘 구분되어있다.

- **웹 애플리케이션**: S3 버킷이 클라이언트 애플리케이션에 대한 정적인 콘텐츠를 제공하며, API 게이트웨이가 동기 및 비동기 서비스에서 이벤트 핸들러를 트리거하는 API를 제공한다. 웹 애플리케이션 클라이언트는 AWS 앰플리파이 클라이언트 SDK를 사용하여 복잡한 인증을 처리한다.
- **동기 및 비동기 서비스**: 이러한 커스텀 서비스는 API 요청을 처리하고 애플리케이션의 주요 비즈니스 로직을 수행하는 AWS 람다 함수로 구현된다.
- **통신 패브릭**: 라우트 53은 DNS 구성에 사용된다. 덕택에 커스텀 도메인 이름을 사용하여 서비스에 접근할 수 있다.
- **유틸리티 서비스**: 코그니토는 인증 및 권한 부여에 사용한다.
- **AI 서비스**: 관리형 AWS AI 서비스인 트랜스크라이브[Transcribe], 폴리[Polly], 렉스[Lex]를 사용한다.
- **데이터 서비스**: 다이나모DB는 강력하고 확장 가능한 데이터베이스로 쓰이며, S3는 파일 저장에 쓰인다.

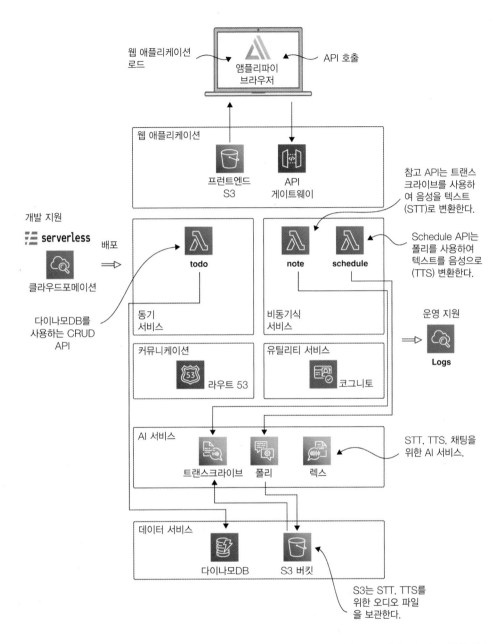

**그림 4-2** 시스템 아키텍처. 시스템은 사용자 정의 서비스와 관리 서비스로 구성된다. AWS에서 제공하는 다양한 관리형 서비스를 사용하여 확장 가능한 프로덕션 수준의 애플리케이션을 빠르게 구축하고 배포할 수 있다.

시스템을 구현하는 과정에서 각 절마다 자세한 내용과 함께 구축 및 배포 방법을 설명할 것이다.

### 4.2.1 웹 애플리케이션

애플리케이션의 구조는 [그림 4-3]에서 볼 수 있다. 웹 애플리케이션 부분을 강조 표시해두었다.

그림 4-3 웹 애플리케이션

표시된 구조는 2장과 3장의 시스템을 통해서 이미 살펴봤다. 시스템의 프런트엔드는 S3에 배포된 HTML, CSS, 자바스크립트로 구성된 단일 페이지 애플리케이션으로 UI를 렌더링한다. 이번 장 내내 전체 애플리케이션을 구축하는 동안 관련 부분을 강조하면서 위 이미지를 반복적으로 보여주겠다. 이전과 마찬가지로 서비스에 대한 경로는 API 게이트웨이를 사용해 제공한다.

작업 목록 애플리케이션은 프런트엔드에 추가 라이브러리, 즉 AWS 앰플리파이Amplify를 사용하는데, 앰플리파이는 지정된 AWS 서비스에 대한 보안 접근을 제공하는 자바스크립트 클라이언트 라이브러리다. 이번 실습에서는 AWS 앰플리파이를 사용해 코그니토에 클라이언트 인터페이스를 제공하고, S3에 저장한 음성-텍스트 데이터에 접근할 수 있는 권한을 준다.

## 4.2.2 동기 서비스

[그림 4-4]는 이번 장에서 만드는 애플리케이션의 아키텍처다. 이번에는 동기 서비스 부분에 강조 표시했다.

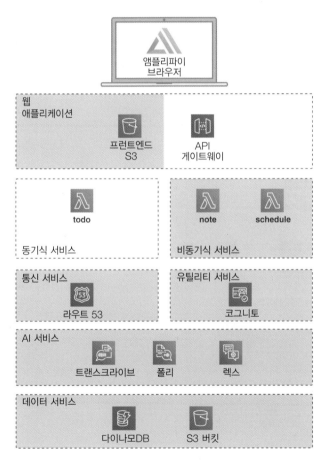

그림 4-4 동기 서비스

위 그림에는 동기 서비스가 하나만 있다. 이는 작업 목록(to-do) 서비스로, 간단한 CRUD 인터페이스에 대한 경로를 노출한다.

- POST /todo/: 새 항목을 생성한다.
- GET /todo/{id}: 특정 항목을 읽는다.
- PUT /todo/{id}: 항목을 업데이트한다.
- DELETE /todo/{id}: 항목을 삭제한다.
- GET /todo: 모든 항목을 나열한다.

### 4.2.3 비동기 서비스

애플리케이션 아키텍처의 비동기 서비스 부분은 [그림 4-5]에서 강조 표시했다.

**그림 4-5** 비동기 서비스

음성–텍스트 및 텍스트–음성 변환과 관련된 비동기 서비스는 다음과 같이 두 가지가 있다.

## 노트 서비스

음성 녹음 메모를 텍스트로 변환(STT)하는 인터페이스를 제공한다.

- POST /note: 새 비동기 노트 STT 작업을 시작한다.
- GET /note/{id}: 비동기 STT에 대한 정보를 폴링한다.

## 일정 서비스

일정을 만들어 음성 녹음으로 변환(TTS)하는 인터페이스를 제공한다.

- POST /schedule: 새 비동기 일정 작업을 시작한다.
- GET /schedule/{id}: 일정에 대한 정보를 폴링한다.

## 4.2.4 통신 패브릭

간결함을 위해 폴 기반 메커니즘을 사용하여 작업 목록을 작성하고, 큐는 사용하지 않기로 결정했다. 통신 패브릭 기술로는 주로 HTTP와 DNS를 사용한다.

## 4.2.5 유틸리티 서비스

사용자 로그인 및 인증을 위해 아마존 코그니토를 사용한다. 사용자 관리는 '바퀴를 재발명하는 작업'로 플랫폼마다 별도로 구축할 필요가 없다. 이 시스템은 코그니토를 사용하여 차별성 없는 힘든 작업을 수행한다.

## 4.2.6 AI 서비스

[그림 4-6]에서 강조 표시한 부분은 이 시스템에서 사용하는 AI 및 데이터 스토리지 서비스가 있다.

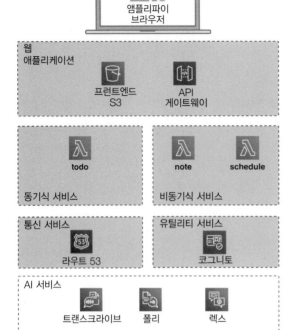

**그림 4-6** AI 및 데이터 서비스

이 이미지는 우리가 여러 AI 서비스를 사용하고 있음을 나타낸다.

- **트랜스크라이브**: S3에서 입력 내용을 읽어 음성을 텍스트로 변환(STT)한다.
- **폴리**: 텍스트를 음성으로 변환(TTS)하고 S3에 출력 오디오 파일을 기록한다.
- **렉스**: 대화형 챗봇 생성에 사용하며, 렉스 웹 UI 시스템을 사용하여 프런트엔드 애플리케이션에 직접 연결한다.

## 4.2.7 데이터 서비스

데이터 서비스는 S3와 다이나모DB를 사용한다. 다이나모DB는 확장성이 뛰어난 클라우드 네이티브 NoSQL 데이터베이스로 작업 목록을 저장하기 위해 사용하겠다.

### 4.2.8 개발 지원과 운영 지원

이전과 동일하게 서버리스 프레임워크를 주요 개발 지원 시스템으로 사용하고 있으며, 모든 로그 데이터는 클라우드워치를 사용하여 수집한다.

# 4.3 준비 작업

이제 최종 목표를 확인했으니 시스템에 대해 함께 살펴보도록 하자. 이 장에서는 다음과 같은 준비가 필요하다.

- AWS 계정
- AWS 커맨드라인 설치 및 설정
- Node.js 설치
- 서버리스 프레임워크 설치

Node.js 및 서버리스 프레임워크를 설정하는 방법은 2장과 3장에서 다루었으며 AWS 설정 방법은 부록 A에 있다. 아직 숙지하지 않았다면 이 장의 코드를 진행하기 전에 먼저 읽어보자.

> **WARNING_** AWS 사용에는 항상 비용이 든다! 그러므로 모든 클라우드 인프라는 사용을 끝낼 때마다 삭제하기 바란다. 이를 위해 각 장 끝 부분마다 관련 지침을 제공하고 있다.

### 4.3.1 코드 다운로드

이 장의 소스코드는 https://github.com/hanbit/ai-as-a-service 저장소의 chapter4 디렉토리에 있다. 다음 명령으로 저장소를 복제할 수 있다.

```
$ git clone https://github.com/hanbit/ai-as-a-service.git
```

시스템을 단계별로 구축하기 위해 전체 코드를 몇 가지 간단한 단계로 나누어 놓았다. 이 장에서는 기본 애플리케이션을 빌드한 후 5장에서 AI 기능을 추가하겠다. 4장 및 5장의 디렉토리는 다음과 같은 구조로 구성됐다.

- chapter4/step-1-basic-todo
- chapter4/step-2-cognito-login
- chapter5/step-3-note-service
- chapter5/step-4-schedule-service
- chapter5/step-5-chat-interface

디렉토리를 순서대로 살펴보겠다. 각 단계마다 작업 목록 애플리케이션에 기능을 추가한다. 첫 단계로 기본적인 작업 목록 애플리케이션을 만들어보자.

## 4.4 1단계: 기본 애플리케이션

대다수 프로그래머는 이번 절에서 다룰 기본 작업 목록 애플리케이션을 한 번쯤 접했을 것이므로 애플리케이션 자체가 상당히 친숙할 것이다. [그림 4-7]은 애플리케이션을 배포 후 실행한 화면이다.

**그림 4-7** 기본 작업 목록 애플리케이션

완성된 애플리케이션은 작업 목록과 새로운 작업 추가를 위한 양식을 표시한다.

기본 시스템은 [그림 4-8]과 같이 작은 구성 요소만으로 구성된다.

**그림 4-8** 1단계 아키텍처

보다시피 이 단계의 시스템은 매우 간단하다. 단일 API 게이트웨이 배포, 일부 간단한 람다 함수, 다이나모DB 테이블 및 S3에서 제공되는 일부 프런트엔드 코드를 사용한다. 이 처음 단계의 소스코드는 chapter4/step-1-basic-todo 디렉터리에 있으며, 명시성을 위해 중요한 파일만 나열했다.

**예시 4-1 코드 구조**

```
├ frontend
│   ├ package.json
│   ├ serverless.yml
│   └ webpack.config.js
├ resources
│   ├ package.json
│   └ serverless.yml
└ todo-service
    ├ dynamodb.yml
    ├ handler.js
    ├ package.json
    └ serverless.yml
```

각 컴포넌트를 순서대로 살펴보겠다.

## 4.4.1 리소스

이전 애플리케이션과 같이 resources 디렉터리에 글로벌 클라우드 리소스 집합을 정의한다. 단 여기서는 글로벌 리소스만 구성한다는 점을 유의하자. 개별 서비스를 위한 클라우드 리소스의 구성은 해당 서비스와 함께 유지되어야 한다. 이를테면, 작업 목록 서비스가 작업 목록 다이나모DB 테이블을 '소유'하는 예와 같이 해당 리소스는 작업 서비스 범위의 일부로 설정되어야 한다.

> **TIP_** 경험상 서비스 코드와 함께 서비스별 리소스 정의를 유지하는 편이 좋다. 전체 범위에서 접근 가능한 리소스만 서비스 디렉터리 외부에 구성해야 한다.

리소스용 `serverless.yml` 파일은 프런트엔드용 S3 버킷을 정의하고 권한을 설정하며 CORS를 활성화한다. 2장과 3장을 통해 이 `serverless.yml`의 형식과 구조에 상당히 익숙해졌을 것이므로, 이 설정에서 버킷 이름과 같은 시스템별 변수를 포함한 `.env` 파일로부터 환경 변수를 읽는 `serverless-dotenv-plugin`이라는 새로운 플러그인을 사용하고 있다는 점만 유의하자. 이번 절의 뒷부분에서 시스템을 배포하면서 해당 파일을 편집할 것이다.

---

### CORS

CORS는 교차 출처 리소스 공유를 뜻하는 Cross-Origin Resource Sharing의 약자로, 웹 페이지가 원래의 웹 페이지가 로드되지 않은 다른 도메인의 리소스를 요청할 수 있도록 하는 보안 메커니즘이다. 웹 서버는 CORS를 사용하여 다른 도메인에서 보내는 요청을 선별적으로 허용하거나 거부할 수 있다. `https://en.wikipedia.org/wiki/Cross-origin_resource_sharing`에서 CORS에 대한 전체 설명을 확인하기 바란다.

---

이 시스템에서는 데이터 버킷이 유일한 공유 리소스이다. 데이터 버킷은 다음 절에서 다룰 서비스에 쓰일 것이다.


## 4.4.2 작업 목록 서비스

처음 단계에는 기본 작업인 CRUD 서비스와 최소 프런트엔드만 구현했고, 작업 목록 서비스는 아마존의 클라우드 네이티브 NoSQL 데이터베이스인 다이나모DB를 사용한다. [그림 4-9]는 작업 목록 서비스에서 읽기와 쓰기 작업을 수행하는 개별 경로를 나타낸다.

이미지에는 추가, 업데이트 및 삭제 작업 항목을 위한 **POST**, **PUT**, **DELETE** 경로가 표시되어있다. 두 가지 **GET** 경로가 있는데, 하나는 모든 작업을 검색하는 경로이고 또 하나는 ID를 사용하여 하나의 작업을 검색하는 경로다.

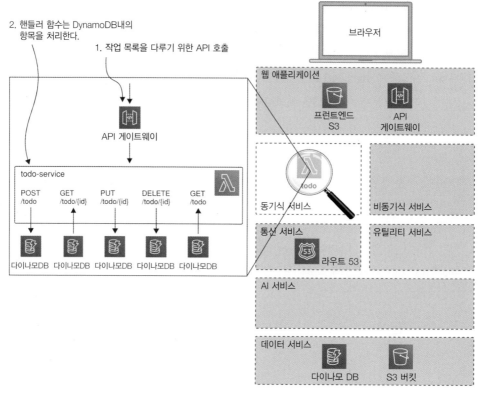

그림 4-9 작업 목록 서비스

---

# CRUD

CRUD란 만들기(Create), 읽기(Read), 업데이트(Update), 삭제(Delete)를 나타낸다. 가끔 접할 수 있는 'CRUD 기반 애플리케이션'이란 용어는 데이터 저장소에서 이런 표준 작업을 수행하는 애플리케이션을 의미한다. 일반적으로 CRUD 애플리케이션은 RESTful HTTP 인터페이스를 사용하여 구현되며 이는 다음과 같은 HTTP 명령 및 경로가 사용됨을 의미한다.

- `POST /widget`: 데이터를 보내 새 위젯을 만들어 저장한다.
- `GET /widget/{id}`: 제공한 ID로 위젯의 데이터를 다시 읽는다.
- `PUT /widget/{id}`: 제공한 ID로 위젯을 업데이트한다.
- `DELETE /widget/{id}`: 제공한 ID로 위젯을 삭제한다.
- `GET /widget`: 모든 위젯 목록을 가져온다.

다음 예시에 표시된 serverless.yml 파일의 주요 코드는 AWS 공급자를 설정하고 API 게이트웨이 경로와 관련 람다 함수 이벤트 핸들러를 정의한다.

예시 4-2 작업 목록 서비스를 위한 serverless.yml 설정

```
provider:
  name: aws
  runtime: nodejs14.x
  stage: ${opt:stage, 'dev'}
  region: ${env:AWS_DEFAULT_REGION, 'eu-west-1'}
  environment:  ◁──┤ 다이나모DB에 대한 환경 변수 정의
    TODO_TABLE: '${self:service}-${self:provider.stage}'
  iamRoleStatements:  ◁──┐ 람다 함수가 다이나모DB에 액세스하기 위한
    - Effect: Allow       │ IAM 액세스 역할
      Action:
        - dynamodb:DescribeTable
        - dynamodb:Query
        - dynamodb:Scan
        - dynamodb:GetItem
        - dynamodb:PutItem
        - dynamodb:UpdateItem
        - dynamodb:DeleteItem
      Resource: "arn:aws:dynamodb:${self:custom.region}:${self:custom.
        ⇥accountid}:*"

functions:  ◁──┤ CRUD 라우트 및 핸들러
  create:
    handler: handler.create
    events:
      - http:
          method: POST
          path: todo
          cors: true
  ...
resources:
  - ${file(./dynamodb.yml)}  ◁──┤ 해당 리소스 포함
```

이 설정 파일은 이전 예제보다 조금 크지만 구조 자체는 다음과 같은 역할을 하는 2장과 3장의 ui-service와 거의 동일하다.

- 핸들러 함수를 위하여 다이나모DB에 대한 접근을 설정
- 경로 및 핸들러 함수를 정의

provider 섹션은 환경 정의를 사용하여 핸들러 코드에 다이나모DB 테이블 이름을 제공한다.

```
environment:
    TODO_TABLE: '${self:service}-${self:provider.stage}'
```

테이블 이름을 핸들러 함수로 하드 코딩하면 DRY 원칙을 위반하므로 이런 방식을 권장한다.

> **TIP_** DRY는 '반복하지 말라Don't repeat yourself'는 의미를 가진 소프트웨어 개발 격언이다. 즉, 소프트웨어가 시스템의 각 정보에 대해 단일한 정의 혹은 단일 진실 공급원만 가져야 한다는 의미다.

서버리스 정의를 보다 관리하도록, 다이나모DB 테이블 정의를 dynamodb.yml이라는 별도의 파일에 배치하여 기본 serverless.yml 파일에 포함되도록 선택하였다.

이러면 더 간결하고 읽기 쉬운 구성을 유지해 이후의 장에서 같은 패턴을 다시 사용할 수 있다. 다음 예시에 표시된 파일은 시스템의 다이나모DB 리소스를 설정한다.

**예시 4-3** 서버리스 다이나모DB 설정

```
Resources:
    TodosDynamoDbTable:
        Type: 'AWS::DynamoDB::Table'        클라우드포메이션 스택 제거 시 테이블이 삭제되지 않도록 지정하자.
                                            이는 우발적인 데이터 손실을 방지하는 데 도움이 될 수 있다.
        DeletionPolicy: Retain ◁————        (참조. 클라우드포메이션 스택은 서버리스 배포를 실행할 때 생성되거나
                                            업데이트되는 리소스 집합이다.)
        Properties:
            AttributeDefinitions: ◁————     이 테이블에 대해 S(문자열) 타입 ID인 키 속성을 지정한다.
                - AttributeName: id         이 속성은 파티션 키이므로 값은 고유해야 한다.
                  AttributeType: S
            KeySchema:
                - AttributeName: id
                  KeyType: HASH
```

```
    ProvisionedThroughput:    ←── 처리량에 대한 용량 단위는 가능한 가장 낮은 값으로 설정된다.
        ReadCapacityUnits: 1      이렇게 하면 읽기/쓰기 횟수가 제한되지만 이 애플리케이션의 경우
        WriteCapacityUnits: 1     비용이 최소로 유지되는 면이 있다.
    TableName: '${self:service}-${self:provider.stage}'
```

다이나모DB 테이블에 단일 ID 키를 정의하는 매우 간단한 설정이다.

이제 작업 목록 서비스에 대한 핸들러 코드를 살펴보면 시스템이 다이나모DB를 사용하여 데이터를 저장하는 방식을 명확하게 이해할 수 있다. 코드는 다음 예시의 `handler.js` 파일에 있다.

**예시 4-4** 작업 목록 서비스를 위한 핸들러 요청 및 생성

```
const uuid = require('uuid')
const AWS = require('aws-sdk')  ←── AWS SDK 필요
const dynamoDb = new AWS.DynamoDB.DocumentClient()  ←── 다이나모DB 클라이언트 생성
const TABLE_NAME = {
  TableName: process.env.TODO_TABLE  ←── 테이블명을 환경변수 사용
}


function respond (err, body, cb) {  ←── 보일러플레이트 응답
  ...
}


module.exports.create = (event, context, cb) => {  ←── 핸들러 생성
  const data = JSON.parse(event.body)
  removeEmpty(data)

  data.id = uuid.v1()
  data.modifiedTime = new Date().getTime()

  const params = { ...TABLE_NAME, Item: data }
  dynamoDb.put(params, (err, data) => {  ←── 데이터베이스에 to-do 생성
    respond(err, {data: data}, cb)
  })
}
```

2, 3장을 학습했다면 핸들러의 구현 역시 익숙할 것이다. AWS SDK를 포함시킨 다음 접근하려는 특정 서비스(이 경우 다이나모DB)에 대한 인터페이스를 생성하는 패턴이다. 그런 다음 나머지 코드는 이 리소스를 사용하여 서비스에 대한 작업을 수행하고 결과를 서비스 호출자에게 반환한다. [예시 4-4]의 코드에서 진입점 생성을 볼 수 있는데 이것은 POST /to-do 경로에 매핑된다. 이 코드의 클라이언트는 작업 정보를 JSON 형식 데이터의 POST 요청에 포함하며 이 때 사용된 JSON은 다음 예시에 표시된 형식이다.

**예시 4-5** 작업 목록 POST를 위한 JSON 형식 예제

```
{
  dueDate: '2018/11/20',
  action: 'Shopping',
  stat: 'open',
  note: 'Do not forget cookies'
}
```

Create 메소드는 타임스탬프와 id 필드를 추가한 다음 데이터베이스에 작업을 기록하며, handler.js의 나머지 메소드는 데이터베이스에 대한 다른 CRUD 작업을 구현한다.


### 4.4.3 프런트엔드

[그림 4-10]에서 확인할 수 있듯 첫 단계를 위한 프런트엔드 애플리케이션 또한 아주 간단하다.

프런트엔드 애플리케이션은 S3에 구축되어 저장된다. 브라우저가 index.html 페이지를 로드하면 코드, 스타일 시트, 이미지와 같은 기타 자산들도 로드된다. 내부적으로 프런트엔드 애플리케이션은 제이쿼리를 사용하여 빌드된다. 이 애플리케이션은 2장과 3장의 예제보다 약간 더 많은 작업을 수행하므로 [그림 4-10]처럼 코드에 몇 가지 구조를 추가하였다.

코드는 frontend 디렉토리에 있으며 다음 예시에 표시된 구조를 지닌다.

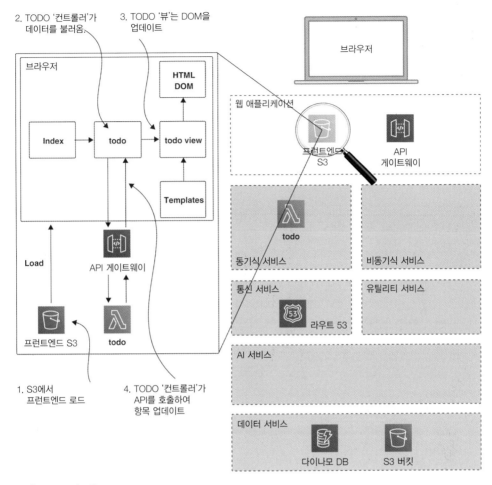

**그림 4-10** 프런트엔드

**예시 4-6** frontend 디렉토리 구조

```
├ assets
├ src
│ ├ index.html
│ ├ index.js
│ ├ templates.js
│ ├ todo-view.js
│ └ todo.js
├ webpack.config.js
```

```
├ package.json
└ serverless.yml
```

애플리케이션의 루트 페이지는 다음 예시에 표시된 **src/index.html**이며, 초기 DOM<sup>Document</sup> <sup>Object Model</sup>구조의 일부를 제공하고 기본 애플리케이션 코드에서 로드한다.

**예시 4-7** index.html

```html
<html>
<head>
  <title>Chapter 4</title>
</head>
<body>
  <script src='main.js'></script>  ◁─┤ 애플리케이션 코드 로드

  <nav class="navbar navbar-expand-lg navbar-light bg-light">

    .
    .  ◁─┤ 내비게이션 바의 코드는 생략
    .
  </nav>

  <div id="content">  ◁─┤ 메인 애플리케이션 내용 영역
  </div>

  <div id="footer">
    <div id="error"></div>
  </div>

</body>
</html>
```

애플리케이션의 기본 코드는 src 디렉토리에 있으며 다음과 같이 구성된다.

- index.js: 애플리케이션 진입점
- todo.js: 작업 목록의 '모델' 및 '컨트롤러' 코드
- todo-view.js: 작업 목록 DOM의 조작
- templates.js: 일반적인 렌더링 템플릿

다음 예시에 표시된 **index.js** 파일은 필요한 리소스만 로드한다.

**예시 4-8** index.js

```
import $ from 'jQuery'  ⟵─┤ jQuery 및 스타일 로드
import 'bootstrap/dist/css/bootstrap.min.css'
import 'webpack-jQuery-ui/css'
import {todo} from './todo'  ⟵─┤ to-do 코드 불러오기

$(function () {
    todo.activate()  ⟵─┤ 페이지가 로드되면 to-do 활성화
})
```

주요 작업은 다음 예시의 코드와 같이 작업 목록 모듈에서 수행한다.

**예시 4-9** todo.js

```
import $ from 'jQuery'
import {view} from './todo-view'  ⟵─┤ to-do 뷰 가져오기



const todo = {activate}  ⟵─┤ 활성화 함수 내보내기
export {todo}

const API_ROOT = `https://chapter4api.${process.env.CHAPTER4_DOMAIN}/api/todo/`

function create (cb) {  ⟵─┤ to-do 만들기
  $.ajax(API_ROOT, {
    data: JSON.stringify(gather()),
    contentType: 'application/json',
    type: 'POST',
    success: function (body) {
      if (body.stat === 'ok') {
        list(cb)
      } else {
        $('#error').html(body.err)
        cb && cb()
```

```
        }
      }
    })
  }

  function list (cb) {  ◁─┤ to-do 나열
    $.get(API_ROOT, function (body) {
      if (body.stat === 'ok') {
        view.renderList(body)
      } else {
        view.renderError(body)
      }
      cb && cb()
    })
  }

  function activate () {
    list(() => {  ◁─┤ 로드 시 호출 목록
      bindList()
      bindEdit()
    })
    $('#content').bind('DOMSubtreeModified', () => {
      bindList()
      bindEdit()
    })
  }
```

가시성을 위해 [예시 4-9]에서 일부 코드를 생략했다. 대다수 독자는 MVC<sup>Model View Controller</sup>패턴이 익숙할 것이다. 작업 모듈은 프런트엔드 애플리케이션에서 작업에 대한 모델 및 컨트롤러 기능을 하는 것으로 볼 수 있으며, 뷰 기능은 todo-view.js에서 처리한다.

이제 환경 변수를 사용해 작업 API에 대한 URL을 만들겠다.

환경변수 CHAPTER4_DOMAIN과 CHAPTER4_DOMAIN_ARN은 이번 절 후반부에서 프런트엔드를 배포할 때 설정한다.

디스플레이 기능은 `todo-view.js` 및 `templates.js`가 처리한다. 여러분에게 본질적으로 작업 목록을 렌더링하기 위하여 매우 간단한 DOM 조작을 수행하는 파일을 살펴볼 수 있는 예제로 남겨두었다.

프런트엔드 디렉토리의 루트에는 세 종류의 제어 파일 `package.json`, `webpack.config.js`, `serverless.yml`이 있다. 이 파일을 사용하여 자바스크립트 종속성을 설치하여 관리하고, 배포할 프런트엔드 버전을 빌드하고, 빌드를 배포할 S3 버킷을 만들 수 있다.

프런트엔드용 `serverless.yml`은 `resources` 디렉토리에 위치한 동명의 파일과 매우 비슷하므로 자세히 다루지 않겠다. 프런트엔드를 공개적으로 제공할 수 있는 적절한 권한을 가진 S3 버킷을 정의한다는 점만 알면 된다.

2, 3장에서 `package.json`의 구조를 익히며 이미 익숙해졌을 테지만, 웹팩 자체는 `package.json`에서 개발 종속성으로 관리한다는 점을 유의하자. 또한 배포용 애플리케이션을 빌드하기 위해서는 웹팩을 실행하는 `scripts` 블록 내에서 빌드 작업을 정의해야 한다.

웹팩 설정은 다음 예시의 코드에서 볼 수 있다.

**예시 4-10** webpack.config.js

```javascript
const Dotenv = require('dotenv-webpack')
const path = require('path')

module.exports = {
  entry: {
    main: './src/index.js'    ◁─┤ 의존성 그래프 진입점 정의
  },
  devtool: 'eval-source-map',   ◁─┤ 디버깅을 위한 소스 맵 활성화
  devServer: {
    contentBase: './dist',
    port: 9080
  },
  output: {   ◁─┤ 출력 맵 정의
    filename: '[name].js',
    path: path.resolve(__dirname, 'dist'),
    publicPath: 'dist/'
  },
  mode: 'development',   ◁─┤ 개발 모드
  module: {   ◁─┤ CSS 및 이미지 모듈
    rules: [{
      ...
    }]
  },
  plugins: [   ◁─┤ .env 파일 플러그인
    new Dotenv({
      path: path.resolve(__dirname, '..', '.env'),
      systemvars: false,
      silent: false
    })
  ]
}
```

제이쿼리를 포함한 모든 소스코드 및 관련 모듈이 포함하는 웹팩 설정은 src/index.js의 모든 종속성을 dist 디렉터리에서 빌드한다. 그런 다음 dist 디렉터리를 S3에 배포하여 작동하는 애플리케이션을 확보할 수 있다.

이제 dotenv-webpack 플러그인을 사용하겠다. 그러면 모든 코드 영역에서 단일 환경 설정 파일을 사용하여 DRY 원칙에 충실한 시스템을 유지할 수 있다.

## 4.4.4 1단계 배포

이제 작업 시스템을 이해하게 되었으니 이어서 AWS에 배포해보자. 아직 계정을 설정하지 않았다면 부록 A를 참고하여 설정하도록 한다.

### 환경 변수 설정

코드를 검토해 보면 프런트엔드 프로젝트가 웹 애플리케이션을 보관하기 위해 S3 버킷을 생성하고 환경 변수 CHAPTER4_BUCKET을 사용했음을 알 수 있다. 버킷의 이름은 전역 범위에서 고유한 이름으로 정해야 하며, 환경 변수 CHAPTER4_DOMAIN과 CHAPTER4_DOMAIN_ARN을 통하여 작업 API로 커스텀 도메인을 사용한다는 것을 기억하기 바란다.

부록 A의 설정에 따라 셸에 다음의 환경 변수들이 정의되어 있어야 한다.

- AWS_ACCOUNT_ID
- AWS_DEFAULT_REGION
- AWS_ACCESS_KEY_ID
- AWS_SECRET_ACCESS_KEY

이것들은 전역 변수로 시스템 내에서 하나의 위치에 보관하여야 한다. 작업 목록 애플리케이션을 배포하려면 .env 파일을 사용하여 시스템별로 변수를 제공해야 한다. 텍스트 편집기를 사용하여 다음 예시의 내용을 작성하고 chapter4/step1-basic-todo 디렉터리에 파일명을 .env로 저장하자.

```
# environment definiton for Chapter 4
TARGET_REGION=eu-west-1  ◁── 의존성 그래프 진입점 정의
CHAPTER4_BUCKET=<사용할 버킷 이름>  ◁── 전역적으로 고유한 버킷 이름을 지정.
CHAPTER4_DATA_BUCKET=<데이터 버킷 이름>
CHAPTER4_DOMAIN=<사용할 도메인>  ◁──┐ CHAPTER4_DOMAIN의 값은 2장과 3장 배포에 사용된 것과
CHAPTER4_DOMAIN_ARN=<도메인 인증서의 ARN>   │ 동일할 수 있으며 AWS Route 53에서 생성된 도메인
                                         └ 인증서의 ARN을 참조해야 한다.
```

환경변수 CHAPTER4_BUCKET, CHAPTER4_DATA_BUCKET, CHAPTER4_DOMAIN, CHAPTER4_DO-MAIN_ARN은 각각 프로젝트를 진행할 버킷명, 데이터를 저장할 버킷명, 실습에 사용할 도메인, 해당 도메인 인증서의 ARN으로 지정한다. 도메인 설정에 대한 전체 가이드는 2장과 3장을 참조하자.

## 리소스 배포

resources 디렉토리로 진입하고 다음 명령어를 실행하여 프로젝트를 배포하자.

```
$ npm install
$ serverless deploy
```

이렇게 하여 나중에 사용할 수 있는 S3 데이터 버킷을 생성한다. 버킷 생성 여부는 AWS 웹 콘솔을 사용하여 확인할 수 있다.

## 작업 목록 서비스 배포

다음으로 작업 목록 서비스를 배포하자. todo-service 디렉토리로 진입하고 아래 명령을 실행하여 종속성을 설치하자.

```
$ npm install
```

배포 전에 애플리케이션의 커스텀 도메인을 만들어야 한다. serverless.yml의 설정은 다음 예시에 나와 있다.

예시 4-12 serverless.yml 커스텀 도메인 설정

```
custom:
  region: ${env:AWS_DEFAULT_REGION, 'eu-west-1'}
  accountid: ${env:AWS_ACCOUNT_ID}
  domain: ${env:CHAPTER4_DOMAIN}    ←── 상위 도메인 정의.
  customDomain:
    domainName: 'chapter4api.${self:custom.domain}'  ←──┐ 하위 도메인은 접두어 chapter4api와
    stage: ${self:provider.stage}                       │ 상위 도메인으로 구성된다.
    basePath: api
    certificateName: '*.${self:custom.domain}'  ←── 와일드카드 인증서가 지정된다.
    certificateArn: ${env:CHAPTER4_DOMAIN_ARN}
    createRoute53Record: true
    endpointType: regional
  serverless-offline:
    port: 3000
```

여기에서 도메인 이름은 CHAPTER4_DOMAIN에 대한 설정과 chapter4api의 하위 도메인으로 구성된다. 즉, 변수 CHAPTER4_DOMAIN으로 example.com을 사용하는 경우 이 장의 전체 사용자 정의 도메인은 chapter4api.example.com이 된다.

이어서 이 도메인을 생성해보자.

```
$ serverless create_domain
```

이제 다음 명령을 실행하면 작업 목록 API를 배포할 수 있다.

```
$ serverless deploy
```

## 프런트엔드 배포

마지막으로 프런트엔드를 배포할 차례다. 우선 종속성을 설치하기 위하여 frontend 디렉토리로 이동하여 다음을 실행하자.

```
$ npm install
```

다음으로 애플리케이션용 버킷을 만들기 위해 다음을 실행한다.

```
$ serverless deploy
```

이제 아래의 npm 스크립트를 통해 웹팩으로 프런트엔드를 만들자.

```
$ source ../.env
$ npm run build
```

이렇게 하면 dist 디렉토리에 추가 이미지가 포함된 assets 디렉토리와 함께 main.js 파일이 생성된다. 2, 3장에서 했던 것처럼 AWS 명령어를 사용하여 프런트엔드를 배포하자.

```
$ aws s3 sync dist/ s3://$CHAPTER4_BUCKET
```

이러면 배포 디렉토리의 내용이 방금 생성한 4장의 버킷으로 푸시되며, 환경 파일의 내용을 셸로 소싱해야 CHAPTER4_BUCKET 환경 변수를 제공할 수 있다.

## 테스트

이제까지의 모든 단계를 제대로 구현했다면 완전히 작동하는 시스템을 AWS에 배포할 수 있다. 먼저 테스트를 위해 브라우저에서 https://<CHAPTER4_BUCKET>.s3-eu-west-1.amazonaws.com/index.html 로 접속하자. <CHAPTER4_BUCKET>은 여러분이 설정한 버킷 이름으로 고치기 바란다. 브라우저의 프런트엔드를 통해 작업 항목을 만들고 업데이트할 수 있어야 한다.

---

### 버킷에서 서빙하는 이유

몇몇 독자는 우리가 왜 S3 버킷에서 직접 콘텐츠를 제공하는지, 왜 클라우드프론트 같은 CDN을 사용하지 않는지 궁금할 것이다. 이유는 간단하다. 이런 연습용 시스템에 사용하기에 클라우드프론트는 너무 과하다. 상용 프로덕션 시스템이라면 S3 버킷을 CDN의 원본 서버로 사용해야 맞지만, 개발 모드에서 CDN 캐싱 및 업데이트는 방해가 된다.

---

이제 작동하는 작업 목록 시스템이 완성됐다. 그런데 작은 문제가 하나 있다. 이 시스템은 공개 접근이 가능하다. 다시 말해 인터넷 상에서 누구나 이 작업 목록을 읽고 수정할 수 있다. 이는 분명 바람직한 시스템이 아니므로 신속한 해결이 필요하다. 다행히도 클라우드 네이티브 서비스를 사용하면 해결할 수 있다. 다음 절에서는 코그니토로 작업 목록에 보안을 추가할 것이다.

## 4.5 2단계: 코그니토를 통한 보안 추가

사용자 관리는 간단해 보이지만 실제로는 믿기 힘들 정도로 어려운 문제다. 실제로 수많은 프로그래머가 '그렇게 어려울 리 없지'하는 순진한 생각에 사로잡혀 자체 사용자 인증 및 관리 시스템을 구축하는 데 오랜 시간을 허비하고는 한다.

다행히 사용자 로그인 및 관리 문제에 대한 기존의 해결책이 있어서, 코드를 직접 작성할 필요 없이 클라우드 네이티브 서비스를 사용하여 처리할 수 있다. 몇 가지 옵션이 있지만 이 시스템에서는 AWS 코그니토Cognito를 사용할 것이다. 코그니토는 다음을 포함한 전체 인증 서비스를 제공한다.

- 암호 복잡도 정책
- 웹과 모바일 애플리케이션의 통합
- 다중 로그인 전략
- 사용자 관리
- 암호 복잡도 규칙
- 싱글 사인 온Single sign on(SSO)
- 페이스북, 구글, 아마존 등을 통한 소셜 로그인
- 보안 모범 사례 및 알려진 최신 보안 취약성에 대한 방어

코그니토 덕택에 조금만 노력을 들이면 굉장히 많은 기능을 추가할 수 있다. 작업 목록 시스템에 코그니토를 적용하여 해커로부터 보호해보자!

[그림 4-11]은 코그니토 인증이 추가된 시스템의 구조를 보여준다.

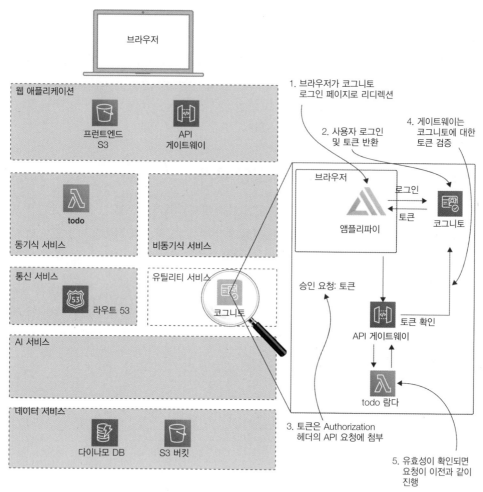

**그림 4-11** 2단계 아키텍처

이 아키텍처에서는 AWS 앰플리파이Amplify 라이브러리를 프런트엔드에 추가했다. 앰플리파이는 다양한 AWS 서비스에 인증을 통하여 접속하는 자바스크립트 라이브러리로, 여기에서는 인증 및 접근 제어 목적으로만 사용한다. 로그인에 성공했을 때 제공된 토큰을 API 게이트웨이에 대한 API 호출로 전달해, AWS 람다 핸들러 함수가 사용하도록 한다.

[그림 4-11]에서 볼 수 있듯이 로그인 작업은 코그니토에 인계한다. 사용자가 인증되면 앰플리파이 라이브러리에서 관리하는 세션 토큰이 할당된다. 그런 다음 사용자가 유효한 JSON 웹 토큰JSON Web Token(JWT)을 제공할 때만 요청을 허용하는 인증 단계를 API 게이트웨이 설정에 추가한다. 그러면 유효한 웹 토큰을 가지고 있지 않은 모든 요청을 거부하게 된다.

### 4.5.1 코드 확인

이 단계의 코드는 chapter4/step-2-cognito-login 디렉토리에 있으며 1단계의 코드에서 코그니토 업데이트가 적용되어있다. 먼저 업데이트를 차례로 살펴본 다음 변경 사항을 배포하여 시스템을 보호하자.

### 4.5.2 사용자 서비스

먼저 새로운 서비스 디렉토리인 user-service가 있다. 이 디렉터리에는 코그니토에 대한 서버리스 설정만 포함되어 있으며 다음과 같은 세 개의 파일이 있다.

- identity-pool.yml
- user-pool.yml
- serverless.yml

이 서비스의 serverless.yml은 워낙 짧을 뿐 아니라, 지금쯤이면 독자 여러분도 대부분의 보일러플레이트 코드에 익숙해 금방 내용을 알 수 있을 것이다. serverless.yml은 코그니토 리소스가 포함된 다른 파일 두 개를 임포트한다. 다음 예시는 코그니토 사용자 풀을 설정하는 user-pool.yml의 코드다. 사용자 풀은 말 그대로 사용자가 담겨있는 목록이다.

예시 4-13 코그니토 사용자 풀 설정

```
Resources:
  CognitoUserPool:  ◁─┤ 사용자 풀
    Type: AWS::Cognito::UserPool
    Properties:
      UserPoolName: ${self:service}${self:provider.stage}userpool
      UsernameAttributes:
        - email
      AutoVerifiedAttributes:
        - email
      EmailVerificationSubject: 'Your verification code'
      EmailVerificationMessage: 'Your verification code is {####}.'
      Schema:
        - Name: email
```

```
          AttributeDataType: String
          Mutable: true
          Required: true
      AdminCreateUserConfig:
        InviteMessageTemplate:
          EmailMessage: 'Your username is {username} and temporary password is
            ↵{####}.'
          EmailSubject: 'Your temporary password'
        UnusedAccountValidityDays: 2
        AllowAdminCreateUserOnly: true
  CognitoUserPoolClient:  ◁─┤ 클라이언트 통합
    Type: AWS::Cognito::UserPoolClient
    Properties:
      ClientName: ${self:service}${self:provider.stage}userpoolclient
      GenerateSecret: false
      UserPoolId:
        Ref: CognitoUserPool
```

코그니토는 다양한 옵션을 제공한다. 이번에는 간단한 진행을 위해 이메일과 비밀번호 로그인만 설정한다. [예시 4-13]의 코드는 사용자 풀과 사용자 풀 클라이언트를 생성한다. 사용자 풀 클라이언트는 사용자 풀과 외부 애플리케이션 간의 통합 브릿지를 제공하며, 코그니토는 하나의 사용자 풀에 대해 다양한 사용자 풀 클라이언트를 지원한다.

코그니토를 통해 AWS 리소스에 권한이 부여된 접근만 허용하기 위해서는 자격 증명 풀도 필요하다. 다음 예시의 `identity-pool.yml`에서 설정한다.

**예시 4-14** 코그니토 자격 증명 풀 설정

```
Resources:
  CognitoIdentityPool:  ◁─┤ 자격 증명 풀 정의
    Type: AWS::Cognito::IdentityPool
    Properties:
      IdentityPoolName: ${self:service}${self:provider.stage}identitypool
      AllowUnauthenticatedIdentities: false
      CognitoIdentityProviders:
        - ClientId:
```

```
        Ref: CognitoUserPoolClient  ◁―| 사용자 풀에 접속
      ProviderName:
        Fn::GetAtt: [ "CognitoUserPool", "ProviderName" ]


  CognitoIdentityPoolRoles:  ◁―| 자격 증명 풀에 정책 연결
    Type: AWS::Cognito::IdentityPoolRoleAttachment
    Properties:
      IdentityPoolId:
        Ref: CognitoIdentityPool
      Roles:
        authenticated:
          Fn::GetAtt: [CognitoAuthRole, Arn]
```

[예시 4-14]에서는 자격 증명 풀을 사용자 풀과 **CognitoAuthRole** 역할에 연결했다. 역할 정의는 **identity-pool.yml**에 있으며, 알아야할 핵심 부분은 다음 예시의 정책 기술에 포함되어있다.

**예시 4-15** 자격 증명 풀 정책 기술

```
Statement:
  - Effect: 'Allow'
    Action:  ◁―| 정책은 코그니토, S3, 트랜스크라이브, 폴리, 렉스에 대한 모든 작업을 허용
      - 'cognito-sync:*'
      - 'cognito-identity:*'
      - 'S3:*'
      - 'transcribe:*'
      - 'polly:*'
      - 'lex:*'
    Resource: '*'
  - Effect: 'Allow'
    Action:  ◁―| API 웹사이트 경로를 호출할 수 있는 액세스 권한을 부여
      - 'execute-api:Invoke'
    Resource:
```

이 정책은 권한이 부여된 사용자와 연결되며, 이 역할을 가진 사용자는 다음과 같은 작업을 수행할 수 있다.

- S3 접근
- 트랜스크라이브 서비스 호출
- 폴리 서비스 호출
- 렉스 서비스 이용
- API 게이트웨이 함수 실행

이 역할에서는 다른 서비스에 대한 접근이 거부된다.

## 잠시 생각하기

사용자 풀과 자격 증명 풀을 처음 접한다면 아마 이러한 내용이 다소 생소할 것이므로 잠시 설명을 하도록 하겠다. 핵심 개념은 인증과 권한 부여의 차이라는 것을 기억하자.

**인증**은 '누가'에 대한 문제이다. 즉, 내가 나라는 사실을 어떻게 증명할 수 있는지에 대한 문제이다. 보통 나만이 알고 있는 정보인 비밀번호를 알고 있다는 사실을 증명하여 인증을 수행하고, 사용자 풀은 이런 인증을 처리한다.

**권한 부여**는 '무엇을'에 해당한다. 즉, 내가 나라는 사실을 증명한 뒤 어떤 리소스에 접근할 수 있는지의 문제이다. 권한 부여 모델에는 몇 가지 종류가 있는데 파일 시스템을 예로 들어 보자. 파일 시스템에는 기본 권한 부여 모델을 구현하는 user-, group- 수준의 접근 제어가 있으며, AWS 방법의 생성이 로그인한 사용자의 권한 부여 모델에 해당되고 자격 증명 풀은 해당 권한을 승인한다.

자격 증명 풀에는 복합적인 아이덴티티 소스가 있을 수 있어 이를 **연동 자격 증명**federated identities라고도 부른다. 이를 [그림 4-12]에서 볼 수 있다.

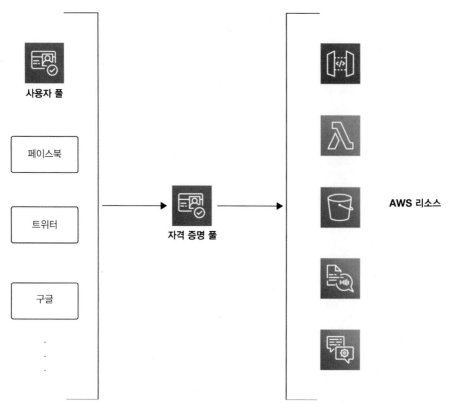

**그림 4-12** 사용자 풀과 자격 증명 풀

그림과 같이 사용자 풀은 페이스북, 구글, 트위터 등과 같은 하나의 검증된 아이덴티티 소스로 생각할 수 있으며, 여러 아이덴티티 소스를 사용하도록 자격 증명 풀을 구성할 수 있다. 각각의 인증된 아이덴티티에 대하여 자격 증명 풀을 사용하여 AWS 리소스에 대한 접근 권한 부여 방법을 설정할 수 있다.

우리가 여기에서 만드는 시스템은 코그니토 사용자 풀을 인증된 사용자의 소스로 사용한다. 그러나 소셜 로그인은 배제한다.

### 4.5.3 작업 목록 서비스

인증된 사용자 소스를 확보했다면, 무단 접속자에 대한 차단이 가능하게 시스템을 업데이트해야 한다. 이 구현은 serverless.yml을 다음 예시와 같이 간단하게 업데이트하면 끝나는 쉬운 작업이다.

**예시 4-16** 작업 목록 serverless.yml 업데이트

```
custom:
  poolArn: ${env:CHAPTER4_POOL_ARN}  ⟵─┤ 사용자 풀 ARN

functions:
  create:
    handler: handler.create
    events:
      - http:
          method: POST
          path: todo
          cors: true
          authorizer:
            arn: '${self:custom.poolArn}'  ⟵─┤ 권한 부여자 선언
  list:
    handler: handler.list
    events:
      - http:
          method: GET
          path: todo
          cors: true
          authorizer:
            arn: '${self:custom.poolArn}'  ⟵─┤ 권한 부여자 선언
```

보안을 적용하려는 모든 진입점에 권한 부여자를 선언하고, 사용자 풀 식별자인 CHAPTER4_
POOL_ARN을 포함하도록 환경을 업데이트하면 된다.

### 4.5.4 프런트엔드 서비스

프런트엔드를 업데이트해 로그인, 로그아웃, 토큰 관리를 추가하자. 앞에서 프런트엔드 pack-
age.json에 AWS 앰플리파이를 종속성으로 추가했는데, 앰플리파이는 몇 가지 설정 파라미
터를 필요로 한다. 이는 다음 예시에 표시된 index.js에서 확인할 수 있다.

예시 4-17 `index.js`의 앰플리파이 설정

```
const oauth = { ←─┤ OAuth 흐름 구성.
  domain: process.env.CHAPTER4_COGNITO_DOMAIN,
  scope: ['email'],
  redirectSignIn: `https://s3-${process.env.TARGET_REGION}.amazonaws.
                   com/${process.env.CHAPTER4_BUCKET}/index.html`,
  redirectSignOut: `https://s3-${process.env.TARGET_REGION}.amazonaws.
                    com/${process.env.CHAPTER4_BUCKET}/index.html`,
  responseType: 'token'
}

Amplify.configure({ ←─┤ 앰플리파이 설정.
  Auth: {
    region: process.env.TARGET_REGION,
    userPoolId: process.env.CHAPTER4_POOL_ID,
    userPoolWebClientId: process.env.CHAPTER4_POOL_CLIENT_ID,
    identityPoolId: process.env.CHAPTER4_IDPOOL,
    mandatorySignIn: false,
    oauth: oauth
  }
})
```

설정은 두 영역으로 구분된다. 먼저 도메인 이름과 리디렉션 URL을 규정하여 OAuth를 설정
한다. 이 OAuth는 변경 사항을 배포하는 동시에 설정되는 코그니토의 설정과 일치해야 한다.
다음으로 풀 식별자와 함께 앰플리파이를 설정하는데, 배포 중에 ID를 가져와서 환경 파일을
조정할 것이다.

로그인 구현은 `auth.js` 및 `auth-view.js`에 의해 처리되며, `auth.js`의 코드는 다음 예시에
나와 있다.

예시 4-18 `auth.js`

```
...
function bindLinks () {
  ...
  $('#login').on('click', e => {
```

```
    const config = Auth.configure()
    const { domain, redirectSignIn, responseType } = config.oauth
    const clientId = config.userPoolWebClientId
    const url = 'https://' + domain  ◁─┤ 코그니토로그인 페이지로 이동
      + '/login?redirect_uri='
      + redirectSignIn
      + '&response_type='
      + responseType
      + '&client_id='
      + clientId
    window.location.assign(url)
  })
}


function activate () {
  return new Promise((resolve, reject) => {
    Auth.currentAuthenticatedUser()  ◁─┤ 로그인 여부 확인
      .then(user => {
        view.renderLink(true)  ◁─┤ 로그아웃 링크 렌더링
        bindLinks()
        resolve(user)
      })
      .catch(() => {
        view.renderLink(false)  ◁─┤ 기타 로그인 링크 랜더링
        bindLinks()
        resolve(null)
      })
  })
}
```

auth.js는 대부분의 작업을 앰플리파이에서 처리한다. activate 함수에서 사용자의 로그인 여부를 확인한 후 뷰를 호출하여 로그인 또는 로그아웃 링크를 렌더링하며, 코그니토 로그인 페이지로 리디렉션되는 로그인 핸들러도 제공한다.

마지막으로, 프런트엔드에서 인증 토큰을 포함하도록 작업 API에 대한 호출을 업데이트해야 한다. 그렇지 않으면 접근이 거부된다. [예시 4-19]에서 이 코드를 확인할 수 있다.

```
function create (cb) {
  auth.session().then(session => {  ◁──┤ 세션 획득
    $.ajax(API_ROOT, {
      data: JSON.stringify(gather()),
      contentType: 'application/json',
      type: 'POST',
      headers: {
        Authorization: session.idToken.jwtToken  ◁──┤ Authorization 헤더를 통해 JWT 제공
      },
      success: function (body) {
        ...
      }
    })
  }).catch(err => view.renderError(err))
}
```

코그니토에서 얻은 JWT가 API로 전달되는 데 필요한 권한 승인 헤더를 포함하도록 to-do.js
의 모든 함수를 업데이트하였다.

### 4.5.5 2단계 배포

이제 코그니토에 대해 알았으니, 변경 사항을 배포하고 애플리케이션을 보호해보자.

**코그니토 풀 배포**

먼저 step-2-cognito-login/user-service로 이동하여 다음 명령어로 풀을 배포하자.

```
$ serverless deploy
```

그러면 사용자 및 자격 증명 풀이 생성된다. 이제 AWS 콘솔을 통해 추가로 설정을 해야 한다.
브라우저를 열어 AWS 콘솔에 로그인한 다음 Cognito 메뉴로 이동하자. [그림 4–13]과 같은
화면이 나오면 [사용자 풀]로 접속해, chapter4usersdevuserpool 풀을 선택한다. 해당 사용

자 풀에는 도메인 이름을 제공해야 한다. [앱 통합] 섹션에서 [도메인] 설정의 [작업] 버튼을 눌러 [Cognito 도메인 생성] 옵션을 선택하자. 그러면 [그림 4-14]와 같이 새 도메인 이름을 입력하는 창이 나온다.

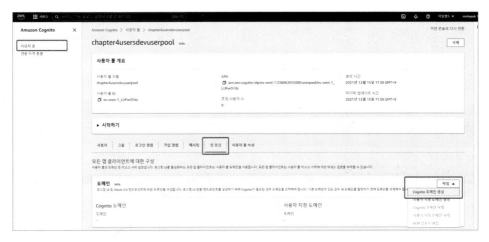

**그림 4-13** 코그니토 사용자 풀 설정 화면

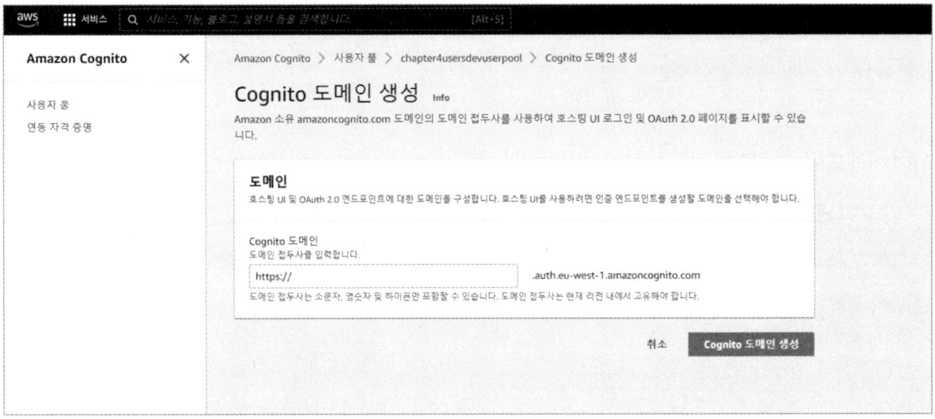

**그림 4-14** 코그니토 도메인 생성 페이지

사용자 풀에는 **chapter4devfth**이라는 도메인 이름을 지정했는데, 사용할 수 있는 고유한 도메인 이름이라면 무엇이든 사용할 수 있다.

다음으로 OAuth 흐름을 설정해야 한다. 다음 Cognito 메뉴로 들어가 [앱 통합] 섹션의 최하단으로 내려가자. [앱 클라이언트] 설정에 생성된 [chapter4usersdevuserpoolclient]를 클릭하자(그림 4-15). 이후 [그림 4-16]과 같은 화면에서 해당 앱 클라이언트 페이지에서 [호스팅 UI] 설정의 [편집] 버튼을 눌러 설정을 변경할 수 있다.

**그림 4-15** 앱 클라이언트 선택 화면

**그림 4-16** 앱 클라이언트 설정 화면

이어서 [그림 4-17]처럼 설정을 변경하자. 로그인과 로그아웃 콜백 URL의 경우 1단계에서 만들었던 커스텀 도메인을 사용하여 프런트엔드 버킷에 URL을 제공해야 한다. 이 URL은 `https://s3-eu-west-1.amazonaws.com/<생성한 버킷 이름>/index.html` 형식으로 입력해야 한다. 또 자격 증명 공급자에서 Cognito 사용자 풀을 선택한다.

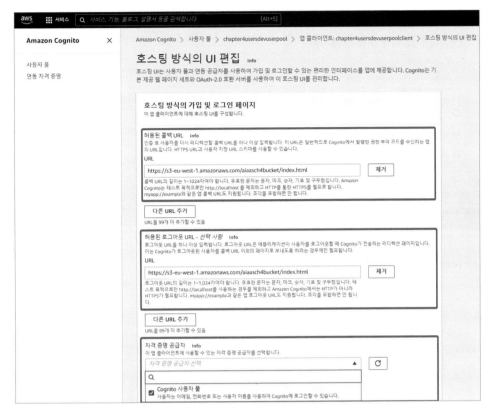

**그림 4-17** 앱 클라이언트 설정 변경

그 뒤 OAuth2.0 권한 부여 유형 설정에서는 [암시적 권한 부여]를 선택한다(그림 4-18). 그 다음으로 [그림 4-19]처럼 OpenID Connect 범위에서 [OpenID]와 [이메일], [`aws.cogni-to.signin.user.admin`]을 차례로 선택한다. 이후 화면 최하단의 [변경 내용 저장] 버튼을 눌러 설정을 저장한다.

**OAuth 2.0 권한 부여 유형** Info
OAuth 권한 부여 유형을 하나 이상 선택하여 Cognito가 이 앱에 토큰을 전달하는 방법을 구성합니다. 선택한 앱 유형에 따라 제안 옵션을 채웁니다.

*OAuth 2.0 권한 부여 유형 선택*

☐ 권한 부여 코드 부여
응답으로 권한 부여 코드 제공

☑ 암시적 권한 부여
클라이언트가 액세스 토큰(그리고 범위에 따라 선택적으로 ID 토큰)을 직접 가져와야 함을 지정합니다.

☐ 클라이언트 자격 증명
클라이언트에 클라이언트 보안키가 없는 경우 클라이언트 자격 증명을 사용할 수 없습니다.

*OIDC 범위 선택*

**그림 4-18** OAuth 2.0 권한 부여 유형 설정

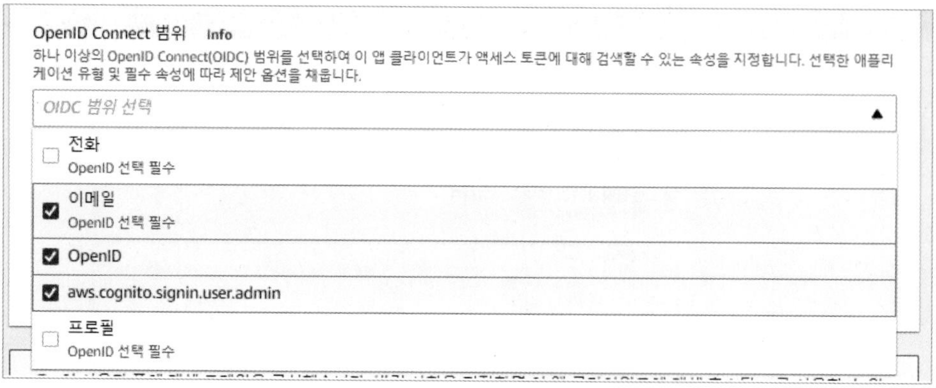

그림 4-19 OpenID Connect 범위 설정

---

### OAuth

OAuth는 인증 및 권한 부여를 위한 표준 프로토콜로 많은 곳에서 구현하고 있다. OAuth 2.0 프로토콜을 상세하게 기술하려면 책 한 권 분량이 되므로, 이에 관심있는 독자에게는 저스틴 리처Justin Richer와 안토니오 산소Antonio Sanso의 『OAuth 2 in Action』(에이콘, 2018)을 읽어보기를 권한다.

OAuth 2.0 프로토콜에 대한 보다 자세한 내용은 https://oauth.net/2/에서 확인할 수 있다.

---

마지막으로 사용자 풀에 대해 로그인할 계정을 만들어야 한다. 다시 Cognito 메뉴로 돌아가 [사용자] 섹션으로 접속하고 [사용자 생성] 버튼을 클릭한다. 여기에 [이메일 주소] 필드에 로그인에 사용할 이메일 주소를 입력하고 [이메일 주소를 확인됨으로 표시] 항목에 체크한다. [임시 암호] 섹션에서 [암호 설정] 옵션을 선택하고 사용할 암호를 입력하자.

### 환경 업데이트

이제 풀 설정을 완료했으므로 .env 파일을 업데이트할 차례다. chapter4/step-2-cogni-to-login 디렉토리로 이동하여 .env 파일을 다음 예시와 일치하도록 편집하자.

```
# 4장 환경 변수 지정
TARGET_REGION=eu-west-1  ◁──┤ 환경 변수의 첫 번째 블록은 [코드 4-11]에서 유지된다.
CHAPTER4_BUCKET=<생성한 버킷 이름>
CHAPTER4_DATA_BUCKET=<생성한 데이터 버킷 이름>
CHAPTER4_DOMAIN=<실습에 사용 중인 도메인>
CHAPTER4_DOMAIN_ARN=<실습용 도메인 인증서의 ARN>
CHAPTER4_COGNITO_BASE_DOMAIN=<코그니토 도메인>
CHAPTER4_COGNITO_DOMAIN=<코그니토 도메인>.auth.eu-west-1.amazoncognito.com  ◁──┐
CHAPTER4_POOL_ARN=<사용자 풀 ARN>                      새로운 환경 변수는 우리가 생성한
CHAPTER4_POOL_ID=<사용자 풀 ID>                        AWS Cognito 리소스를 참조한다.
CHAPTER4_POOL_CLIENT_ID=<앱 통합 클라이언트 ID>
CHAPTER4_IDPOOL=<자격증명 풀 ID>
```

AWS 관리 콘솔의 Cognito 페이지에서 필요한 ID들을 찾을 수 있다. 사용자 풀 ID는 [그림 4-20]과 같이 사용자 풀 보기에서 확인할 수 있다.

**그림 4-20** 사용자 풀 ID와 ARN

클라이언트 ID는 [그림 4-21]에 나와 있는 것처럼 [앱 통합] 섹션의 [앱 클라이언트] 섹션에서 찾을 수 있다.

**그림 4-21** 풀 클라이언트 ID

자격 증명 풀 ID는 코그니토의 [연동 자격 증명] 메뉴에서 찾을 수 있다. 생성된 자격 증명 풀을 선택하고 오른쪽 상단에서 [그림 4-22]에 있는 [자격 증명 풀 편집]을 선택하면 된다. 이제부터 자격 증명 풀 ID를 보고 복사할 수 있다.

그림 4-22 자격 증명 풀 ID

자격 증명 풀에 대한 역할을 지정하지 않았다는 경고가 표시될 수 있는데, 모든 사용자는 애플리케이션에 대해 권한 승인되어야 하므로 무시해도 된다.

일단 AWS 콘솔에서 필요한 값을 설정했다면 .env 파일을 관련 값으로 채운다.

## TO-DO API 업데이트

이제 환경 업데이트를 마쳤으니 변경 사항을 작업 목록 서비스에 배포할 수 있다.

step-2-cognito-login/todo-service 디렉터리로 이동하여 다음 명령을 실행하자.

```
$ npm install
$ serverless deploy
```

그러면 코그니토 권한 부여자가 포함된 새 버전의 API가 푸시된다.

## 프런트엔드 업데이트

이제 API가 안전하게 보호되었으므로 접근을 허용하도록 프런트엔드를 업데이트해야 한다.
step-2-cognito-login/frontend 디렉터리로 이동하여 다음을 실행하자.

```
$ source ../.env
$ npm install
$ npm run build
$ aws s3 sync dist/ s3://$CHAPTER4_BUCKET
```

그러면 인증 코드를 포함한 애플리케이션의 새로운 버전이 빌드되어 버킷에 배포된다. 브라우저로 다시 애플리케이션에 접속하면 빈 페이지와 페이지 상단에 로그인 링크가 표시되며, 이 링크를 클릭하면 코그니토 로그인 대화 상자가 나타난다. 여기에 로그인하면 애플리케이션이 이전과 같이 작동한다.

코그니토 설정에 필요한 약간의 노력에 비하면 그 이점은 훨씬 크다. 코그니토를 사용하면 다음과 같은 이점을 얻을 수 있다.

- 사용자 등록
- 안전한 JWT 로그인
- AWS IAM 보안 모델에 통합
- 비밀번호 재설정
- 기업 및 소셜 계정(페이스북, 구글, 트위터 등)을 포함하는 연동 자격 증명
- 비밀번호 정책 제어

이전에 사용자 관리 기능을 개발해 본 독자라면, 타사 라이브러리를 사용하더라도 이러한 기능을 구현할 때 따라오는 개발 부담을 느껴 보았을 것이다. 코그니토를 사용하는 가장 큰 이유는 대부분의 사용자 계정 보안 유지 작업에 대한 책임을 이 서비스에 위임할 수 있기 때문이다. 물론 우리는 여전히 애플리케이션 자체의 보안을 신경써야 하지만, 코그니토 서비스의 적극적인 관리와 업데이트가 지속되고 있다는 사실 덕에 그나마 편안할 수 있다.

이번 장에서는 서버리스 애플리케이션에 보안을 추가하고 실행하는 내용을 다루었다. 핵심은, 최소한의 노력을 들여 안전한 방식으로 애플리케이션을 신속하게 배포할 수 있다는 것이다. 다음 장에서는 작업 목록에 AI 서비스를 추가할 것이다.

## 4.6 요약

- 클라이언트에서 데이터베이스에 이르는 종단간 서버리스 플랫폼을 코드로 정의하고, 서버리스 프레임워크를 사용하여 배포할 수 있다.
- 다이나모DB 테이블은 serverless.yml 파일의 리소스 섹션의 일부로 생성할 수 있다.
- AWS SDK는 람다 함수가 이벤트에서 전달받은 데이터를 데이터베이스 읽기 및 쓰기 호출로 넘겨주는 데 사용된다.

- AWS 코그니토로 인증 및 권한 부여를 설정할 수 있다. 특정 리소스를 보호하기 위한 정책과 함께 사용자 풀, 자격 증명 풀, 커스텀 도메인을 설정한다.

- AWS 앰플리파이는 코그니토와 함께 사용하여 로그인 인터페이스를 생성할 수 있다. 앰플리파이는 코그니토와 통합 가능하며 사용하기 쉬운 AWS의 클라이언트 SDK로, 강력한 보안 기능을 추가할 수 있다.

- API 게이트웨이 CRUD 경로를 생성하여 람다 함수를 트리거할 수 있다. API 게이트웨이 경로는 연결된 람다 함수 또는 핸들러에 연결된 `serverless.yml`에 정의된 이벤트를 통해 생성된다.

> **WARNING_** 5장의 내용도 4장에서 만든 시스템을 기반으로 계속 구축되며, 5장의 끝에서 배포한 리소스를 제거하는 방법을 설명한다. 한동안 5장 실습을 진행할 계획이 없다면, 비용 지출을 피하기 위해 모든 클라우드 리소스를 완전히 제거하기 바란다.

# 웹 애플리케이션에
# AI 인터페이스 추가하기

> **이 장의 주요 내용**
>
> ◆ 트랜스크라이브로 노트 기록
>
> ◆ 폴리로 일정 읽기
>
> ◆ 렉스로 챗봇 인터페이스 추가하기

이번 5장에서는 4장의 작업 목록 애플리케이션을 기반으로 시스템에 기성품 AI 기능을 추가한
다. 자연어 음성 인터페이스를 추가하여 사용자가 녹음한 텍스트를 기록하고, 시스템이 작업
목록에서 일정을 음성으로 알려주도록 제작한다. 마지막으로 자연어 인터페이스를 통해 완전
히 상호 작용할 수 있도록 시스템에 대화형 챗봇 인터페이스를 추가할 것이다. 무거운 작업은
클라우드 AI 서비스가 맡아주기에 시스템을 매우 빠르게 구축할 수 있다. 4장 마지막에 배포한
작업 목록 애플리케이션을 기반으로 직접 구축하므로, 4장을 완료하지 않았다면 바로 되돌아
가서 4장의 작업부터 마치기 바란다. 4장에 대한 학습이 완료되었다면 이번 장 실습을 통해 메
모 서비스를 추가할 수 있다. 다시 프로젝트로 돌아가 3단계를 시작해보자.

## 5.1 3단계: STT 인터페이스 추가

기본적인 서버리스 애플리케이션을 배포하고 보안 기능까지 확보하였으므로, 본격적으로 AI
기능을 추가할 차례다. 이번 절에서는 작업 목록을 타이핑하는 대신 AWS 트랜스크라이브를
사용해 시스템에 목소리로 메모를 입력할 수 있도록 음성–텍스트<sup>speech-to-text</sup>(STT) 인터페이스

를 추가한다. 음성을 텍스트로 저장하는 고급 기능이 추가하기 그리 어렵지 않다는 사실을 알게 될 것이다. [그림 5-1]에서 이 기능을 구현하는 방법을 보여준다.

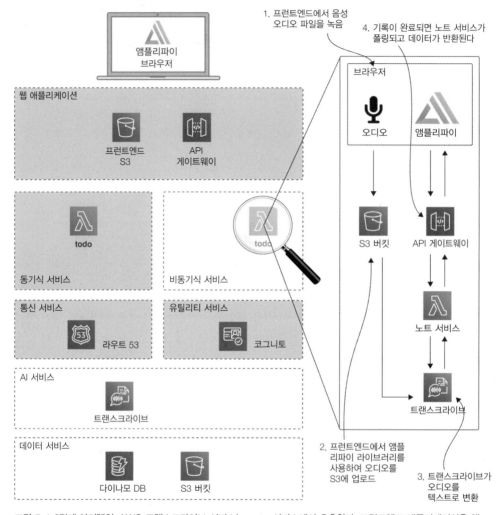

**그림 5-1** 3단계 아키텍처. AWS 트랜스크라이브 서비스는 note 서비스에서 호출한다. 프런트엔드 애플리케이션은 앰플리파이를 사용하여 트랜스크라이브에서 처리한 파일을 S3에 업로드한다.

시스템은 브라우저를 사용하여 음성 오디오를 캡처하며 앰플리파이 라이브러리를 사용하여 S3에 저장한다. S3에 오디오 파일이 업로드되면 노트 서비스가 호출되고, 트랜스크라이브가 오디오를 텍스트로 변환하는 작업을 시작한다. 클라이언트는 주기적으로 노트 서비스를 폴링하여 음성–텍스트 변환 완료 여부를 확인한다. 마지막으로 프런트엔드는 변환된 텍스트로 메모 필드를 채운다.

## 5.1.1 코드 확인

이 단계에 해당하는 코드는 chapter5/step-3-note-service 디렉토리에 있으며 해당 디렉토리에는 트랜스크라이브 관련 코드를 포함한 2단계의 모든 코드가 포함되어있다. 전과 마찬가지로 먼저 업데이트를 차례로 살펴본 다음 변경 사항을 배포해보자.

## 5.1.2 노트 서비스

지금까지 살펴본 코드와 마찬가지로 노트 서비스의 코드는 note-service 디렉토리에 있으며 serverless.yml 설정 파일과 함께 있다. 대부분은 보일러플레이트 코드인데, 가장 큰 차이는 S3 데이터 버킷과 트랜스크라이브 서비스에 접근 가능한 서비스를 설정한다는 점이다. 다음 예시 코드에서 iamRoleStatements 섹션을 살펴보자.

예시 5-1 노트 서비스의 역할 설정

```
provider:
  ...
  iamRoleStatements:
    - Effect: Allow
      Action:   ⟵│ 오디오 파일용 데이터 버킷
        - s3:PutObject
        - s3:GetObject
      Resource: "arn:aws:s3:::${self:custom.dataBucket}/*"
    - Effect: Allow
      Action:   ⟵│ 이 서비스가 스크립트에 액세스하도록 허용.
        - transcribe:*
      Resource: "*"
```

노트 서비스는 POST /note, GET /note/{id}의 두 가지 경로를 정의하고 각각 노트를 생성해서 가져온다. 작업 CRUD 경로처럼 코그니토 풀을 사용하여 노트 API에 대한 접근을 차단하고, noteapi의 다른 기본 경로와 함께 동일한 커스텀 도메인 구조를 사용한다. 핸들러 코드는 AWS SDK를 사용하여 다음 예시의 받아쓰기 작업을 생성한다.

**예시 5-2 노트 서비스 핸들러**

```
const AWS = require('aws-sdk')
var trans = new AWS.TranscribeService()  ◁──┐ 오디오 파일을 텍스트로 전환하는
                                            └ 전사 서비스 객체 생성
module.exports.transcribe = (event, context, cb) => {
  const body = JSON.parse(event.body)

  const params = {
    LanguageCode: body.noteLang,
    Media: { MediaFileUri: body.noteUri },
    MediaFormat: body.noteFormat,
    TranscriptionJobName: body.noteName,
    MediaSampleRateHertz: body.noteSampleRate,
    Settings: {
      ChannelIdentification: false,
      MaxSpeakerLabels: 4,
      ShowSpeakerLabels: true
    }
  }

  trans.startTranscriptionJob(params, (err, data) => {  ◁──┤ 비동기 전사 작업 시작
    respond(err, data, cb)
  })
}
```

보다시피, 노트 서비스의 핸들러는 API를 하나 호출하여 작업을 시작하고 오디오 파일에 대한 링크를 전달하는 간단한 코드다. 핸들러는 클라이언트에 poll 함수에서 사용하는 받아쓰기 작업 ID로 응답한다. 코드를 자세히 확인해보면 getTranscriptionJob API를 사용하여 실행 중인 작업의 상태를 확인하는 poll의 구현을 확인할 수 있다.

### 5.1.3 프런트엔드 업데이트

트랜스크립션 기능을 제공하려면 프런트엔드에 몇 가지 업데이트를 진행해야 한다. 일단 index.js의 앰플리파이 라이브러리에 다음 예시에 표시된 일부 설정을 추가하였다.

예시 5-3 업데이트한 앰플리파이 설정

```
Amplify.configure({
  Auth: {
    region: process.env.TARGET_REGION,
    userPoolId: process.env.CHAPTER4_POOL_ID,
    userPoolWebClientId: process.env.CHAPTER4_POOL_CLIENT_ID,
    identityPoolId: process.env.CHAPTER4_IDPOOL,
    mandatorySignIn: false,
    oauth: oauth
  },
  Storage: {
    bucket: process.env.CHAPTER4_DATA_BUCKET,
    region: process.env.TARGET_REGION,
    identityPoolId: process.env.CHAPTER4_IDPOOL,
    level: 'public'
  }
})
```

이 설정은 앰플리파이에게 1단계에서 설정한 데이터 버킷을 사용하도록 지시한다. 이미 코그니토 설정으로 앰플리파이를 설정하였으므로, 로그인하면 클라이언트로 해당 버킷에 접속할 수 있다.

우선 frontend/src/audio 디렉터리에 브라우저 미디어 스트림 레코딩<sup>Media Stream Recording</sup> API를 통하여 오디오를 버퍼에 기록하는 오디오 처리 코드를 추가했다. 이 책에서는 이 코드를 목적 달성을 위한 블랙박스로 취급하겠다.

> **NOTE_** 미디어 스트림 레코딩 API에 대한 자세한 내용은 http://mng.bz/X0AE를 참고하기 바란다.

기본 메모 처리 코드는 note.js 및 note-view.js에 있다. 뷰 코드는 UI에 녹음 시작 버튼과 녹음 중지 버튼, 두 개의 버튼을 추가하며 각 버튼은 note.js의 startRecord와 stopRecord 함수에 대응된다. stopRecord 함수의 구현은 다음 예시와 같다.

예시 5-4 stopRecord 함수

```
import {Storage} from 'aws-amplify'
...
function stopRecord () {
  const noteId = uuid()

  view.renderNote('Thinking')
  ac.stopRecording()
  ac.exportWAV((blob, recordedSampleRate) => {  ◁─┤ 녹음된 버퍼를 WAV 형식으로 내보내기
    Storage.put(noteId + '.wav', blob)  ◁─┤ Amplify를 사용하여 WAV 파일을 S3에 저장
      .then(result => {
        submitNote(noteId, recordedSampleRate)  ◁─┤ 처리를 위해 WAV 파일 제출
      })
      .catch(err => {
        console.log(err)
      })
    ac.close()
  })
}
```

stopRecord는 앰플리파이의 Storage 객체를 사용하여 S3에 직접 WAV 파일을 입력한 다음, 받아쓰기 작업을 시작하도록 노트 서비스의 API /noteapi/note를 호출하는 함수 submit-Note를 실행한다. submitNote 코드는 다음과 같다.

예시 5-5 submitNote 함수

```
const API_ROOT = `https://chapter4api.${process.env.CHAPTER4_DOMAIN}/noteapi/
note/`
...
function submitNote (noteId, recordedSampleRate) {
  const body = {
    noteLang: 'en-US',
```

```
      noteUri: DATA_BUCKET_ROOT + noteId + '.wav',
      noteFormat: 'wav',
      noteName: noteId,
      noteSampleRate: recordedSampleRate
    }

    auth.session().then(session => {
      $.ajax(API_ROOT, { ◁─┤ 노트 서비스 호출
        data: JSON.stringify(body),
        contentType: 'application/json',
        type: 'POST',
        headers: {
          Authorization: session.idToken.jwtToken
        },
        success: function (body) {
          if (body.stat === 'ok') {
            pollNote(noteId) ◁─┤ 폴링 진입
          } else {
            $('#error').html(body.err)
          }
        }
      })
    }).catch(err => view.renderError(err))
  }
```

폴 함수는 백엔드의 **Note** 서비스를 호출하여 받아쓰기 작업의 진행 상황을 확인한다. 폴링을
담당하는 **pollNote** 함수의 코드는 다음과 같다.

**예시 5-6** note.js의 pollNote 함수

```
function pollNote (noteId) {
  let count = 0
  itv = setInterval(() => {
    auth.session().then(session => { ◁─┤ 코그니토로 인증된 세션 획득
      $.ajax(API_ROOT + noteId, { ◁─┤ API를 호출하여 노트 상태 확인
        type: 'GET',
        headers: {
```

```
        Authorization: session.idToken.jwtToken
      },
      success: function (body) {
        if (body.transcribeStatus === 'COMPLETED') {
          clearInterval(itv)
          view.renderNote(body.results.transcripts[0].transcript) ◁──┐ 전사를 마치면
        } else if (body.transcribeStatus === 'FAILED') {                노트 랜더링
          clearInterval(itv)
          view.renderNote('FAILED')
        } else {
          count++
          ...
        }
      }
    })
  }).catch(err => view.renderError(err))
}, 3000)

}
```

작업이 완료되면 결과 텍스트가 페이지의 메모 입력 필드에 렌더링된다.

---

### 폴링

폴링은 이벤트를 처리하는 방법 중 효율이 낮은 편이며, 확장성이 확실히 떨어지는 편이다. 폴링을 사용하면 잠깐 동안만 실행되는 AWS 람다의 일반적인 단점이 드러나므로, 장시간 연결이 필요한 애플리케이션에는 적합하지 않다. 작업이 완료되었을 때 업데이트를 받는 더 좋은 방법으로는 웹소켓WebSocket 연결을 설정하여 업데이트 사항을 브라우저로 푸시하는 방법이 있는데, 더욱 효율적이며 확장성도 좋다.

폴링 대신 사용할 수 있는 몇 가지 더 나은 다음과 같은 방법이 있다.

- 웹소켓과 함께 AWS API 게이트웨이 사용(https://mng.bz/yr2e)
- 팬아웃Fanout(https://fanout.io/) 같은 타사의 서비스 사용

물론 시스템에 따라 가장 좋은 방법은 다르며 모든 방법을 다루기에는 이 책의 목적을 벗어난다. 따라서 여기에서는 노트 서비스에 대해 간단한 폴링 기반 방식을 사용한다.

## 5.1.4 3단계 배포

메모 기능을 배포해보자. 먼저 환경을 설정해야 하는데, `.env` 파일을 `step-2-cognito-login`에서 `step-3-note-service`로 복사하면 된다.

다음으로 새로운 노트 서비스를 배포하자. `step-3-note-service/note-service` 디렉토리로 이동하여 다음을 실행한다.

```
$ npm install
$ serverless deploy
```

그러면 API 게이트웨이에 노트 서비스 진입점이 생성되고 두 개의 람다 함수가 설치된다. `step-3-note-service/frontend` 디렉토리로 이동한 뒤, 다음 명령어를 실행하여 프런트엔드 업데이트를 배포하자.

```
$ source ../.env
$ npm install
$ npm run build
$ aws s3 sync dist/ s3://$CHAPTER4_BUCKET
```

## 5.1.5 3단계 테스트

이제 새로운 STT 기능을 사용해보자. 브라우저에서 작업 목록 애플리케이션을 열고 전과 같이 로그인한 다음, 버튼을 눌러 새 작업을 만들어 작업과 날짜를 입력하자. [그림 5-2]와 같이 두 개의 버튼, [record] 버튼과 [stop] 버튼이 추가로 표시되어야 한다.

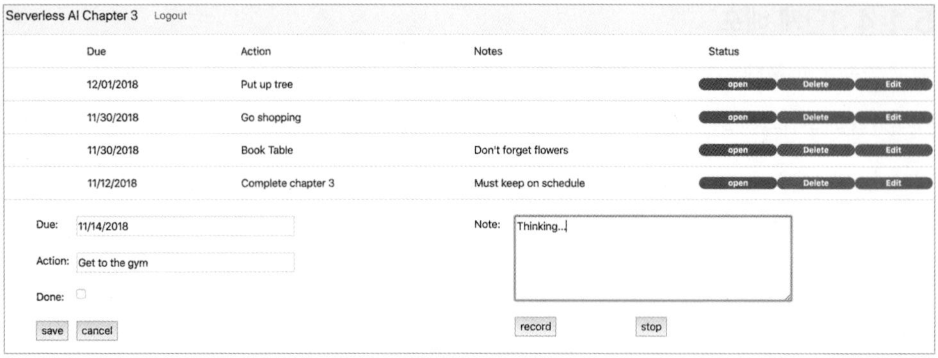

**그림 5-2** 노트 기록

[record] 버튼을 터치해서 대화를 시작하고, 완료되면 [stop] 버튼을 누르자. 몇 초 지나면 방금 말한 내용이 메모 필드에 텍스트로 렌더링되고, 메모로 완성된 새 작업 목록을 저장할 수 있다.

오디오를 텍스트로 변환하는 시간은 현재 진행중인 전체 받아쓰기 작업 수에 따라 다르다. 최악의 경우 텍스트 변환을 완료하는 데 20~30초가 걸릴 수도 있다. AWS 트랜스크라이브를 시연할 목적으로 메모로 작업 목록을 기록했지만, 위 코드에서 사용하는 API는 배치 처리에 최적화되어 있으며 이사회나 인터뷰 같이 여러 발언자의 대용량 오디오 파일도 텍스트로 변환할 수 있다. 이 장의 뒷부분에 있는 5단계에서 더 빠른 대화 인터페이스도 소개할 것이다. 다만, 최근 AWS 서비스 업데이트에 따르면 AWS 트랜스크라이브가 배치 처리뿐 아니라 실시간 처리 모드도 지원하기 시작했다고 한다.

## 5.2 4단계: TTS 추가

다음으로 작업 목록에 추가할 AI 기능은 노트 서비스와 반대되는 기능이다. 이번엔 일정 서비스가 AWS 폴리를 사용하여 작업 목록에서 오늘의 일정을 뽑아 음성으로 읽어 준다. 폴리는 AWS의 음성-텍스트Speech-to-text(STT) 서비스로 API를 사용하여 노트 서비스 같은 시스템과 연결할 수 있다. [그림 5-3]은 일정 서비스의 아키텍처 구조를 보여준다.

시스템 사용자가 일정을 요청하면 시스템은 일정 서비스를 호출하여 일정을 텍스트로 생성한 다음, 아마존 폴리로 전달한다. 폴리는 텍스트를 해석하여 오디오로 변환한다. 변환된 오디오 파일은 S3 데이터 버킷에 기록되고 사용자에게 재생한다. 다시 말하자면, 이번에도 아주 간단하게 고급 기능을 구현한다!

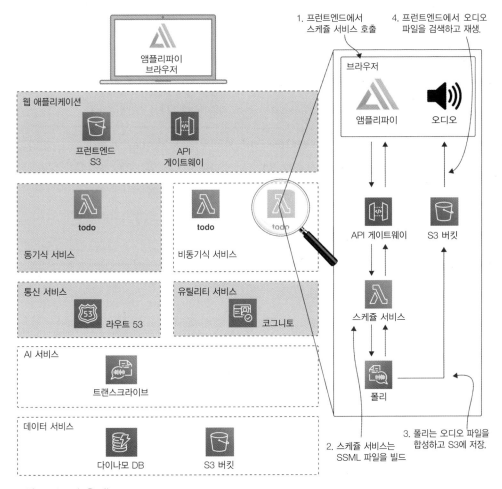

**그림 5-3** 노트 녹음 기능

## 5.2.1 코드 확인

이 단계의 코드는 `chapter5/step-4-schedule-service` 디렉토리에 있으며 해당 디렉토리에는 일정 서비스와 3단계의 모든 코드가 함께 포함되어있다. 전과 마찬가지로 업데이트를 차례로 살펴본 다음 변경 사항을 배포해보자.

## 5.2.2 일정 서비스

일정 서비스는 전과 동일한 도메인 관리자 구조를 사용하여 두 개의 API 진입점을 제공한다는 점에서 노트 서비스와 유사하다.

- /schedule/day: 오늘의 일정을 만들어 TTS 작업을 폴리에 보낸다.
- /schedule/poll: 작업 상태를 확인하고 완료된 오디오 파일에 대한 참조를 반환한다.

이 구조는 이제는 매우 익숙한 serverless.yml 설정에 반영된다. day 및 poll의 두 진입점에 대한 구현은 handler.js에서 찾을 수 있다. 먼저 다음 예시에 있는 day 핸들러가 사용하는 buildSchedule 함수를 살펴보자.

**예시 5-7** 일정 서비스의 day 핸들러 내에 있는 buildSchedule 함수

```
const dynamoDb = new AWS.DynamoDB.DocumentClient()
const polly = new AWS.Polly()   ◁──┤ SDK로 폴리 객체 생성
const s3 = new AWS.S3()
const TABLE_NAME = { TableName: process.env.TODO_TABLE }   ◁──┤ to-do 테이블 가져오기
...
function buildSchedule (date, speakDate, cb) {   ◁──┤ SSML 스케줄을 생성하는 함수 정의
  let speech = '<s>Your schedule for ' + speakDate + '</s>'
  let added = false
  const params = TABLE_NAME

  dynamoDb.scan(params, (err, data) => {   ◁──┐ DynamoDB에서 스케줄 항목을 읽고
    data.Items.forEach((item) => {             순차적으로 SSML을 생성
      if (item.dueDate === date) {
        added = true
        speech += '<s>' + item.action + '</s>'
        if (item.note) {
          speech += '<s>' + item.note + '</s>'
        }
      }
    })
```

```
    if (!added) {
      speech += '<s>You have no scheduled actions</s>'
    }
    const ssml = `<speak><p>${speech}</p></speak>`
    cb(err, {ssml: ssml})
  })
}
```

buildSchedule 함수가 주어진 날짜의 작업 목록을 읽어서 SSML을 어떻게 생성하는지 볼 수
있다. 이 함수는 일정 서비스의 **day** 핸들러에서 사용되며, 핸들러의 코드는 다음 예시와 같다.

**예시 5-8** 일정 서비스의 day 핸들러

```
module.exports.day = (event, context, cb) => {
  let date = moment().format('MM/DD/YYYY')
  let speakDate = moment().format('dddd, MMMM Do YYYY')
  buildSchedule(date, speakDate, (err, schedule) => {
    if (err) { return respond(err, null, cb) }

    let params = {          ◁─┤ 폴리에 대한 음성 및 출력 버킷 매개변수를 구성
      OutputFormat: 'mp3',
      SampleRate: '8000',
      Text: schedule.ssml,
      LanguageCode: 'en-GB',
      TextType: 'ssml',
      VoiceId: 'Joanna',
      OutputS3BucketName: process.env.CHAPTER4_DATA_BUCKET,
      OutputS3KeyPrefix: 'schedule'
    }

    polly.startSpeechSynthesisTask(params, (err, data) => {   ◁─┤ 폴리 음성 합성 작업 시작
      ...
      respond(err, result, cb)
    })
  })
}
```

buildSchedule 함수는 SSML 블록을 생성하여 폴리에 전달하고, 폴리는 이를 출력해 mp3 파일로 변환한다. day 함수는 출력 형식을 지정하는 매개변수 block과 폴리가 출력을 저장할 S3 버킷을 설정한다. 다음 예시의 코드는 폴(poll) 핸들러를 보여준다.

**예시 5-9** 일정 서비스의 poll 핸들러

```
module.exports.poll = (event, context, cb) => {
  polly.getSpeechSynthesisTask({TaskId: event.pathParameters.id}, (err, data) => {    ◁─┐ 작업 상태
    // 데이터로 부터 결과 객체 생성                                                        │ 확인
    ...
    respond(err, result, cb)    ◁─┤ API 호출자에게 작업 상태 제공
  })
}
```

폴 핸들러 코드는 폴리 서비스를 호출하여 음성 합성 작업을 받아오는 람다 함수를 보여준다. 음성 합성 작업은 API 응답이 제공한다.

---

### SSML

SSML^Speech Synthesis Markup Language은 텍스트 음성 변환 작업에 사용되는 XML 언어이다. 폴리는 일반 텍스트도 처리할 수 있지만, SSML을 사용하여 음성 합성 작업에 추가 컨텍스트를 제공할 수도 있다. 예를 들어, 다음과 같은 코드를 사용해 SSML에서 귓속말 효과를 낼 수도 있다.

---

```
<speak>
    I want to tell you a secret.
    <amazon:effect name="whispered">I am not a real human.</amazon:effect>.
    Can you believe it?
</speak>
```

---

SSML에 대한 자세한 내용은 http://mng.bz/MoW8에서 확인하기 바란다.

---

STT 작업이 시작되면 폴 핸들러를 사용하여 상태를 확인한다. 작업 상태를 확인하기 위해 polly.getSpeechSynthesisTask를 호출하고, 해당 작업이 완료되면 s3.getSignedUrl을

사용하여 결과 mp3 파일에 접근하기 위한 임시 URL을 생성한다.

## 5.2.3 프런트엔드 업데이트

일정 서비스에 접근하기 위해 [그림 5-4]와 같이 내비게이션 바에 [schedule] 버튼을 배치하자.

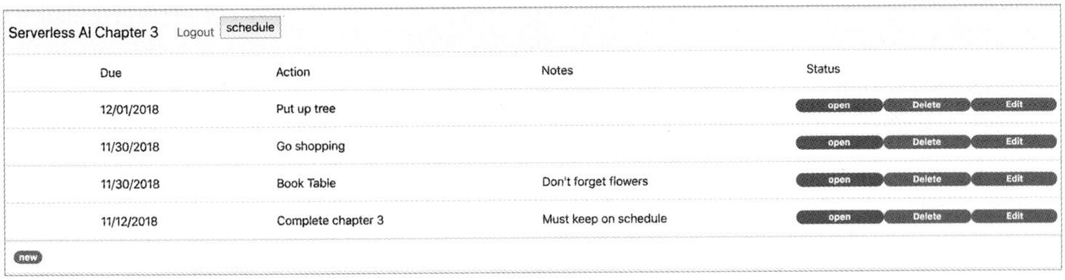

그림 5-4 업데이트된 UI

이 버튼은 다음 예시에 표시된 **frontend/src/schedule.js** 파일의 프런트엔드 핸들러에 연결된다.

예시 5-10 schedule.js

```
import $ from 'jquery'
import {view} from './schedule-view'
...
const API_ROOT = `https://chapter4api.${process.env.CHAPTER4_DOMAIN}/schedule/
  ➥day/`
let itv
let auth

function playSchedule (url) {  ◁─┤ 스케줄링된 파일 재생 함수
  let audio = document.createElement('audio')
  audio.src = url
  audio.play()
}
```

```
function pollSchedule (taskId) {  ◁── 스케줄 상태 폴링
  itv = setInterval(() => {
    ...
    $.ajax(API_ROOT + taskId, {
      ...
      playSchedule(body.signedUrl)  ◁── 서명된 URL을 플레이어에 전달
      ...
  }, 3000)
}

function buildSchedule (date) {
  const body = { date: date }

  auth.session().then(session => {
    $.ajax(API_ROOT, {  ◁── 스케줄 작업 시작
      ...
      pollSchedule(body.taskId)
      ...
    })
  }).catch(err => view.renderError(err))
}
```

S3에서 임시 서명된 URL을 사용하면 프런트엔드 코드가 표준 오디오 요소를 사용하여 데이터 버킷의 보안을 위반하지 않고 일정을 재생할 수 있다.


## 5.2.4 4단계 배포

이쯤이면 배포는 이제 매우 익숙할 것이다. 먼저, 전 단계에서 환경을 복사해야 한다. step-3-note-service/.env 파일을 step-4-schedule-service로 복사하자.

그리고 다음 명령을 실행하여 일정 서비스를 배포하자.

```
$ cd step-4-schedule-service/schedule-service
$ npm install
$ serverless deploy
```

마지막으로, 이전과 마찬가지로 프런트엔드 업데이트를 배포한다.

```
$ cd step-4-schedule-service/frontend
$ source ../.env
$ npm install
$ npm run build
$ aws s3 sync dist/ s3://$CHAPTER4_BUCKET
```

### 5.2.5 4단계 테스트

이제 작업 목록이 하루 일정을 읽도록 만들어보자. 브라우저에서 애플리케이션을 열고 로그인한 다음, 오늘 날짜에 대한 작업 목록 항목 몇 개를 만들자. 항목을 한 두 개 정도 만든 다음 일정 버튼을 클릭하면, 일정 서비스가 트리거되어 폴리에 일정을 보내고, 수초 후 애플리케이션이 일정을 읽어준다!

이제 대화 기능을 갖춘 작업 목록 시스템이 마련되었다. 각각의 작업 목록은 서버를 부팅하거나 텍스트/음성 변환에 대한 세부 정보와 상관없이 데이터베이스에 저장되며, 시스템은 사용자 이름과 암호를 통해 보호된다.

이제 마지막으로 작업 목록 시스템에 추가할 기능은, 챗봇을 통한 대화형 인터페이스다.

## 5.3 5단계: 대화형 챗봇 인터페이스 추가

작업 목록 애플리케이션의 마지막 업데이트는 챗봇의 구현이다. 챗봇을 사용하면 텍스트 기반 인터페이스나 음성을 통해 시스템과 상호 작용할 수 있다. 우리는 아마존 렉스Lex를 사용하여 챗봇을 만들 것이다. 렉스는 아마존 알렉사Alexa와 동일한 AI 기술을 사용하므로, 렉스를 사용하여 시스템에 보다 자연스러운 인간형 인터페이스를 만들 수 있다. 예를 들어, 애플리케이션에 '내일' 또는 '다음 수요일' 같은 단어로 작업 예약을 지시할 수 있다. 사람에게는 정확한 날짜 대신 '내일' 같은 표현을 사용하는 편이 자연스럽지만, 컴퓨터가 이런 애매한 명령을 이해하기는 상당히 어렵다. 물론 렉스를 사용하면 비용 부담없이 처리할 수 있다. [그림 5-5]는 챗봇이 시스템에 통합되는 방식을 보여준다.

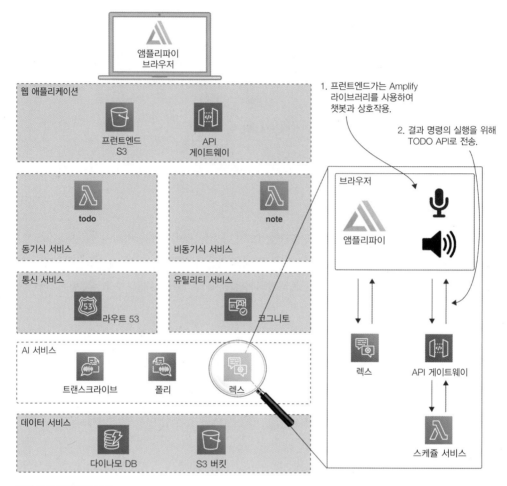

**그림 5-5** 업데이트된 UI

사용자는 채팅 창이나 음성으로 명령을 내릴 수 있다. 이 명령은 렉스가 호스팅하는 챗봇으로 전송되고 명령에 대한 응답이 반환된다. 대화가 끝나면 챗봇은 필요한 모든 정보를 수집하여 작업 목록을 생성하거나 업데이트하며, 프런트엔드는 해당 정보를 가져와 이전과 같이 작업 목록 API에 게시한다.

대화 인터페이스를 추가할 때 기존 작업 목록 API를 변경할 필요가 없다는 점을 기억하자. 즉, 기존 코드를 최소한으로 건드리면서도 대화형 인터페이스를 그 위에 쌓을 수 있다.

## 5.3.1 코드 확인

이 단계의 코드는 chapter5/step-5-chat-bot 디렉토리에 있다. 이 디렉토리에는 4단계의 모든 코드가 챗봇 인터페이스를 위한 코드와 함께 포함되어있다.

## 5.3.2 챗봇 생성

작업 목록 봇을 만들기 위한 커맨드라인 스크립트를 만들었으며, 해당 코드는 chapter5/step-5-chat-bot/bot 디렉토리에 있다. create.sh 파일은 다음 예시와 같이 AWS 커맨드라인을 사용하여 챗봇을 설정한다.

예시 5-11 챗봇 생성 스크립트

```bash
#!/bin/bash
ROLE_EXISTS=`aws iam get-role \
--role-name AWSServiceRoleForLexBots \
| jq '.Role.RoleName == "AWSServiceRoleForLexBots"'`

if [ ! $ROLE_EXISTS ]    ◁─┤ 필요한 경우 서비스 역할 생성
then
  aws iam create-service-linked-role --aws-service-name lex.amazonaws.com
fi

aws lex-models put-intent \   ◁─┤ CreateTodo 인텐트 정의
--name=CreateTodo \
--cli-input-json=file://create-todo-intent.json

aws lex-models put-intent \   ◁─┤ MarkDone 인텐트 정의
--name=MarkDone \
--cli-input-json=file://mark-done-intent.json

aws lex-models create-intent-version --name=CreateTodo
aws lex-models create-intent-version --name=MarkDone

aws lex-models put-bot --name=todo \   ◁─┤ 봇 정의
--locale=en-US --no-child-directed \
--cli-input-json=file://todo-bot.json
```

이 스크립트는 JSON 파일을 사용하여 챗봇의 특성을 정의한다. 계속해서 create.sh 스크립트를 실행하자. 챗봇이 생성되는 데 몇 초가 걸리는데, 아래 명령을 실행하여 진행 상황을 확인할 수 있다.

```
$ aws lex-models get-bot --name=todo --version-or-alias="\$LATEST"
```

이 명령의 결과에 "status": "READY"라는 출력이 포함되면 그때부터 챗봇을 사용할 수 있다. 웹 브라우저에서 AWS 콘솔을 열고, 서비스 목록에서 렉스를 선택하여 작업 목록 봇 링크를 클릭하자.

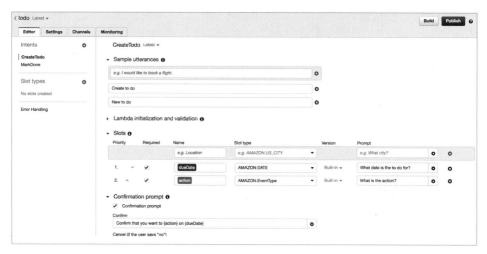

그림 5-6 업데이트된 UI

콘솔은 [그림 5-6]과 같은 출력을 보여줄 것이다. 처음에는 약간 복잡해 보이겠지만, 인텐트intents, 발언utterances, 슬롯slots이라는 세 가지 핵심 개념을 이해하면 매우 간단하게 설정할 수 있다.

## 인텐트

인텐트는 '피자 주문', '예약'과 같은, 달성하고자 하는 목표이다. 인텐트는 챗봇의 목적이며, 필요한 추가 데이터를 수집하여 이행해야 하는 대상이다. 챗봇에는 다양한 인텐트가 있을 수 있지만, 보통 하나의 중심이 되는 개념에 연결되어있다. 이를테면 피자 주문 봇은 '피자 주문', '배송 시간 확인', '주문 취소', '주문 업데이트' 등과 같은 인텐트가 있을 수 있으며, 작업 목록 봇의 경우는 'CreateTodo(작업 목록 생성)'와 'MarkDone(완료 표시)'의 두 가지 인텐트가 있다.

## 발언

발언은 인텐트 식별을 위해 사용되는 구문으로, CreateTodo 인텐트에 대해 "Create to-do" 발언과 "New to-do" 발언을 정의했다. 여기서 중요한 점은, 발언이 정확히 제공되어야 하는 키워드의 집합이 아니라는 점이다. 렉스는 다양한 AI 기술을 사용하여 발언을 인텐트와 일치시킨다. 예를 들어, 생성 인텐트는 아래 중 하나로 식별될 수 있다(영어 기준).

- "Initialize to-do(작업 목록을 초기화해 줘)"
- "Get a to-do(작업 목록을 가져와 줘)"
- "I'd like a new to-do, please(새 작업 목록을 만들게)"
- "Make me a to-do(작업 목록을 만들어 줘)"

발언은 렉스에 언어적 예시를 제공할 뿐, 정확히 일치하는 키워드를 제공하지 않는다.

## 슬롯

슬롯은 렉스 대화의 출력 변수의 일종이다. 즉, 렉스는 대화를 사용하여 슬롯 정보를 도출한다. CreateTodo 인텐트를 예로 들면, AMAZON.DATE 및 AMAZON.EventType의 기본 제공 슬롯 유형을 사용하여 dueDate와 action이라는 두 개의 슬롯을 정의했다. 내장된 슬롯 유형은 대부분 충분한 맥락을 포함하고 있지만, 챗봇의 필요에 따라 커스텀 슬롯 유형을 정의할 수 있다.

렉스는 사용자가 응답을 이해하기 쉽게 하기 위한 수단으로 슬롯 유형을 사용한다. 예를 들면, 날짜 슬롯이 주어지면 렉스는 다음과 같이 합리적으로 응답할 수 있다.

- "Tomorrow": 내일
- "Thursday": 목요일
- "Next Wednesday": 다음주 수요일

- "Christmas day": 크리스마스
- "Labour day 2022": 2022 노동절
- "A month from today": 오늘부터 한 달 후

이를 통해 텍스트 또는 음성을 통한 유연한 대화 인터페이스가 가능해진다.

## 시험해 보기

챗봇을 테스트할 때가 왔다! 오른쪽 상단의 [Build] 버튼을 클릭하고 빌드가 완료될 때까지 기다린 다음, [Test Chatbot] 버튼을 선택하여 오른쪽에 메시지 패널을 표시하고 몇 가지 작업 목록을 만들어 보자. [그림 5-7]은 대화 샘플을 보여준다.

**그림 5-7** 업데이트된 UI

챗봇에게 타이핑으로 명령을 입력하는 방법 외에도, 마이크 버튼을 사용하여 챗봇에게 음성으로 명령을 말하고 오디오로 응답하게할 수도 있다. 여기서 중요한 점은 렉스가 막연한 대화에서 구조화된 정보를 추출했다는 사실이다. 이렇게 추출되고 구조화된 데이터는 코드에 사용할 수 있다.

### 5.3.3 프런트엔드 업데이트

이제 작동하는 봇이 완성되었으므로 애플리케이션에 통합할 차례이다. 업데이트된 프런트엔드의 코드는 chapter5/step-5-chat-bot/frontend 디렉토리에 있고, 그 안에서 주요 챗봇 통합 부분은 src/bot.js에 있다. 먼저 다음 예시에 표시된 activate 함수를 살펴보자.

예시 5-12 bot.js: activate 함수

```
import $ from 'jquery'
import * as LexRuntime from 'aws-sdk/clients/lexruntime'  ◁─┤ Lex API 가져오기
import moment from 'moment'
import {view} from './bot-view'

const bot = {activate}
export {bot}

let ac
let auth
let todo
let lexruntime
let lexUserId = 'chatbot-demo' + Date.now()
let sessionAttributes = {}
let recording = false

...

function activate (authObj, todoObj) {
  auth = authObj
  todo = todoObj
  auth.credentials().then(creds => {
    lexruntime = new LexRuntime({region: process.env.TARGET_REGION,
      credentials: creds})  ◁─┤ 지역 및 자격 증명으로 Lex 구성
    $('#chat-input').keypress(function (e) {  ◁─┤ 입력값 획득
      if (e.which === 13) {
        pushChat()  ◁─┤ 입력된 텍스트로 pushChat 실행
        e.preventDefault()
        return false
      }
```

```
    })

    bindRecord()
  })
}
```

bot.js는 bot-view.js의 디스플레이 함수와 함께 postText API를 통해 챗봇에 간단한 텍스트 메시징 인터페이스를 구현한다. 이 인터페이스는 사용자의 텍스트 입력을 렉스에 전송해 응답을 받는다. 렉스는 dueDate와 action의 두 슬롯을 채우고 응답 데이터 dialogState를 ReadyForFulfillment로 설정한다. 렉스 응답으로부터 슬롯 데이터를 읽고, 작업 목록 항목에 대한 JSON 구조를 만들어서 이를 작업 목록 API에 게시할 수 있다.

브라우저 오디오 시스템에 연결한 pushVoice 함수는 오디오를 챗봇에 푸시한다는 점을 제외하면 pushChat 함수와 비슷하게 작동한다. 음성 명령과 같은 오디오를 봇에 푸시하면 종전과 같이 텍스트로 응답하지만, 응답 데이터 객체에 연결된 audioStream 필드의 오디오 응답도 포함한다. playResponse 함수를 쓰면 이 오디오 스트림을 가져와 재생해서 챗봇과 음성으로 대화를 할 수 있다.

### 5.3.4 5단계 배포

챗봇을 이미 배포했으니 프런트엔드만 업데이트하면 된다. 종전과 마찬가지로 4단계의 .env 파일을 5단계 디렉토리에 복사하고, 다음 예시의 명령을 실행하여 새로운 프런트엔드를 배포한다.

**예시 5-14** 프런트엔드 업데이트를 위한 배포 명령

```
$ cd step-5-chat-bot/frontend
$ source ../.env
$ npm install  ◁──┤ 매개변수 구성
$ npm run build  ◁──┤ 봇에게 문자 전송
$ aws s3 sync dist/ s3://$CHAPTER4_BUCKET  ◁──┤ 새로운 to-do 생성
```

업데이트된 프런트엔드가 배포되었다.

### 5.3.5 5단계 테스트

브라우저를 열어 최종 변경 사항을 로드하자. 로그인하면 [그림 5-8]과 같이 페이지 오른쪽에 챗봇 인터페이스가 표시된다.

**그림 5-8** 업데이트된 UI

이제 작업 목록 애플리케이션 내에서 챗봇과 상호 작용할 수 있다. 대화가 완료되면 작업 목록에 새로운 작업 항목이 생성된다!

여기까지 오기 위해 꽤 많은 분량의 코드를 작성했지만, 각 코드의 구현은 매우 간단했다. 대다수 프로그래머가 익숙한 외부 API를 호출했으며, 이러한 API를 호출하여 자연어 처리나 음성-텍스트 전환의 원리를 이해할 필요 없이 고급 AI 기능을 작업 목록 애플리케이션에 추가할 수 있었다.

음성과 챗봇 인터페이스는 특히 모바일 애플리케이션 부문에서 점점 보편화되고 있는데, 저자가 최근에 접한 몇 가지 훌륭한 사례는 다음과 같다.

- 웹에 통합된 고객 지원 및 판매 문의 기능
- 회의 일정을 위한 개인 비서
- 항공편 및 호텔 예약을 도와주는 여행 지원
- 전자상거래 사이트를 위한 개인 쇼핑 도우미
- 라이프스타일 변화를 촉진하는 의료용 및 동기 부여 챗봇

이 장이 이러한 기술을 여러분의 작업에 적용할 수 있는 동기를 부여했기를 바란다!

## 5.4 시스템 제거

시스템 테스트가 끝나면 추가 비용이 발생하지 않도록 시스템을 완전히 제거해야 한다. 서버리스 제거 명령을 사용하여 수동으로 처리할 수 있으며, 4장과 5장의 chapter5/step-5-chat-bot 디렉토리에 배포된 모든 리소스를 제거하는 스크립트도 함께 담았다. bot 하위 디렉토리에 별도로 remove.sh 스크립트도 있다. 이러한 스크립트를 사용하려면 다음 명령을 실행하기 바란다.

```
$ cd chapter5/step-5-chat-bot
$ bash ./remove.sh
$ cd bot
$ bash ./remove.sh
```

동일한 디렉터리에 deploy.sh 스크립트를 쓰면 시스템을 언제든지 재배포할 수 있다. 이 스크립트를 실행하면 4장과 이 장에서 수행한 단계를 자동화하여 전체 시스템을 재배포한다.

## 5.5 요약

- AWS 트랜스크라이브는 음성을 텍스트로 변환하는 데 사용한다. 트랜스크라이브를 사용하면 파일, 파일 형식, 언어 매개 변수를 지정하여 STT 작업을할 수 있다.
- AWS 앰플리파이를 사용하여 S3 버킷에 데이터를 업로드할 수 있다. 앰플리파이 스토리지 인터페이스를 사용하여 브라우저에서 캡처한 오디오를 WAV 파일로 저장할 수 있다.
- 음성 대화를 정의할 때는 SSML을 사용한다.
- AWS 폴리는 텍스트를 음성으로 변환한다.
- AWS 렉스는 강력한 챗봇을 만드는 데 사용된다.
- 렉스의 인텐트, 발언, 슬롯은 챗봇 구성을 위한 구성 요소이다.

> **WARNING_** 비용이 추가로 발생하지 않도록 이 장에서 배포한 모든 클라우드 리소스를 완전히 제거하기 바란다!

# CHAPTER 6

# 서비스형 AI를
# 효과적으로 활용하는 방법

---

> **이 장의 주요 내용**
>
> ◆ 빠르고 효과적인 개발을 위한 서버리스 프로젝트 구조화
>
> ◆ 서버리스 환경에서 지속적인 배포 파이프라인 구축
>
> ◆ 중앙 집중형 구조화된 로그로 관찰 가능성 달성
>
> ◆ 프로덕션 환경에서 서버리스 프로젝트 지표 모니터링
>
> ◆ 분산 추적을 통한 애플리케이션 동작 이해

---

지금까지 매우 매력적인 서버리스 AI 애플리케이션을 구축했다. 이 시스템은 매우 적은 코드로도 추가적인 요청들을 처리할 수 있는 수용성을 갖추고 있다. 그러나 서버리스 AI 애플리케이션은 변동되는 부분이 많다는 점을 눈치챘을 것이다. 우리는 단일 책임 원칙을 고수하여 각 애플리케이션을 각각의 목적을 가진 작은 단위로 구성할 것이다. 이 장은 효과적인 AIaaS에 대해 알아보고, 단순한 애플리케이션 프로토타입을 넘어 실제 사용자에게 서비스를 제공할 수 있는 프로덕션 애플리케이션을 개발하는 방법에 대해 알아보겠다. 그러기 위해 단순히 AIaaS가 작동하는 과정뿐만 아니라, 어떤 시점에서 멈춰야 할 지에 대해서도 생각해야 한다.

우리는 작은 코드 단위와 관리 서비스의 장점에 대해 분명히 알고 있다. 그렇지만 한 발 뒤로 물러나 생각해보자. 기존의 전통적인 소프트웨어 개발 방식을 따르는 개발자와 아키텍트 입장에서 이와 같은 접근법의 장단점에 대해 살펴볼 필요가 있다.

이번에는 품질과 안정성을 훼손하지 않고 지속적으로 신속하게 서비스를 제공할 수 있도록 애플리케이션을 구조화, 모니터링, 배포하는 데 관련된 다양한 과제를 살펴보겠다. 이 중에는 명확한 프로젝트 레이아웃의 설립, 지속적으로 배포하는 파이프라인 설계, 문제가 발생할 때 애플리케이션의 동작을 빠르게 통찰하는 과정이 포함된다.

이 장에서는 각 과제를 극복할 수 있는 실용적인 솔루션과 효과적인 서버리스 개발 사례를 살펴본다.

# 6.1 서버리스의 새로운 과제 해결

지금까지 훌륭한 서버리스 AI 애플리케이션을 성공적으로 배포했으니, 모든 서버리스 개발이 항상 순조롭게 진행될 것이라 생각할 수 있다! 하지만, 소프트웨어를 개발하는 모든 방법들과 마찬가지로 주의해야할 단점과 함정이 있다. 종종 시스템을 구축하고 프로덕션에 도입할 때까지 문제가 발생하지 않을 수도 있다. 잠재적인 문제를 예측하고 사전에 해결할 수 있도록 서버리스 개발의 이점과 과제를 나열해보겠다. 그런 다음 개인 수준에서 시도해 볼 수 있는 템플릿 프로젝트를 고안해보자. 이런 활동을 통해 문제 발생시, 대응하는 시간과 좌절감을 줄일 수 있다.

## 6.1.1. 서버리스가 가진 장점과 과제

[표 6-1]에는 관리형 AI 서비스를 사용하여 서버리스 애플리케이션을 개발할 때 얻을 수 있는 주요 이점과 과제가 나열되어있다.

표 6-1 서버리스의 장점 및 과제

| 장점 | 과제 |
| --- | --- |
| 주문형 컴퓨팅을 사용하면 관리할 인프라없이 빠르게 시작하고 확장할 수 있다. | 코드를 정확하게 실행하려면 클라우드 공급 업체의 환경에 의존하게 된다. |
| 배포 단위가 작을수록 단일 책임 원칙을 준수할 수 있다. 이 유닛은 명확한 목적과 인터페이스를 가지고 있어 개발이 빠르며 상대적으로 유지 관리가 쉽다. 이러한 구성 요소를 유지 관리하는 팀은 나머지 시스템의 미묘한 세부 사항을 고려할 필요가 없다. | 진정한 서버리스가 되기 위해서는 상당한 학습이 필요하다. 효과적인 서버리스 아키텍처를 이해하고, 사용 가능한 관리 서비스를 배우고, 효과적인 프로젝트 구조를 설정하려면 시간이 걸린다. |
| 연산, 통신, 스토리지, 머신러닝을 위한 관리형 서비스는 최소한의 설계 및 프로그래밍 노력으로 기능을 크게 향상시킨다. 동시에 조직에서 이 기능을 구축해야 했을 경우 발생하는 유지 관리 및 인프라 부담을 덜게 된다. | 서버리스 마이크로서비스 아키텍처의 특징인 분산과 단편화로 인해 시스템 전체의 동작을 시각화하거나 추론하기가 더 어렵다. |

서버리스 시스템에서는 사용한 만큼만 비용을 지불하여 낭비를 없애고 비즈니스 성공에 따라 확장할 수 있다.

서버리스는 보안 책임에서 고려해야 하는 시스템의 수를 줄이지만 전통적인 접근 방식과는 상당히 다르다. 예를 들어, 과도한 권한이 부여된 IAM 정책을 사용할 경우, 공격자가 AWS 람다 실행 환경에 대한 액세스 권한을 얻어 악의적인 공격을 수행할 수 있다. 이를테면, 공격자가 리소스와 데이터에 접근하여, 더 많은 람다 실행, EC2와 같이 잠재적으로 제한되지 않은 AWS 리소스를 소비할 수 있다. 인스턴스나 데이터베이스, 클라우드 공급 업체로부터 상당한 비용이 발생할 수 있다.

서버리스 접근 방식을 사용하면 여러 관리형 데이터베이스 서비스를 선택하여 모든 작업에 적합한 도구를 사용할 수 있다. 이와 같은 '폴리글랏 지속성'은 모든 경우에 대해 하나의 데이터베이스를 선택하려고 시도한 과거의 경험과 상당히 다르다. 모든 서비스에 하나의 데이터베이스만 사용할 경우, 유지 관리 부담이 크고 일부 데이터 액세스 요구사항에 적합하지 않을 수 있다.

팀에서 여러 데이터베이스를 올바르게 사용하기 위한 기술과 이해를 갖추고 있더라도, 여러 데이터베이스를 다루기는 어려운 일이다. 다이나모DB 같은 데이터베이스는 시작하기 쉽지만 변경사항을 관리하고 최적의 성능을 보장하기 위한 능력은 다양한 연구와 경험을 통해 습득해야 한다.

반면에, 서버리스 프로젝트는 생성 비용이 저렴하므로 다양한 환경에서 여러 번 다시 생성할 수 있다.

동적으로 생성된 클라우드 리소스에는 보통 자동 생성된 이름이 지정된다. 느슨한 결합, 서비스 가용성, 배포 용이성의 적절한 균형을 보장하기 위해서는 다른 구성 요소에서 해당 서비스를 검색할 수 있도록 허용해야 한다.

---

이러한 장점 및 과제 리스트는 프로덕션 환경에서 서버리스 소프트웨어의 현실을 명확하고 정직하게 보여주기 위해 작성했다. 이제 잠재적인 이점과 함정에 대해 알고 있으므로 함정을 피하고 프로젝트의 효율성을 극대화하는 방법에 대해 논의할 준비가 되었다. 우리는 이러한 문제에 대한 다양한 해결책이 제공되는 참조 프로젝트를 통해 이를 수행할 것이다.


## 6.1.2 프로덕션 수준의 서버리스 템플릿

이 책의 저자는 서버리스 애플리케이션을 구축하고 모든 이점과 과제를 경험하는 데 많은 시간을 할애해 결과적으로 일련의 모범 사례를 구축했다. 이렇게 정리한 모든 관행을 새로운 서버리스 프로젝트를 매우 빠르게 시작하는 데 사용할 수 있도록 템플릿에 넣기로 결정했다. 우리는 또한 이 프로젝트를 오픈 소스하여 프로덕션급 서버리스 애플리케이션을 구축하는 모든 사람이 사용할 수 있도록 하기로 결정했다. 이는 학습 자료로 만들어졌으며 훨씬 더 광범위한 커뮤니티에서 아이디어와 피드백을 수집할 수 있다.

슬릭 스타터SLIC Starter라는 이 프로젝트는 무료로 사용할 수 있으며 컨트리뷰션에 개방되어있다. 슬릭SLIC은 서버리스Serverless, 린Lean, 지능형Intelligent, 지속적인Continuous의 줄임말이며, 깃허브(https://github.com/fourTheorem/slic-starter)에서 찾을 수 있다. 프로덕션에 즉시 사용할 수 있는 서버리스 애플리케이션을 처음부터 만들기란 어려울 수 있다. 그 과정에서 많은 선택과 결정을 내려야 하는데, 슬릭 스타터는 가능한 한 빨리 의미있는 비즈니스 기능을 구축할 수 있도록 이러한 질문의 80%에 답해준다. 결정이 필요한 영역은 [그림 6-1]에 나와 있다.

**그림 6-1** 서버리스 프로젝트에서 의사 결정이 필요한 부분. 슬릭 스타터는 이러한 각 주제에 대한 템플릿을 제공하여 채택자가 자유로워지고 프로덕션 환경에 더 빨리 진입하는 것을 목표로 한다.

슬릭 스타터는 모든 산업 분야의 모든 애플리케이션에 적용 가능한 템플릿으로, 체크리스트 관리를 위한 샘플 애플리케이션이 함께 제공된다. 슬릭 리스트에는 간단하지만 많은 서버리스 모범 사례를 적용할 수 있는 충분한 요구 사항이 있다. 슬릭 스타터에 익숙해지면 슬릭 리스트 애플리케이션을 고유한 애플리케이션의 기능으로 바꿀 수 있다. 샘플 슬릭 리스트 애플리케이션에는 다음과 같은 기능이 있다.

- 회원 가입 및 로그인이 가능하다.
- 사용자는 체크리스트를 생성, 편집, 삭제할 수 있다.
- 사용자는 체크리스트에 항목을 만들고 완료로 표시할 수 있다.

- 모든 체크리스트는 이메일 주소를 제공하여 다른 사용자와 공유할 수 있다. 수신자는 초대를 수락하고 로그인 하거나 계정을 생성하여 목록을 보고 편집할 수 있어야 한다.

사용자가 체크리스트를 생성하면 환영 이메일이 발송되어 목록이 생성되었음을 알린다.

시스템의 구성 요소 및 서비스는 [그림 6-2]와 같다.

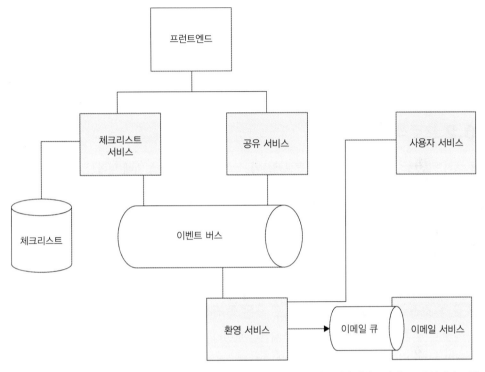

**그림 6-2** SLIC 목록 애플리케이션을 위한 슬릭 스타터 서비스. 애플리케이션은 5개의 백엔드 서비스로 구성되며, 프런트엔드 구성 요소, 인증서, 도메인을 처리하기위한 추가 서비스가 있다.

- 체크리스트 서비스는 목록과 항목의 저장 및 검색을 담당한다. 데이터베이스에 의해 지원되며 인증된 사용자에게 공용 API를 제공한다.
- 이메일 서비스는 이메일 발송을 담당한다. 이메일은 인바운드 대기열을 통해 이 서비스로 전달된다.
- 사용자 서비스는 사용자와 계정을 관리한다. 또한 사용자 데이터에 액세스하기 위한 내부 API를 제공한다.
- 환영 서비스는 사용자가 체크리스트를 생성할 때 사용자에게 환영 알림 메시지를 보낸다.
- 공유 서비스는 새로운 공동 작업자와 목록을 공유하기 위한 초대를 처리한다.
- 프런트엔드는 프런트엔드 웹 애플리케이션 빌드, 배포, 분배 등을 처리한다. 이는 설정 구성을 통해 퍼블릭 백엔드 서비스에 연결된다.

또한 인증서 배포, 퍼블릭 망의 API 도메인 생성을 위한 지원 서비스가 있다.

앞서 구축한 체크리스트 애플리케이션이 당장은 개발하고자 하는 애플리케이션과 무관할 것 같지만 이를 빌드하는 방식은 매우 주의깊게 살펴보아야 한다. 이를테면 [그림 6-1]은 완성된 프로덕션 수준의 애플리케이션을 구축할 때 고려해야할 기본적인 부분을 보여준다. 체크리스트 애플리케이션은 이러한 각 고려 사항에 대한 템플릿을 제공한다. 또한 학습 자료로도 사용할 수 있으니 가능한 모든 솔루션에 대한 연구를 수행하는 데 너무 많은 시간을 들이지 않고도 문제를 해결할 수 있도록 도와준다.

## 6.2 프로젝트 구조 구축

프로젝트를 빠르게 확장하기 전에 프로젝트와 소스 저장소 구조에 대해 명확한 관점을 수립해야 한다. 이렇게 하지 않으면 새로운 구성원이 프로젝트에 참여할 때, 새 기능을 추가하고 변경하는 데 혼란이 가중된다. 여기에는 많은 선택지가 있지만, 되도록 많은 개발자들이 새로운 기능과 수정 사항을 구축, 구현, 실행할 수 있는 협업 환경을 중점으로 최적화할 수 있다.

### 6.2.1 소스코드 저장소 – 모노레포 혹은 폴리레포

팀의 코드를 구성하는 방법은 사소한 주제처럼 보인다. 그러나 우리가 많은 프로젝트를 살펴본 것처럼 이것이 어떻게 수행되는지에 대한 결정은 프로젝트에 매우 큰 영향을 미친다. 이를테면, 프로젝트의 코드베이스를 얼마나 빨리 변경하고 릴리스할 수 있는지, 그리고 개발자가 얼마나 잘 의사 소통하고 협력할 수 있는지 등에 영향을 준다. 이와 같은 영향은 프로젝트에 폴리레포를 사용하는지 모노레포를 사용하는지에 의해 크게 달라진다. 폴리레포는 애플리케이션 내의 각 서비스, 구성 요소, 모듈에 여러 소스코드 저장소가 사용되는 경우다. 여러 프런트엔드(웹, 모바일 등)가 있는 마이크로서비스 프로젝트에서 이로 인해 수백, 수천 개의 리포지토리가 생성될 수 있다. 반면에 모노레포는 모든 서비스와 프런트엔드 코드베이스가 단일 저장소에 보관되는 경우이다.

구글, 페이스북, 트위터는 대규모 모노레포를 사용한다고 알려져 있다. 물론 구글, 페이스북, 트위터가 모노레포를 사용한다고 이를 따라하는 것은 결코 좋지 않다. 대신 다른 모든 경우처럼 이 구조가 우리의 프로젝트에 미치는 영향을 측정해 우리 조직에 적합한 결정을 내려야 한다. [그림 6-3]은 두 접근법의 차이점을 보여준다.

**그림 6-3** 모노레포 대 폴리레포. 단일 저장소는 하나의 저장소에 여러 서비스, 지원 라이브러리, 코드를 통한 인프라관리(IaC)를 포함한다. 폴리레포는 각 개별 구성 요소마다 별도의 저장소를 생성한다.

폴리레포 접근 방식에는 분명한 장점이 있다. 예를 들어, 각 모듈은 개별적으로 버전을 지정할 수 있으며 세분화된 액세스 제어를할 수 있다. 그러나 경험상 여러 저장소에서 코드를 관리하면 너무 많은 시간이 소요된다. 서비스, 라이브러리, 종속성을 추가하다보면 오버헤드가 금방 통제할 수 없는 수준에 이를 수 있다. 폴리레포는 교차 저장소 종속성을 관리하기 위해 사용자 지정 도구로 관리해야 하는 경우가 있다. 새로운 개발자는 가능한 한 빠르게 제품 개발을 시작해야 하므로, 팀이나 회사의 고유한 환경이 불필요한 작업과 학습 곡선의 증가를 일으켜선 안된다.

모노레포를 사용하면 버그 수정이나 기능 추가가 여러 모듈/마이크로서비스에 영향을 미칠 때, 모든 변경사항이 동일한 저장소에서 이루어진다. 또한 단일 저장소에는 브랜치가 하나뿐이기 때문에 더 이상 여러 저장소를 추적할 필요가 없다. 모든 기능은 각자 하나의 풀 리퀘스트Pull Request를 받기 때문에, 기능이 부분적으로 병합될 위험도 없다.

단일 저장소를 통해 외부 테스트(종단간 테스트 혹은 API 테스트) 코드와 IaCInfrastructure as Code도 포함할 수 있다. 인프라에 필요한 모든 변경 사항은 애플리케이션 코드와 함께 수집된다. 마이크로서비스에서 사용하는 공통 코드, 유틸리티 및 라이브러리가 있는 경우 동일한 리포지토리에 보관하면 공유하기가 매우 쉽다.

## 6.2.2 프로젝트 디렉터리 구조

슬릭 스타터 저장소는 모노레포 접근 방식을 따른다. 이 책에서 이미 설명한 많은 응용 프로그램과 유사한 방식으로 배치되며, 각 서비스마다 serverless.yml이 포함된 자체 디렉터리가 있다. 슬릭 스타터 모노레포 저장소의 프로젝트 디렉터리 구조는 다음과 같다.

**예시 6-1** 슬릭 스타터 프로젝트 구조

```
├ certs/                  호스팅 영역 및 HTTPS 인증서 (ACM)
├ api-service/            API 게이트웨이 (사용자 지정 도메인)
├ checklist-service/      체크리스트용 API 게이트웨이, 다이나모DB
├ welcome-service/        체크리스트 생성시 이메일을 보내는 이벤트 핸들러
├ sharing-service/        초대장 공유를 위한 API 게이트웨이
├ email-service/          이메일 전송을 위한 SQS, SES
├ user-service/           사용자 계정을 위한 내부 API 게이트웨이와 Cognito
├ frontend/               프런트엔드를 위한 S3, CloudFront, ACM
├ cicd/                   동적 파이프라인 및 교차 계정 역할
├ e2e-tests/              TestCafe를 사용한 통합 테스트
└ integration-tests/      API 테스트
```

## 6.2.3 코드 다운로드

프로젝트 구조로 이 저장소를 검토하고 이 장의 나머지 부분을 실습하려면 슬릭 스타터 깃허브 저장소에서 코드를 가져오자. 이 장의 뒷부분에서 애플리케이션을 자동으로 빌드하고 배포하려면 이 코드가 사용자가 제어하는 저장소에 있어야 한다. 이를 위해 복제하기 전에 슬릭 스타터 저장소(https://github.com/fourTheorem/slic-starter)를 포크하도록 하자.

```
$ git clone https://github.com/<당신의 깃허브 아이디>/slic-starter.git
```

이제 효과적인 프로젝트 구조를 갖는 것이 어떤 의미인지 확실히 이해했을 것이다. 또한 이 구조를 구현한 예제 템플릿 프로젝트에 접근할 수 있다. 다음으로 고려할 사항은 프로젝트 구성 요소의 배포를 자동화하는 것이다.

## 6.3 지속적 배포

지금까지 모든 서버리스 애플리케이션은 수동으로 배포했다. 서버리스 프레임워크의 배포 명령을 사용하여 각 서비스를 특정 대상 환경에 배포한 것이다. 이는 초기 개발이나 프로토 타이핑, 특히 애플리케이션이 작을 때 적합하다. 그러나 실제 사용자가 우리의 응용 프로그램에 의존하고, 기능 개발이 빈번하고, 빠를 것으로 예상되는 경우 수동 배포가 너무 느리고 오류가 발생하기 쉽다.

수백 개의 독립적으로 배포 가능한 구성 요소로 구성된 애플리케이션의 수동 배포를 상상해보자. 실제 서버리스 애플리케이션은 본질적으로 복잡한 분산 시스템이다. 그것들이 어떻게 조화를 이루는 지에 대해 사람의 명확한 이해에 의지할 수 없고 의지해서도 안 된다. 대신 배포 및 테스트를 위해 자동화의 힘에 의존해야 한다.

효과적인 서버리스 애플리케이션에는 지속적 배포<sup>Continuous Deployment</sup>(CD)가 필요하다. CD는 소스 코드 리포지토리의 변경 사항이 대상 프로덕션 환경에 자동으로 전달됨을 의미한다. 연속 배포가 트리거되면 코드 변경의 영향을 받는 모든 구성 요소가 빌드되고 테스트된다. 또한 전체 시스템의 일부로 변경된 구성 요소를 통합 테스트하는 시스템도 있다. 적절한 지속적 배포 솔루션은 신속하게 변경할 수 있다는 확신을 준다. CD의 원칙은 데이터셋과 머신러닝 모델의 배포에 동일하게 적용된다.

그럼 이제 서버리스 연속 배포 시스템의 설계를 개략적으로 살펴보도록 하자.

### 6.3.1 지속적 배포 설계

앞서, 서버리스 애플리케이션을 구축할 때 어째서 모노레포를 선호하는지에 대해 논의했다. 이는 지속적인 배포 프로세스가 트리거되는 방식에 영향을 미친다. 각 모듈이나 서비스가 자체 개별 저장소에 저장된 경우 해당 저장소를 변경하면 해당 서비스의 빌드가 트리거된다. 그러면 여러 저장소에서 빌드를 구성한 방식에 따라 문제가 발생할 수 있다. 모노레포 접근 방식의 경우 적은 수의 커밋이 모듈 한 두 개에 영향을 미친다면 해당 모듈에서만 빌드가 발생해야 한다. [그림 6-4]에 나와있는 CD의 과정을 살펴보도록 하자.

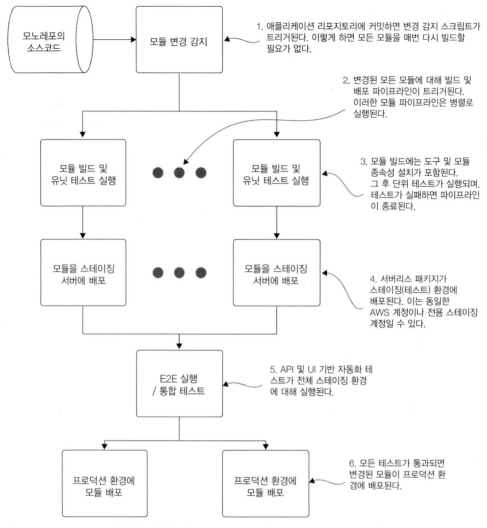

**그림 6-4** 모노레포 접근 방식에서는 영향을 받는 각 모듈에만 병렬 빌드 및 단위 테스트 작업을 트리거할 수 있도록 변경된 모듈을 감지해야 한다. 감지에 성공하면 통합 테스트를 실행할 수 있는 스테이징 환경으로 모듈이 배포되며, 테스트 실행이 성공하면 프로덕션 배포를 트리거한다.


배포 파이프라인의 단계는 다음과 같다.

1. 변경 감지 작업은 소스 코드 커밋의 영향을 받는 모듈을 결정한다.

2. 그런 다음 파이프라인은 각 모듈의 병렬 빌드를 트리거한다. 이러한 빌드 작업은 관련 모듈에 대한 단위 테스트도 실행한다.

3. 모든 빌드가 성공하면 모듈이 스테이징 환경에 배포된다. 스테이징 환경은 실제 사용자에게 노출되지 않는 프로덕션 환경의 복제본이다.

4. 새로운 변경 사항이 예측 가능한 테스트 조건에서 시스템의 기본 기능을 손상시키지 않는다는 확신을 주는 일련의 자동화된 종단간 테스트를 실행한다. 물론, 예측하기 어려운 프로덕션 환경에서 변경사항을 깨는 것은 항상 가능하며 이에 대비해야 한다.

5. 모든 테스트가 성공하면 새 모듈이 프로덕션에 배포된다.


파이프라인에서는 새로운 변경 사항이 적용되기 전에 테스트하기 위한 스테이징 환경과 최종 사용자를 위한 프로덕션 환경이라는 두 가지 대상 환경을 가정한다. 스테이징 환경은 전적으로 선택 사항이다. 사실, 가능한 한 빨리 프로덕션 환경에 변화를 가져오고 위험을 완화하기 위한 효과적인 조치를 취하는 것이 이상적이다. 이러한 조치에는 신속하게 롤백하는 기능, 블루/그린 배포나 카나리아 배포 패턴[16], 높은 관찰 가능성Observability[17] 확보 사례가 포함된다. 관찰 가능성은 이 장의 뒷부분에서 보다 자세히 다룰 것이다.

이제 CD의 흐름을 이해했으므로 자체 서버리스인 관리형 클라우드 빌드 서비스를 사용하여 이를 구현할 수 있는 방법에 대해 살펴보도록 하자.


## 6.3.2 AWS 서비스로 지속적 배포(CD) 구현

지속적인 빌드 및 배포 환경을 호스팅 하기 위한 많은 훌륭한 옵션이 있다. 여기에는 불멸의 젠킨스Jenkins부터 서클CICircleCI(https://circleci.com), 깃허브 액션GitHub Actions(https://github.com/features/actions)과 같은 SaaS 제품에 이르기까지 모든 것이 포함된다. 선택은 우리 팀에 가장 효율적인 것이 무엇인지에 따라 달라진다. 이 장에서는 클라우드 관리형 서비스 선택이라는 주제에 따라 AWS 빌드 서비스를 사용한다. 이 접근 방식은 애플리케이션 자체와 동일한 IaC 접근 방식을 사용한다는 장점을 갖는다. CD 파이프라인은 클라우드포메이션CloudFormation을 사용하여 구축되며, 슬릭 스타터의 다른 서비스와 동일한 모노레포에 위치한다.

---

**16** 이러한 배포 전략에 대한 자세한 내용은 2017년 11월 21일에 발행된 에티엔 트레멜Etienne Tremel이 쓴 '애플리케이션 배포를 위한 6가지 전략(https://thenewstack.io/deployment-strategies/)'을 참조하자.

**17** 옮긴이_ 관찰가능성이란 용어가 생소하다면, 주로 '옵저버 패턴observer pattern'으로 잘 알려져 있으므로 이를 참조하자.

## 다중 계정과 단일 계정 배포

슬릭 스타터는 다중 계정 배포를 지원한다. 이를 통해 스테이징과 프로덕션 환경에 별도의 AWS 계정을 사용하여 격리하고 보안을 강화할 수 있다. 지속적인 배포 파이프라인과 아티팩트가 상주할 별도의 '도구' 계정을 사용할 수도 있다. 이 접근 방식은 설정하는데 시간이 걸리며 많은 사용자가 여러 계정을 만드는 것이 불가능할 수도 있다. 이러한 이유로 슬릭 스타터는 단일 계정 배포 방식도 지원한다. 이 장에서는 단일 계정 배포를 통해 실습을 진행할 것이다.

## 지속적 배포 파이프라인 구축하기

파이프라인에 사용할 AWS 서비스는 AWS 코드빌드<sup>CodeBuild</sup>와 AWS 코드파이프라인<sup>CodePipeline</sup>이다. 코드빌드는 설치, 컴파일, 테스트와 같은 빌드 단계를 수행한다. 코드파이프라인은 일반적으로 빌드 아티팩트를 출력한다. 코드파이프라인은 여러 작업을 여러 단계로 결합한다. 작업에는 소스 가져오기, 코드빌드 실행, 배포, 수동 승인 단계가 포함될 수 있다. 작업은 순서대로 실행하거나 병렬로 실행할 수 있다.

저장소의 마스터 브랜치에 커밋하거나 병합할 때마다 영향을 받는 모듈을 병렬로 빌드하고 배포한다. 이를 위해 모듈별로 별도의 파이프라인을 생성하는데, 이러한 파이프라인은 하나의 전체 오케스트레이터 파이프라인에서 실행 및 모니터링된다. 이는 [그림 6-5]에서 확인할 수 있다.

빌드 파이프라인에 AWS 서비스를 사용하고 있으므로 서버리스 애플리케이션과 마찬가지로 클라우드포메이션 스택을 사용하여 배포하자. 지금까지 서버리스 프레임워크를 사용하여 이러한 스택을 구성했다. 대신에 배포 스택의 경우 AWS 클라우드 개발 키트<sup>Cloud Development Kit</sup>(CDK)를 사용하도록 하자.

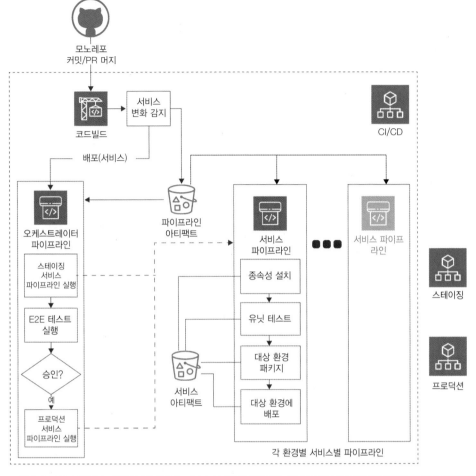

**그림 6-5** 표준 서버리스 CI/CD 아키텍처는 슬릭 스타터의 일부이다. 각 모듈에 코드파이프라인으로 구성한 파이프라인을 사용하며, 파이프라인의 병렬 작업은 오케스트레이터 파이프라인에 의해 조정된다. 빌드, 배포, 테스트 단계는 코드빌드 프로젝트로 구현된다.

CDK는 클라우드포메이션 템플릿을 구성하는 프로그래밍 방식을 제공한다. IaC에 표준 프로그래밍 언어를 사용하는 데는 장단점이 있다. 우리는 애플리케이션 자체를 구축하는 방법을 반영하기 때문에 이를 선호하지만, 많은 사람들의 경우 JSON이나 YAML과 같은 설정방식을 사용하는 편이 인프라를 더 잘 정의한다. 이 경우 정적 구성에 의존하지 않고 프로젝트와 파이프라인을 동적으로 생성할 수 있다. 애플리케이션에 새 모듈을 추가하면 CDK가 새 리소스를 자동으로 생성하며, CDK는 자바스크립트(JavaScript)와 파이썬(Python), 자바(Java), 타입스크립트(TypeScript)를 지원한다. 우리는 타입 안전성을 제공하는 자바스크립트의 상위 집합인 타입스크립트를 사용하고 있다. 타입 안전성은 복잡한 구성 구문으로 리소스를 생성할 때 강력한 도움이된다. 이를 통해 자동 완성 기능을 활용하고 즉각적인 문서 힌트를 얻을 수도 있다. CDK 및 타입스크립트에 대한 자세한 내용은 이 책의 범위를 벗어나지만, 파이프라인이 빌드되는 방법에 관심이 있는 경우 `cicd` 디렉터리에서 CDK 타입스크립트 코드를 찾아보자. 이제 곧 CI/CD 파이프라인을 배포할 것이다.

CI/CD 파이프라인 배포 및 실행 방법은 슬릭 스타터 저장소의 **QUICK_START.md** 문서에서 확인할 수 있다. 모든 단계를 따라하면 파이프라인이 준비되며, 코드 저장소에 대한 모든 커밋이 소스 코드빌드 프로젝트를 트리거한다. 그 결과, 오케스트레이터 파이프라인이 실행된다. [그림 6-6]은 이 파이프라인이 AWS 코드파이프라인 콘솔에서 어떻게 보이는지 보여준다.

여기에서 실행된 파이프라인의 단계를 명확하게 볼 수 있다. 현재 실행은 '승인(Approval)' 단계에 있다. 이는 사용자가 내용을 검토하고 [수정 승인] 버튼을 클릭해야 파이프라인이 진행되는 특수한 단계이다. 이를 통해 프로덕션 배포를 확인하고 중단시킬지 결정할 수 있다. 표시된 실행이 스테이징에 성공적으로 배포되었으며 테스트 작업이 성공적으로 완료되었다. 슬릭 스타터에서는 자동화된 API 통합 테스트 및 사용자 인터페이스 종단간endpoint to endpoint(E2E) 테스트가 병렬로 실행된다.

우리는 시스템이 프로덕션에 배포될 때 어떤 일이 일어나는지 이해해야 한다. 문제가 발생하면 문제를 해결하고 애플리케이션 상태에 대한 많은 질문에 답할 수 있어야 하기 때문이다. 이는 우리에게 효과적인 프로덕션 서버리스 배포의 가장 중요한 부분 바로 관찰 가능성을 의미한다.

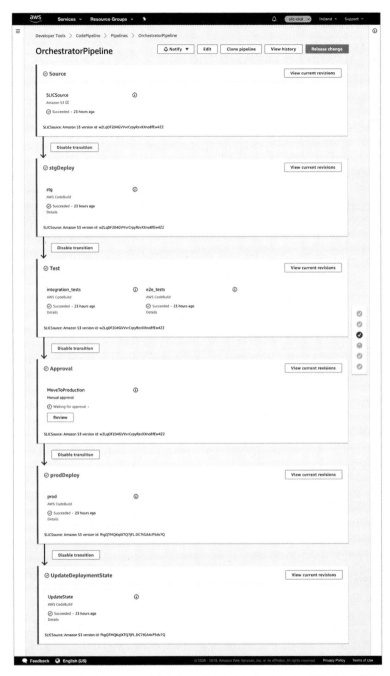

**그림 6-6** 표준 서버리스 CI/CD 아키텍처는 슬릭 스타터의 일부이다. 각 모듈은 파이프라인으로 AWS 코드파이프라인을 사용한다. 이러한 파이프라인의 병렬 실행은 오케스트레이터 파이프라인이 조정한다. 빌드, 배포, 테스트 단계는 코드빌드 프로젝트로 구현된다.

# 6.4 관찰가능성과 모니터링

서버리스 시스템이 가진 단편화라는 특성은 이 장의 시작 부분에서 과제로 언급했다. 이는 작은 기능 여러 개로 구성된 분산 시스템이 가진 일반적인 문제로, 시스템의 실행 동작에 대한 이해가 부족하여 문제를 해결하고 변경하기가 어려울 수 있다. 마이크로서비스 아키텍처가 더 널리 채택됨에 따라 이와 같은 문제를 더 잘 인식하게 되었다. 타사의 관리형 서비스를 활용하는 서버리스 애플리케이션의 경우 문제가 특히 만연하다. 이러한 관리형 서비스는 어느 수준에 이르러서는 블랙박스의 영역에서 동작하게 된다.

우리가 관리형 서비스를 얼마나 이해할 수 있는지는 해당 서비스가 상태를 보고하기 위해 제공하는 인터페이스에 따라 달라진다. 여기에서 시스템이 상태를 보고하는 정도를 관찰 가능성이라고 한다. 이 용어는 전통적인 용어인 모니터링 대신 점점 더 많이 사용되고 있다.

---

### 모니터링 vs 관찰가능성

모니터링이란 일반적으로 도구를 사용하여 시스템의 알려진 지표들을 검사하는 것을 말한다. 모니터링을 통해 문제 발생시기를 감지하고 시스템에 대한 지식을 추론할 수 있어야 한다. 시스템이 올바른 출력을 제공하지 않으면 모니터링의 효과가 제한된다.

제어이론의 용어인 관찰가능성Observability(http://mng.bz/aw4X)은 출력을 통해 내부에서 일어나는 일을 이해할 수 있게 해주는 시스템의 속성을 말한다. 관찰 가능성은 출력을 검사하여 주어진 문제를 이해하는 것을 목표로 한다. 예를 들어, 무슨 일이 일어나고 있는지 이해하기 위해 시스템을 변경하고 다시 배포해야 한다면, 시스템의 관찰가능성이 부족한 것이다.

모니터링은 알려진 문제가 발생하는 시기를 감지할 수 있고, 관찰가능성은 알 수 없는 문제가 발생하는 시기를 이해할 수 있다는 점으로 두 용어를 구분할 수 있다.

예를 들어 애플리케이션에 제대로 테스트되고 작동하는 가입 기능이 있다고 가정해보자. 어느 날 사용자가 가입을 완료할 수 없다고 불평한다. 여러분은 시스템의 비주얼 맵을 이용해 가입 확인 이메일 전송 실패로 인해 가입 모듈의 오류가 발생한다는 걸 확인한다. 이메일 서비스의 오류를 자세히 살펴보니 이메일 전송 제한에 도달하여 이메일이 전송되지 않았다는 사실을 알았다. 이 경우 여러분은 모듈과 오류 사이에 종속성 비주얼 맵을 통해 근본 원인을 파악했고, 이에 대한 세부 정보를 제공하는 이메일 서비스 로그로 이동한 것이다. 이렇게 관찰가능성은 예상치 못한 문제를 해결하는 데 큰 도움이 된다.

---

관찰가능성을 높이는 방법은 여러가지가 있다. 체크리스트 애플리케이션의 경우 관찰하려는 사항과 AWS 관리형 서비스를 사용하여 이를 달성하는 방법을 살펴보겠다. 관찰 가능성의 네 가지 실제 영역을 살펴보자.

- 구조화된 중앙 집중식 로깅
- 서비스 및 애플리케이션 지표
- 비정상 또는 오류 상황 발생시 알려주는 알람
- 시스템 전체의 메시지 흐름에 대한 가시성을 제공하는 추적

## 6.5 로그

많은 AWS 서비스에서 로그를 수집할 수 있다. AWS 클라우드트레일<sup>CloudTrail</sup>을 사용하면 AWS SDK나 관리 콘솔을 통해 이루어진 리소스 변경과 관련된 로그를 수집할 수도 있다. 여기서는 람다 함수로 생성된 애플리케이션 로그에 초점을 맞출 것이다. 우리의 목표는 정보 로그, 경고, 오류를 포함하여 애플리케이션의 의미있는 이벤트에 대한 로그 항목을 만드는 것이다. 현재 추세는 우리를 구조화된 로깅 접근 방식으로 이끌고 있으며 그럴만한 이유가 있다. 구조화되지 않은 일반 텍스트 로그는 검색하기 어려울 수 있다. 또한 로그 분석 도구를 통한 구문 분석도 일정 부분 어려움이 따른다. 구조화된 JSON 기반 로그는 쉽게 구문 분석, 필터링, 검색 같은 작업을 할 수 있다. 게다가 구조화된 로그는 애플리케이션의 운영 데이터로도 간주될 수 있다.

전통적인 비 서버리스 환경에서 로그는 종종 파일로 수집되거나 로그 에이전트를 사용하여 수집되었다. 람다를 사용하면 이러한 옵션이 실제 옵션이 아니므로 접근 방식이 훨씬 간단해진다. 람다 함수의 모든 콘솔 출력(표준 출력 또는 표준 오류)은 로그 출력으로 나타난다. AWS 람다는 이 출력을 자동으로 수집하여 클라우드워치 로그에 저장한다. 이러한 로그는 람다 함수 이름에 따라 이름이 지정된 로그 그룹에 저장된다. 예를 들어 람다 함수가 `checklist-ser-vice-dev-get`이라고 하는 경우 해당 로그는 `/aws/lambda/checklist-service-dev-get`이라는 클라우드워치 로그 그룹에 수집된다.

## 클라우드워치 로그 개념

클라우드워치 로그는 로그 그룹으로 구성된다. 로그 그룹은 일반적으로 특정 서비스와 관련된 관련 로그 그룹이며, 각 로그 그룹에는 일련의 로그 스트림이 있다. 스트림은 동일한 소스의 로그 세트이며, 람다 함수의 경우 프로비저닝된 각 컨테이너에는 단일 로그 스트림이 존재한다. 로그 스트림은 일련의 로그 이벤트로 구성되는데, 로그 이벤트는 스트림에 기록되고 타임 스탬프와 연결된 레코드이다.

로그는 API나 AWS 관리 콘솔을 사용하여 검사할 수 있도록 클라우드워치 로그에 저장할 수 있다. 로그 그룹은 보존기간 설정을 통해 보존기간을 관리할 수 있는데, 기본값으로 로그는 영원히 보관된다. 클라우드워치의 로그 스토리지는 아카이빙이나 삭제보다 훨씬 비용이 비싸기 때문에 일반적으로 올바른 선택은 아니다.

구독 필터를 사용하여 로그를 다른 서비스로 전달할 수 있다. 로그 그룹당 하나의 구독 필터를 설정할 수 있으므로 필터 패턴과 대상을 설정할 수 있다. 필터 패턴을 선택적으로 사용하여 문자열과 일치하는 메시지만 추출할 수도 있으며, 대상은 다음 중 하나일 수 있다.

- 람다 함수
- 키네시스Kinesis 데이터 스트림
- 키네시스 데이터 파이어호스Data Firehose 전송 스트림: 전송 스트림을 사용하여 S3, 일래스틱서치 또는 스플렁크Splunk에서 로그를 수집할 수 있다.

일반적으로 ELK스택이라고 하는 일래스틱서치Elasticsearch, 로그스태시Logstash, 키바나Kibana의 인기있는 조합을 포함하여 중앙 집중식 로그를 저장하기위한 많은 타사 옵션이 있다. ELK스택은 복잡한 쿼리를 실행하고 로그 데이터의 시각화를 생성하는 기능이 매우 강력하다. 게다가 사용하기에 간편하여 많은 애플리케이션에 적합한 솔루션으로 여겨진다. 하지만 초반 설정에 많은 작업이 필요하여 도입하기 어려운 면이 있다. 때문에, 지금부터 우리는 클라우드워치에 로그를 보관하고 클라우드워치 로그 인사이트Logs Insights를 사용하여 로그를 보고 쿼리하는 작업을 진행할 것이다. 이를 위한 설정작업은 일래스틱서치 기반 솔루션보다 훨씬 간편하다. 먼저 구조화된 로그를 생성하는 방법부터 살펴보자.

## 6.5.1 구조화된 로그 작성

로그 작성 방법을 선택할 때 가능한 작성이 쉬우면서 애플리케이션에 미치는 성능 영향을 최소화하는 방법을 고려해야 한다. Node.js 애플리케이션에서는 피노Pino 로거(https://getpino.io)가 완벽한 조합이다. 다른 옵션으로는 번연Bunyan(https://www.npmjs.com/package/bunyan) 및 윈스턴Winston(https://www.npmjs.com/package/winston)이 있다. 피노는 고성능 & 최소 오버헤드를 위해 특별히 설계되었기 때문에 사용한다. 서버리스 모듈에 설치하려면 다음과 같이 종속성으로 추가하도록 하자.

```
$ npm install pino --save
```

또한 피노에서 구조화된 로그 출력을 가져와 가독성을 높여주는 모듈 pino-pretty를 설치해보자. 이는 CLI 환경에서 로그를 읽기 편하게 만들어준다.

```
$ npm install pino-pretty -g
```

코드에서 구조화된 로그를 생성하기 위해 새 피노 로거를 만들고 trace, debug, info, warning, error, fatal 등 원하는 로그 수준에 대한 로깅 함수를 호출하자. 다음 예시는 피노 로거를 사용하여 구조화된 로그를 생성하는 방법이다.

**예시 6-2** 구조화된 컨텍스트 데이터가 있는 피노 로그 메시지

```
const pino = require('pino')
const log = pino({ name: 'pino-logging-example' })  ←  로그 소스를 식별하기 위해 특정 이름으로
                                                        로거가 작성된다.

log.info({ a: 1, b: 2 }, 'Hello world')  ←  정보 메시지가 일부 데이터와 함께 기록된다.
const err = new Error('Something failed')    데이터는 첫 번째 인수의 객체로 전달된다.
log.error({ err })  ←  error 속성을 사용하여 오류가 기록된다. 이것은 오류가 객체로 직렬화되는
                       특수 속성으로, 객체에는 오류 유형과 스택 추적이 문자열로 포함된다.
```

첫 번째 로그 레코드의 JSON 로그는 다음과 같다.

```
{"level":30,"time":1575753091452,"pid":88157,"hostname":"eoinmac","name":"pino-logging-example","a":1,"b":2,"msg":"Hello world","v":1}
```

JSON 형태의 오류 로그는 확인하기 어렵다. 출력을 **pino-pretty**로 전달하면 결과를 더 쉽게 읽을 수 있다. 다음 예시를 살펴보자.

**예시 6-3** pino-pretty를 사용해 사람이 읽을 수 있는 형태의 구조화된 JSON 로그

```
[1575753551571] INFO (pino-logging-example/90677 on eoinmac): Hello world
    a: 1
    b: 2
[1575753551572] ERROR (pino-logging-example/90677 on eoinmac):
    err: {
        "type": "Error",
        "message": "Something failed",
        "stack":
            Error: Something failed
                at Object.<anonymous> (/Users/eoin/code/chapter5/
                pino-logging-example/index.js:9:13)
                at Module._compile (internal/modules/cjs/loader.js:689:30)
                at Object.Module._extensions..js (internal/modules/cjs/
                loader.js:700:10)
                at Module.load (internal/modules/cjs/loader.js:599:32)
                at tryModuleLoad (internal/modules/cjs/loader.js:538:12)
                at Function.Module._load (internal/modules/cjs/loader.js:530:3)
                at Function.Module.runMain (internal/modules/cjs/
                loader.js:742:12)
                at startup (internal/bootstrap/node.js:283:19)
                at bootstrapNodeJSCore (internal/bootstrap/node.js:743:3)
    }
```

## 6.5.2 로그 출력 검사

슬릭 스타터 애플리케이션을 사용하여 일부 로그 출력을 트리거할 수 있다. 앞서 배포한 슬릭 리스트 프런트엔드의 URL로 이동해보자. 앞서 **QUICK_START.md**를 따라 애플리케이션을 배포했다면, 이 문서가 준비되어 있어야 한다. 이 예제에서는 지속적으로 배포되는 오픈소스 저장소(https://stg.sliclists.com)에 대한 스테이징 환경을 사용한다.

계정을 만든 뒤 로그인하면 체크리스트를 만들 수 있다. [그림 6-7]과 같이 먼저 로그인 화면이 표시되며, [Sign up here] 링크를 눌러 가입하고 계정을 만들자.

**그림 6-7** 슬릭 목록을 처음 시작하면 가입하여 계정을 만들고 로그인할 수 있다.

로그인하면 [그림 6-8]과 같이 목록을 만들 수 있다.

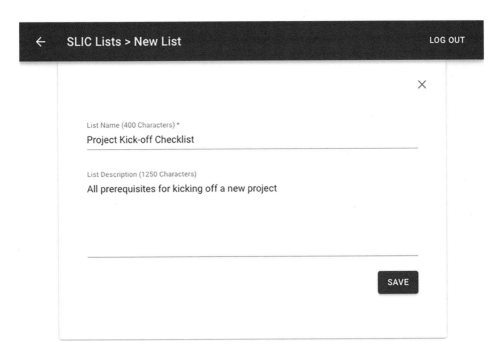

**그림 6-8** SLIC 목록을 사용하면 체크리스트를 만들고 관리할 수 있다. 여기에서 제목과 설명을 입력하여 체크리스트를 만들어보자. 서버리스 백엔드에서는 다이나모DB 항목이 생성된다. 또한 이벤트 기반 워크플로를 트리거하여 목록 작성자에게 전자 메일로 환영 메시지를 보낸다.

마지막으로 체크리스트에 몇 가지 항목을 추가할 수 있다. [그림 6-9]에 나와 있다.

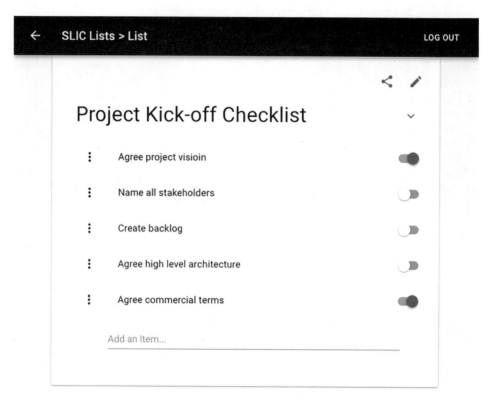

**그림 6-9** 여기서는 체크리스트에 몇 가지 항목을 추가해보자. 이 단계에서는 방금 만든 체크리스트에 항목을 추가할 수 있는데, 다이나모DB 데이터 모델링을 통해 이를 구현하는 방법이 알고 싶다면 checklist-service 디렉터리에서 services/checklists/entries/entries.js를 확인해보자.

체크리스트 레코드를 생성한 후에는 로그를 검사할 수 있다. 슬릭스타터는 이와 같은 시스템에서 일반적으로 예상하는 것보다 더 많은 로그를 생성한다. 특히 DEBUG 수준 로그에서부터 INFO 수준 로그까지 다양한 로그가 기록된다. 여기서 실질적인 고려사항은 클라우드워치의 로그 비용이다. 실제 프로덕션 시스템에서는 로그 출력량 감소, 개인 식별이 가능한 사용자 정보 수정, 디버그 로그에 대한 샘플링[18] 구현 등 다양한 요소를 고려해야 한다.

클라우드워치 로그를 검사하는 첫 번째 방법은 서버리스 프레임워크의 CLI를 사용이다. 여기

---

**18** "You need to sample debug logs in production," 얀 쿠이, 28 April 2018, (https://hackernoon.com/you-need-to-sample-debug-logs-in-production-171d44087749)

에서는 서버리스 로그를 사용하여 create 함수에 대한 최신 로그를 확인한다. 가독성을 위해 출력이 다시 pino-pretty 로 전달된다.

```
$ cd checklist-service
$ serverless logs -f create --stage <STAGE> | pino-pretty
  # STAGE is one of dev, stg or prod
```

INFO 수준 로그를 보여주는 로그 출력은 다음 예시에서 볼 수 있다.

**예시 6-4** 로그 이벤트를 가져와 콘솔에 출력하는 서버리스 로그

```
[1576318523847] INFO (checklist-service/7 on 169.254.50.213): Result received
    result: {
        "entId": "4dc54f8e-e28b-4de2-9456-f30caef781e4",
        "title": "Entry 2"
    }
END RequestId: fa02f8b1-2a42-46a8-83b4-a8834483fa0a
REPORT RequestId: fa02f8b1-2a42-46a8-83b4-a8834483fa0a Duration: 74.44 ms
        Billed Duration: 100 ms Memory Size: 1024 MB
    Max Memory Used: 160 MB
START RequestId: 0e56603b-50f1-4581-b208-18139e85d597 Version: $LATEST
[1576318524826] INFO
    (checklist-service/7 on 169.254.50.213): Result received
        result: {
            "entId": "279f106f-469d-4e2d-9443-6896bc70a2d5",
            "title": "Entry 4"
        }
END RequestId: 0e56603b-50f1-4581-b208-18139e85d597
REPORT RequestId: 0e56603b-50f1-4581-b208-18139e85d597 Duration: 25.08 ms
        Billed Duration: 100 ms Memory Size: 1024 MB
    Max Memory Used: 160 MB
```

pino-pretty로 정리한 JSON 로그 외에도 람다 컨테이너 자체가 생성한 로그 항목이 표시된다. 여기에는 START, END, REPORT 레코드가 포함되며, REPORT 레코드는 사용된 메모리, 함수 실행 기간과 관련된 유용한 레코드를 출력한다. 성능과 비용을 위해 메모리 구성을 최적화할 때 둘 다 중요하다.

## 최적의 람다 메모리 구성 선택

람다 함수는 요청 횟수와 초당 GB 단위로 요금이 청구된다. 많은 서비스와 마찬가지로 프리티어가 있다. 작성 시점에는 매월 요청 100만 건과 초당 400,000GB까지 무료로 제공된다. 이는 비용이 청구되기 전에 많은 계산이 가능한 양이다. 프로덕션 애플리케이션에서 프리티어를 사용한 후에 비용 및 성능 측면에서 각 기능에 대해 올바른 크기를 선택하는 것이 중요하다.

람다 함수를 구성할 때 할당된 메모리 양을 선택할 수 있다. 메모리를 두 배로 늘리면 초당 실행 비용이 두 배가 된다. 게다가 더 많은 메모리를 할당하면 실행 함수에 대한 vCPU 할당 역시 선형적으로 증가하게 된다.

메모리가 960MB인 람다함수를 실행하는데 212ms가 걸리고 메모리가 1024MB인 함수에서 실행하는데 190ms가 걸리는 함수가 있다고 가정해보자. 더 높은 메모리 구성의 초당 GB가격은 약 6% 더 높지만 실행은 100ms 단위로 청구되므로 더 낮은 메모리 구성은 50% 더 많은 과금 단위(2 대신 3)를 사용한다. 이 경우 직관과는 반대로, 더 높은 메모리 구성이 실제로는 훨씬 더 저렴하고 더 나은 성능을 제공한다.

마찬가지로 일반적으로 10ms 내에 실행되는 함수가 있고 지연 시간이 그다지 중요하지 않은 경우 CPU 할당이 감소된 더 낮은 메모리 구성을 사용하고 100ms에 가까운 시간에 실행되도록 하는 것이 좋다.

## 6.5.3 클라우드워치 로그 인사이트를 사용한 로그 검색

커맨드라인에서 단일 함수에 대한 로그를 검사하는 방법을 살펴봤다. AWS 관리 콘솔에서 개별 로그 스트림을 볼 수도 있다. 이는 개발 중에는 유용하지만 프로덕션 시스템에서 많은 함수를 배포하고 자주 실행하는 경우에는 유용하지 않다. 때문에 테라 바이트의 로그 데이터를 검색할 수 있는 대규모 중앙 집중식 로깅이 필요하다. 클라우드워치 로그 인사이트는 이 작업을 편하게 만들어주는 서비스로 사전 설정이 필요없다. 이는 AWS 관리 콘솔에 있는 클라우드워치 서비스의 [Insights] 섹션에서 찾을 수 있다. [그림 6-10]은 제목에 'Kick-off'라는 문구가 포함된 체크리스트와 관련된 로그 쿼리를 보여준다.

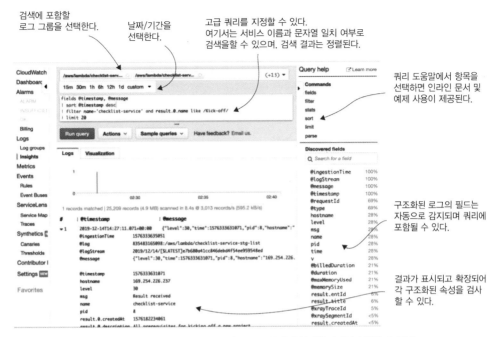

**그림 6-10** 클라우드워치 로그 인사이트를 사용하면 여러 로그 그룹에서 복잡한 쿼리를 실행할 수 있다.

여기에 표시된 쿼리는 간단한 예이다. 쿼리 구문은 많은 함수와 작업을 지원하며, 산술 및 통계 연산을 수행하고 필드 추출, 정렬 및 필터링을 수행할 수 있다. [그림 6-11]은 통계 함수를 사용하여 각 실행에 대한 REPORT 로그에서 데이터를 추출하여 람다의 메모리 사용량과 기간을 분석하는 방법을 보여준다.

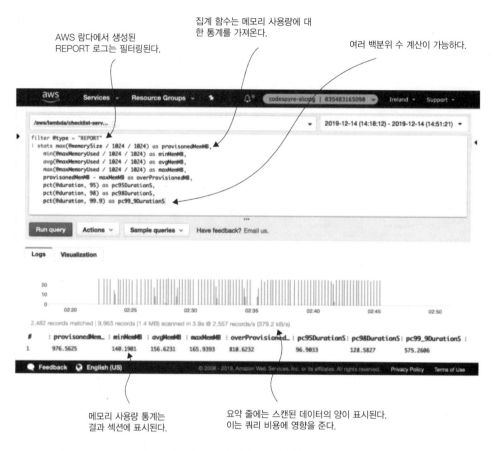

집계 함수는 메모리 사용량에 대한 통계를 가져온다.

AWS 람다에서 생성된 REPORT 로그는 필터링된다.

여러 백분위 수 계산이 가능하다.

메모리 사용량 통계는 결과 섹션에 표시된다.

요약 줄에는 스캔된 데이터의 양이 표시된다. 이는 쿼리 비용에 영향을 준다.

**그림 6-11** 통계 및 산술 연산을 람다 REPORT 로그와 함께 사용하여 함수가 비용 및 성능에 대해 최적의 메모리 양으로 구성되었는지 여부를 분석할 수 있다. 여기에는 메모리 사용량을 보여주고 사용된 최대 메모리를 프로비저닝된 메모리 용량과 비교한다. 또한 성능을 살펴보기 위해 함수 실행 기간에 대한 95, 98, 99.9 백분위 수를 표시한다.

표시된 예에서는 실제 필요한 양보다 훨씬 많은 메모리를 프로비저닝했다. 이를 통해 컨테이너의 메모리 크기를 256MB로 줄이는 것을 정당화할 수 있다. 분석중인 함수는 단순히 다이나모 DB 쓰기 작업을 호출하기 때문에 CPU 바인딩보다 I/O 바인딩이 더 많은데, 이는 결과적으로 메모리 및 CPU 할당을 줄인다 하더라도 실행시간에는 큰 영향을 주지 않는다.

지금까지 클라우드워치 로그 인사이트와 함께 중앙 집중식으로 구조화된 로그를 사용하여 애플리케이션에 관찰 가능성을 추가하는 방법을 살펴보았다. 다음으로 애플리케이션의 동작에 대한 추가 지식을 얻기 위해 관찰하고 생성할 수 있는 측정 항목을 살펴보자.

## 6.6 모니터링 서비스와 애플리케이션 지표

관찰 가능성 달성 목표의 일부로 측정 지표를 만들고 볼 수 있기를 원할 수 있다. 지표는 동시에 실행되는 람다 함수의 수와 같이 서비스별로 다를 수 있으며, 체크리스트의 항목 수와 같이 애플리케이션별로 다를 수도 있다. AWS는 클라우드워치 메트릭Metric이라는 지표 저장소를 제공한다. 이 서비스는 개별 지표를 수집하고 이에 대한 집계를 볼 수 있다. 수집된 개별 지표 데이터 포인트는 볼 수 없으나, 분당 측정 항목의 합계와 같은 주어진 기간에 대한 통계를 요청할 수 있다. 기본값으로 클라우드워치 지표의 최소 기간은 1분이다. 1초 단위의 고해상도 사용자 지정 지표를 추가할 수도 있다. 3시간의 보존 후 고해상도 지표는 1분 간격으로 집계된다.

### 6.6.1 서비스 지표

많은 AWS 서비스는 기본적으로 대부분의 서비스에 대한 지표를 게시한다. 클라우드워치 메트릭을 비롯한 지표 솔루션을 사용할 때는 어떤 지표가 게시되고 어떤 지표를 모니터링 해야 하는지 잘 알아야한다. [표 6-2]에는 AWS 서비스 샘플에 대한 지표 중 일부가 나열되어 있으며, 이는 우리가 2장부터 5장까지 구축한 AI 애플리케이션과 관련된 예제를 선택했다.

**표 6-2** AWS 서비스는 시스템 동작에 대한 통찰력을 얻기 위해 모니터링할 수 있는 클라우드워치 지표를 게시한다. 사용중인 서비스와 관련된 지표를 이해하고 관찰하는 것이 정말 중요하다.

| 서비스 | 지표 예시 |
| --- | --- |
| 렉스 | MissedUtteranceCount, RuntimePollyErrors |
| 텍스트렉트 | UserErrorCount, ResponseTime |
| 레코그니션 | DetectedFaceCount, DetectedLabelCount |
| 폴리 | RequestCharacters, ResponseLatency |
| 다이나모DB | ReturnedBytes, ConsumedWriteCapacityUnits |
| 람다 | Invocations, Errors, IteratorAge, ConcurrentExecutions |

아마존 렉스 모니터링에 대해서는 아마존 클라우드워치 참조(http://mng.bz/emRq)
아마존 텍스트렉트를 위한 클라우드 워치 모니터링 지표는 다음을 참조(http://mng.bz/pzEw)
아마존 레코그니션을 위한 클라우드 워치 모니터링 지표는 다음을 참조(http://mng.bz/0vAa)
아마존 폴리와 클라우드 워치 통합은 다음을 참조(http://mng.bz/Yx0a)
다이나모DB 지표 및 디맨션은 다음을 참조(http://mng.bz/Gd2J)

우리가 사용한 서비스에 대한 모든 지표에 대한 설명은 이 책의 범위를 벗어난다. 책을 읽으면서 지금까지 구축한 애플리케이션으로 AWS 관리 콘솔의 클라우드워치 지표 섹션을 탐색하는 것이 좋다. 서비스 및 지표의 포괄적인 목록은 AWS 설명서에서 찾을 수 있다.[19]

## 6.6.2 애플리케이션 지표

클라우드워치 지표는 AWS 서비스에서 게시한 기본 제공 지표 외에 사용자 지정 애플리케이션 지표의 리포지토리로 사용할 수 있다. 이 절에서는 측정 지표를 추가하는데 필요한 사항을 살펴볼 것이다. 슬릭 스타터 프로젝트의 체크리스트 애플리케이션을 다시 살펴보자. 제품 개발 방법을 알려주는 애플리케이션별 지표를 수집할 수 있다. 애플리케이션에 알렉사 스킬 개발을 고려하고 있다고 가정하겠다. 알렉사 스킬은 스마트 스피커 장치를 사용하여 사용자가 서비스와 상호 작용하는 AWS의 서버리스 애플리케이션이다. 이것은 5장의 렉스 기반으로 구성한 할 일 챗봇과 매우 유사한 시도이다. 사용자 경험 부서에서 이 기술을 설계하기 위해 사용자가 현재 슬릭 리스트를 어떻게 사용하고 있는지 통계를 수집하고자 한다. 이 때 구체적으로 다음 사항들을 고려하고자 한다.

- 사용자는 체크리스트에 몇 개의 항목을 입력하는가?
- 일반적인 체크리스트 항목에 단어가 몇 개 있는가?

클라우드워치 지표를 사용하면 이러한 지표를 추가할 수 있는 두 가지 방법이 있다.

- AWS SDK 및 putMetricData API[20] 호출 사용
- 임베디드 메트릭 형식Embedded Metric Format을 따르는 특별한 형태의 로그 사용

putMetricData API를 사용하면 단점이 있다. 첫 번째 방식인 SDK를 호출하면 기본적으로 HTTP 요청이 발생한다. 이로 인해 코드에 원치 않는 대기 시간이 추가된다. 대신 임베디드 메트릭 형식 로그를 사용해보자. 이 방법을 사용하려면 생성하려는 측정 항목의 모든 세부 정보가 포함된 특수 형식의 로그 메시지를 만들어야 한다. 클라우드워치 로그를 사용하기 때문에 클라우드워치는 이 로그 메시지를 자동으로 감지, 구문 분석, 클라우드워치 지표로 변환한다.

---

**19** 클라우드워치 메트릭을 배포하는 AWS 서비스 목록(http://mng.bz/0Z5v)
**20** AWS 자바스크립트 SDK, putMetricData(https://docs.aws.amazon.com/AWSJavaScriptSDK/latest/AWS/CloudWatch.html#putMetricData-property)

이 로그 메시지를 작성하는 오버헤드는 코드 성능에는 미미한 영향을 준다. 게다가 로그를 보관하는 한 원시 데이터 역시 사용할 수 있다.

이러한 측정 항목 로그를 생성하는 방법과 결과를 살펴보자. 로그 메시지의 형식은 다음 예시에서 살펴볼 수 있다.[21]

**예시 6-5** 임베디드 메트릭 형식 로그의 구조

```
{
    "_aws": {   ◁─┤ _aws 속성은 지표의 메타데이터를 정의한다.
        "Timestamp": 1576354561802,
        "CloudWatchMetrics": [
            {
                "Namespace": "namespace",   ◁─┤ 지표의 네임스페이스는 이 지표가 속하는 그룹이다.
                "Dimensions": [["stagej"]],   ◁──┐ 각 지표는 최대 10개의 차원을 지정할 수 있다.
                "Metrics": [                        차원은 지표를 분류하는 이름–값 쌍이다.
                    {
                        "Name": "Duration",   ◁──┐ 여기서 단일 지표을 정의하여 지표 이름과 단위를
                        "Unit": "Milliseconds"       지정한다. AWS 설명서에 정의된 지원되는 지표
                    }                                단위 목록이 있다.
                ],
                ...
            }
        ]
    },
    "stage": "prod",   ◁─┤ 메타데이터에 명명된 차원값이 여기에 제공된다.
    "Duration": 1   ◁──┐ 메타데이터에 이름이 지정된 지표의 값이
}                       여기에 제공된다.
```

JSON으로 구조화된 로그 메시지는 클라우드워치에서 자동으로 인식되어 최소한의 성능 오버헤드로 클라우드워치 지표를 생성한다. 이 JSON 구조를 생성하고 `console.log` 를 사용하여 람다 함수코드의 클라우드워치 로그에 기록할 수 있다. 그리고 지표 로깅을 위한 여러 기능을 제공하는 `Node.js` 모듈인 `aws-embedded-metrics`[22]을 사용하여 기록을 진행한다. 이 경

---

21 CloudWatch 지표에 대해 지원 유닛은 MetricDatum(http://mng.bz/9Azr)에서 다룬다.
22 aws-embedded-metrics(https://github.com/awslabs/aws-embedded-metrics-node)

우 createMetricsLogger 함수를 사용하며, checklist-service/services/checklists/entries/entries.js에 지표 로깅코드를 추가할 것이다. addEntry 함수와 관련된 지표추출 항목은 다음 예시를 참조하도록 하자.

**예시 6-6** 임베디드 측정지표 형식을 준수하는 구조적 로깅

```
const metrics = createMetricsLogger()    ← createMetricsLogger는 명시적으로 호출할 수 있는 로거를 만든다.
                                            aws-embedded-metrics 모듈은 명시적 플러시 호출을 방지하는
                                            래퍼 또는 데코레이터 기능도 제공한다.

                                                                              체크리스트의
                                                                         ←    카운트 지표도
metrics.putMetric('NumEntries', Object.keys(entries).length, Unit.Count)
metrics.putMetric('EntryWords', title.trim().split(/s/).length, Unit.Count)  ←  콘솔 출력에 기록되도록
await metrics.flush()  ←── 체크리스트 항목의 단어 수가 기록된다.                       메트릭을 플러시한다.
```

일부 메트릭을 생성하려면 다양한 입력으로 함수를 호출해야 한다. 슬릭 스타터 통합 테스트에는 실제 배포에 따라 항목 수와 단어 수를 사용하여 체크리스트를 생성하는 테스트도 포함된다. 이 테스트를 여러번 실행하여 클라우드워치에서 합리적인 지표를 얻을 수 있다.

슬릭스타터의 통합 테스트에는 몇 가지 설정 단계가 있다. integration-tests 디렉터리에 있는 README.md 파일을 확인해보자. 테스트를 준비하고 한 번 실행할 수 있는지 확인한 후에는 일정 부하를 시뮬레이션하기 위해 일괄 통합 테스트를 계속 실행할 수 있다.

```
$ cd integration-tests
$ ./load.sh
```

load.sh 스크립트는 임의의 수의 통합 테스트 실행을 병렬로 실행하고 100회 완료될 때까지 해당 프로세스를 반복한다. 이제 AWS 관리 콘솔의 클라우드워치 지표 섹션으로 이동하여 생성된 체크리스트 항목에 대한 통계를 시각화할 수 있다.

콘솔에서 클라우드워치 메트릭을 선택하면 [그림 6-12]와 같은 화면이 나와야 한다.

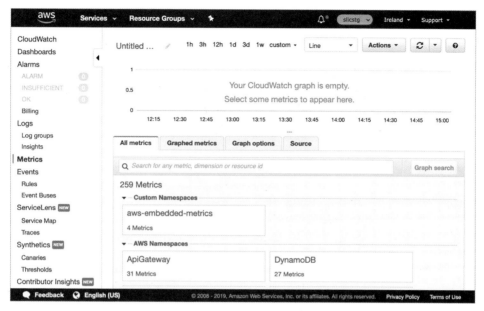

**그림 6-12** AWS 관리 콘솔에서 클라우드워치 지표 뷰를 살펴보면 AWS 서비스에 대한 네임스페이스나 사용자 지정 값 중에서 선택할 수 있다.

여기에서 `aws-embedded-metrics` 네임스페이스를 선택해보자. 그러면 선택한 네임스페이스 내의 차원 집합을 볼 수 있는 테이블이 표시된다. 이는 [그림 6-13]에 나와 있다.

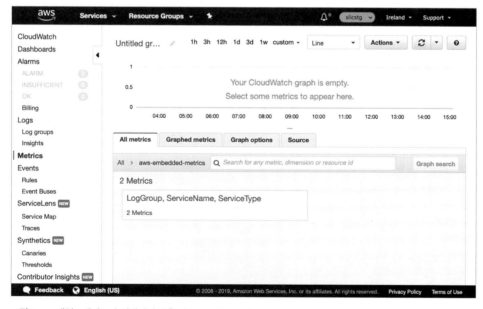

**그림 6-13** 네임스페이스가 선택되면 다음 단계는 차원 집합을 선택하는 것이다.

클릭할 수 있는 유일한 옵션이 있을텐데, 이를 통해 측정항목이 표시된다. [그림 6-14]와 같이
addEntry 함수에서 두 개의 지표를 선택해보자.

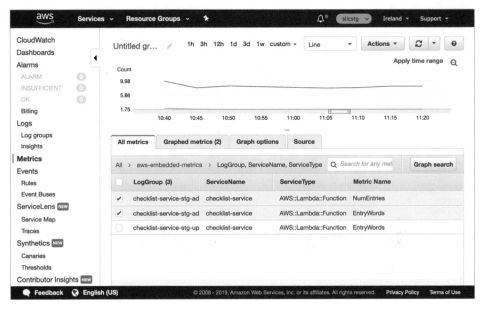

그림 6-14 클라우드워치 메트릭 콘솔은 선택한 네임스페이스 및 차원 내의 모든 지표를 표시한다. 각 항목 옆의 선택을
클릭하면 그래프에 지표가 추가된다.

이제 이러한 지표의 뷰를 사용자 지정해보자. 먼저 기본적인 통계값인 평균값을 추가해보자.
[Graphed Metrics] 탭으로 전환하면 이를 실행해볼 수 있다. 각 지표 옆에 있는 복제 아이콘
을 선택해보자. NumEntries과 EntryWords 지표에 대해 이 작업을 두 번 수행하자. 그러면 평
균 측정 항목의 사본이 생성된다. Maximum과 p95 통계를 사용하려면 각 사본을 하나씩 변경하
자. 마지막으로 그래프 유형을 Line에서 Number로 변경하자. 실행결과는 [그림 6-15]와 같아
야 한다.

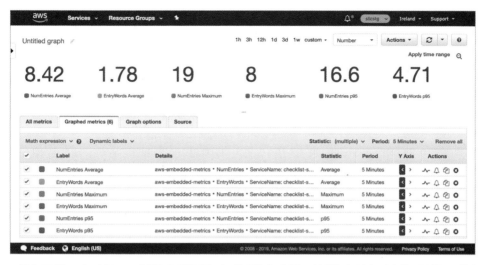

**그림 6-15** [Graphed Metrics] 탭으로 전환하면 지표를 사용자 지정하고 복사할 수 있다. 여기서는 동일한 두 측정 항목에 대한 새 통계를 선택하며, 그래프를 선에서 숫자로 전환하면 필요한 통계값을 간단하게 볼 수 있다.

우리가 다루는 지표들의 경우, 선 그래프에서 볼 때 시간에 따른 값의 변화가 직관적으로 와닿지 않기 때문에 이 경우 선 대신 숫자 시각화가 더 유용하다. 결과적으로 사용자 경험 팀이 알렉사 스킬을 설계하는 데 도움이 될 수 있는 간단한 숫자가 몇 가지 나타났다. 대부분의 항목은 5단어 미만이며 평균은 2단어이다. 평균 목록에는 약 8개의 항목이 있으며 95%는 16.6이하이다.

### 6.6.3 지표를 사용한 경보 설정

지금까지 AWS 서비스의 지표와 사용자 지정 애플리케이션 지표를 이해하고 모니터링 하는 것이 왜 중요한지 살펴보았다. 설명하기 어려운 시스템 동작에 직면했을 때, 이러한 지식은 어디가 문제인지 살펴볼 수 있는 중요한 단서를 제공한다. 하지만 문제가 발생할 때까지 기다렸다가 답을 찾기 시작하는 것은 좋은 생각이 아니다. 정상적인 시스템 동작이 무엇인지 생각하고 시스템 동작이 표준에서 벗어날 때 경보를 생성하는 편이 좋을 것이다. 경보는 지정된 조건에 도달하면 시스템 운영자에게 보내지는 알림으로, 일반적으로 다음과 같은 지표에 대한 경보를 설정한다.

1. AWS 서비스 내의 오류 수를 계산하고 값이 주어진 수보다 클 때 트리거되는 지표. 예를 들어 모든 함수에서 람다 호출 수가 5분 동안 10을 초과할 때 경보를 받을 수 있다.

2. 최종 사용자에 대한 서비스 수준이 허용할 수 없는 수준에 도달하고 있는 경우. 이 경우, 중요한 API 엔드포인 트에 대한 API 게이트웨이 지연시간 지표의 99번째 백분위 수가 500ms를 초과하는지 살펴볼 수 있다.

3. 비즈니스 지표 또한 경보 생성에 매우 중요하다. 최종 사용자 관점에서 상호작용과 관련된 임계값을 만드는 것이 더 쉬운 경우가 많다. 예를 들어, 슬릭 스타터 애플리케이션이 매 시간마다 생성하는 체크리스트 수가 50~60개라는 사실을 알고 있다면, 측정된 값이 이 임계값을 크게 벗어날 경우 경보를 수신하고 조사를 진 행할 수 있다. 이는 봇에 의한 가짜 활동일 수도 있고, 그렇지 않으면 감지못한 근본적인 기술적 문제를 나타 낼 수도 있다.

AWS에서 이러한 경보는 클라우드워치를 사용하면 된다. 경보는 항상 클라우드워치 지표를 기반으로 하며, 사용기간 및 통계를 정의할 수도 있다(예: 평균 지연 시간 − 약 5분). 경보 임계 값은 숫자값을 기반으로 하거나 표준 편차 대역을 사용한 이상 탐지를 기반으로도 할 수 있다. 클라우드워치 경보에 대한 알림 메커니즘은 SNS를 통해 이루어지는데, SNS^Simple Notification Service 는 이벤트 전송을 위한 Pub/Sub이라고 보면 된다. SNS를 사용하면 이메일, SMS, 웹훅을 통 해 SQS나 람다를 포함한 다른 서비스로 알림을 전달할 수 있다.

경보 생성의 포괄적인 예제는 이 장의 범위를 벗어난다. AWS 관리 콘솔을 사용하여 몇 가지 경보를 실험하고 생성해보자. 클라우드워치 경보의 구성 옵션에 익숙해지면 애플리케이션의 **serverless.yml** 파일에서 리소스로 생성할 수 있다. 다음의 리소스를 사용하여 더 적은 구성 으로 경보를 생성할 수도 있다.

- 서버리스 애플리케이션 저장소^Serverless Application Repository는 애플리케이션 내에 포함될 수 있는 호스팅된 클라우 드포메이션 스택을 제공한다. 또한 다른 조직에서는 서버리스 애플리케이션을 위한 합리적인 경보 집합을 만 드는 스택을 게시했다. 예를 들어, SAR-cloud-watch-alarms-macro 애플리케이션[23]을 살펴볼 수 있다. 이 애플리케이션에서는 AWS 람다, API 게이트웨이, AWS 스텝 함수, SQS에서 일반적인 오류에 대한 경보를 생성한다.

- AWS 경보 플러그인^Alerts Plugin(http://mng.bz/jVre)과 같은 서버리스 프레임워크용 플러그인은 경보 생성 프로세스를 더 쉽게 만든다.

---

**23** SAR-cloudwatch-alarms-macro(http://mng.bz/WqeW) 루미고^Lumigo에서 만들었다.

## 6.7 추적 기능을 통한 분산 애플리케이션 이해

이 장의 시작 부분에서 서버리스 개발의 과제 중 하나는 시스템의 분산 및 단편화라고 언급했다. 이 측면은 시스템 전체의 동작을 시각화하거나 추론하기 어렵게 만들며, 이를 해소하기 위해 기존의 중앙 집중식 로깅, 지표, 경보를 살펴볼 수 있다. 분산 추적은 서버리스 시스템을 통한 데이터 흐름을 이해할 수 있게 해주는 추가 도구이다. AWS 환경 내에서 분산 추적은 X-Ray와 클라우드워치 서비스렌즈Service Lens에서 제공된다. X-Ray는 기본 추적 서비스이고 서비스렌즈는 로그 및 지표와 통합된 추적 시각화를 제공하는 클라우드워치의 콘솔 영역이다. 데이터독Datadog, 루미고Lumigo, 엡사곤Epsagon 같은 다른 상업용 솔루션도 있다. 이것들은 확실히 살펴볼 가치가 있지만, 우리는 관찰 가능성과 추적의 개념을 입증하고 배우기에 충분한 관리형 AWS 서비스를 사용할 것이다.

### 6.7.1 X-Ray 추적 활성화

분산 추적의 목적은 요청이 시스템의 많은 서비스를 통해 전파될 때의 성능을 모니터링하고 프로파일링하는 것이다. 이를 설명하는 가장 좋은 방법은 시각화이다. 슬릭스타터 애플리케이션에서 체크리스트를 생성하는 시나리오를 생각해보자. 사용자가 프런트엔드의 저장 버튼을 클릭한 시점부터 [그림 6-16]과 같은 절차가 시작된다.

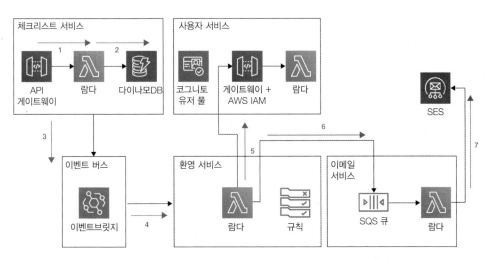

**그림 6-16** 서버리스 시스템에 대한 일반적인 요청은 여러 서비스에서 다양한 메시지를 생성한다.

1. 요청은 API 게이트웨이를 통해 체크리스트 서비스의 람다로 이동한다.

2. 람다는 다이나모DB를 호출한다.

3. 람다는 아마존 이벤트브릿지EventBridge에 목록 생성이벤트를 게시한다.

4. 이벤트는 환영 서비스에 의해 포착된다.

5. 환영 서비스는 사용자 서비스 API를 호출하여 체크리스트 소유자의 이메일 주소를 조회한다.

6. 환영 서비스는 이메일 서비스의 대기열에 SQS 메시지를 넣는다.

7. 이메일 서비스는 수신 SQS 메시지를 수락하고 SESSimple Email Service를 사용하여 이메일을 보낸다.

비교적 단순한 분산 워크플로지만, 이벤트의 연쇄 반응이 어째서 개발자가 이해하기 어려운지 쉽게 알 수 있다. 수백 개에서 수천 개에 달하는 서비스가 있는 시스템을 상상해보자. 전체 흐름에 대한 추적을 포착함으로써 서비스렌즈에서 시퀀스와 타이밍을 파악할 수 있다. 이 시퀀스의 일부는 [그림 6-17]에 나와 있다.

그림 6-17 클라우드워치 서비스렌즈는 각 세그먼트의 시간과 함께 개별 추적을 보여준다.

위 그림은 타이밍을 포함하여 분산된 요청의 세그먼트를 보여준다. 이 그림은 단일 요청과 관련이 있으며, X-Ray를 사용하면 추적결과가 샘플링된다. 기본적으로 초당 하나의 요청이 샘플링되고 이후 요청의 5%가 샘플링된다. 이것은 X-Ray 콘솔의 규칙을 통해 구성할 수도 있다.

X-Ray는 추적ID를 생성하고 요청이 이행될 때, 이를 한 서비스에서 다른 서비스로 전파하

는 방식으로 작동한다. 이 동작을 활성화하기 위해 개발자는 AWS X-Ray SDK를 사용하여 AWS SDK 호출의 자동 추적 계측을 추가해야 한다. 그 결과 추적 및 세그먼트 식별자가 포함된 추적 헤더가 요청에 추가된다. 타이밍을 포함한 요청 데이터도 X-Ray SDK에서 추적 샘플을 수집하는 데몬으로 전송된다. Node.js 람다 함수코드에서 X-Ray SDK를 초기화하려면 아래 코드를 사용하자.

```
const awsXray = require('aws-xray-sdk')
const AWS = awsXray.captureAWS(require('aws-sdk'))
```

슬릭 스타터의 slic-tools/aws.js에서 가져온 이 코드 스니펫은 표준 AWS SDK를 로드하기 전에 X-Ray SDK를 로드한다. X-Ray SDK의 captureAWS 함수가 호출되어 모든 SDK 요청을 가로채고 추적[24]의 일부로 새 세그먼트를 생성한다. X-Ray 추적을 활성화하는 데 필요한 다른 변경 사항은 API 게이트웨이 및 람다 구성에서 활성화하는 것이다. 서버리스 프레임워크를 사용하는 경우 다음 코드와 같이 serverless.yml의 provider 섹션에 추가해야 한다.

```
tracing:
    apiGateway: true
    lambda: true
```

이는 슬릭 스타터의 모든 서비스에 대해 수행되므로 분산 추적 결과를 확인하는 데 필요한 모든 것이 이미 준비되어있다.

## 6.7.2 추적 및 서비스 맵 탐색

이미 살펴본 개별 추적 타임라인 외에도 X-Ray 콘솔과 최신 클라우드워치 서비스렌즈 콘솔에는 서비스의 전체 맵을 표시하는 기능이 있다. 이 기능은 매우 강력한 시각화 도구로, 슬릭 스타터 서비스 맵의 예시는 [그림 6-18]을 통해 살펴볼 수 있다.

---

**24** 'Node.js에서 X-Ray SDK로 AWS SDK호출 추적하기(http://mng.bz/8GyD)'

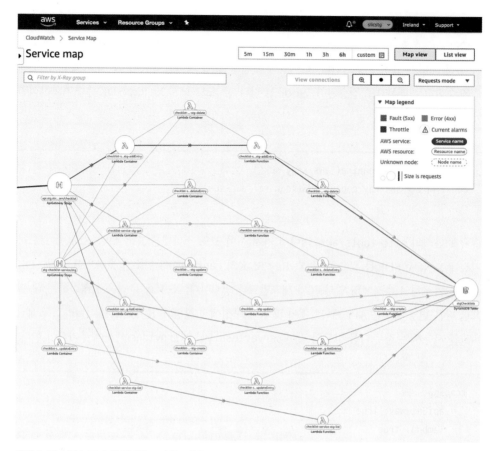

**그림 6-18** 서비스 간 요청 전파를 보여주는 맵은 클라우드워치 서비스렌즈에 표시된다. 이 다이어그램은 읽기 어려워질 정도로 많은 서비스를 보여 주지만 AWS 콘솔을 통해 확대 및 필터링할 수 있다.

서비스 맵과 추적을 포함한 모든 시각화 결과는 실행중에 포착된 오류 정보를 보여준다. 맵 뷰에는 노드당 오류 비율이 표시되며, 맵에서 노드를 선택하면 요청속도, 지연 시간, 오류 수가 표시된다. [그림 6-19]는 체크리스트 서비스 맵에서 선택된 `deleteEntry` 함수가 50% 오류율을 나타내는 것을 확인할 수 있다.

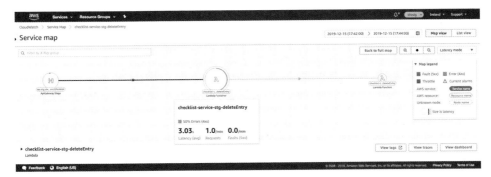

**그림 6-19** 서비스 맵에서 선택한 노드에 대한 [View Connections]을 선택하여, 연결된 서비스만 표시하도록 뷰를 필터링할 수 있다. 여기에서 클라우드워치 Logs의 요청ID를 사용하여 추가로 조사할 수 있는 오류 이벤트를 볼 수 있다.

추가 진단을 위해 [추적보기]나 [로그보기]를 선택할 수 있다. 로그보기는 해당 요청과 시간에 맞는 클라우드워치 로그 인사이트로 이동한다.

## 6.7.3 주석 및 사용자 지정 지표를 사용한 고급 추적

X-Ray나 서비스렌즈의 모든 사용 사례를 다룰 수는 없다. 그러나 실제 프로덕션 시나리오에 대한 해답을 대규모로 찾으려고할 때 특히 유용해 언급할 가치가 있는 몇 가지 기능들이 있다.

- 어노테이션Annotations은 X-Ray SDK를 사용하여 추적 세그먼트에 할당할 수 있는 인덱싱 된 키-값의 쌍이다. 이는 X-Ray로 인덱싱되므로 X-Ray 콘솔[25]에서 필터링할 수 있다. 추적 세그먼트에 커스텀 메타 데이터를 추가할 수도 있는데, 이는 인덱싱 되지는 않지만 콘솔에서 볼 수 있다.
- X-Ray 분석 콘솔과 AWS SDK는 필터표현식으로 정의된 그룹 생성을 지원한다. 필터표현식은 X-Ray SDK를 사용하여 생성된 사용자 지정 주석을 포함할 수 있다.
- 그룹이 정의되면 X-Ray는 사용자 지정 지표를 생성하고 이를 클라우드워치 메트릭에 게시한다. 여기에는 대기 시간, 오류, 제한속도가 포함된다.

AWS 관리 콘솔을 통해 X-Ray의 기능을 실험해 보는 것이 좋다. 이를 통해 서버리스 애플리케이션에 적합한 주석, 메타 데이터, 그룹을 생성할 수 있다.

---

**25** 'Node.js에서 X-Ray SDK를 사용해 세그먼트에 메타데이터 추가하기(http://mng.bz/EEeR)'

# 6.8 요약

- AWS 코드파이프라인과 AWS 코드빌드를 사용하여 서버리스 연속 배포 파이프라인을 생성할 수 있다.
- 모노레포 접근 방식은 확장 가능한 서버리스 애플리케이션을 구성하는 효과적인 전략이다.
- 분산 서버리스 애플리케이션 아키텍처에서 발생하는 몇몇 문제는 관찰가능성 모범 사례를 통해 해결할 수 있다.
- 중앙 집중식 로깅은 구조화된 JSON 로그와 AWS 클라우드워치 로그를 사용하여 구현할 수 있다.
- 클라우드워치 로그 인사이트는 로그를 보다 깊이 살펴보는 데 사용할 수 있다.
- 서비스 지표는 클라우드워치를 사용하여 볼 수 있다.
- 애플리케이션별 커스텀 지표 생성이 가능하다.
- X-Ray와 서비스렌즈를 사용한 분산 추적을 통해 고도로 분산된 서버리스 시스템을 이해할 수 있다.
- 다음 장에서는 매우 다른 기술을 기반으로 구축된 기존 시스템과의 통합에 중점을 두고 실제 AIaaS를 계속 살펴볼 것이다.

> **WARNING_** 추가 비용을 피하기 위해 이 장에서 배포한 모든 클라우드 리소스를 완전히 제거했는지 꼭 확인해보자.

# CHAPTER 7

# 기존 플랫폼에 AI 적용하기

> **이 장의 주요 내용**
>
> ◆ 서버리스 AI 통합 패턴
>
> ◆ 텍스트렉트를 통한 신원 확인 절차 개선
>
> ◆ 키네시스를 사용한 AI 데이터 처리 파이프라인
>
> ◆ 트랜스레이트를 통한 실시간 번역
>
> ◆ 컴프리헨드를 통한 감정 분석
>
> ◆ 컴프리헨드로 커스텀 문서 분류기 학습

2장부터 5장까지 시스템의 처음부터 끝까지 만들어서 AI 서비스를 적용했다. 물론 현실 세계의 문제가 항상 이렇게 깨끗하고 단순한 것은 아니다. 거의 모든 사람들이 레거시 시스템과 기술 부채를 처리해야 한다. 이 장에서는 기존 시스템에 AI 서비스를 적용하기 위한 몇 가지 전략을 살펴보겠다. 이를 위한 아키텍처 패턴을 살펴보는 것으로 시작하여 실제 사례를 통해 도출된 예제를 개발해나갈 것이다.

## 7.1 서버리스 AI 통합 패턴

엔터프라이즈 수준의 컴퓨팅 환경이 실제로는 '지저분하다'는 사실은 모두가 공공연히 알고 있다. 중대형 기업의 기술 자산은 일반적으로 크고 넓으며 시간이 지남에 따라 유기적으로 성장하는 경우가 많다.

조직의 컴퓨팅 인프라는 재무, HR, 마케팅, 기간 업무 시스템 같은 도메인에 따라 분류될 수 있으며, 각 도메인은 자체 개발한 소프트웨어와 함께 수 많은 공급 업체의 다양한 시스템으로 구성될 수 있다. 일반적으로 레거시 시스템과 최신 SaaS<sup>Software as a Service</sup> 애플리케이션을 혼합하여 사용하는 편이다.

이외에도 시스템 인프라 환경 또한 다양하기 마련인데, 일반적으로 온프레미스, 코로케이션, 클라우드 기반 배포가 혼합된 하이브리드 모델로 운영된다. 이와 같은 운영 환경은 일반적으로 도메인 안팎의 다른 시스템과 통합되어야 하며, 이는 일괄 ETL 작업, 지점 간 연결, 엔터프라이즈 서비스 버스<sup>Enterprise Service Bus</sup>(ESB)를 통해 이루어진다.

---

### ETL, 지점 간 연결, ESB

엔터프라이즈 시스템 통합은 매우 큰 주제로 그 중에서 시스템을 함께 연결하는 여러 방법에 대해서만 살펴보겠다. 예를 들어, 회사는 비용 추적 시스템과 일치시키기 위해 HR 데이터베이스에서 레코드를 내보내야할 수 있다. 추출<sup>Extract</sup>, 변환<sup>Transform</sup>, 로드<sup>Load</sup>(ETL)는 한 데이터베이스(일반적으로 CSV 형식)에서 레코드를 내보내고 변환한 다음 다른 데이터베이스로 로드하는 프로세스를 의미한다.

시스템을 연결하는 또 다른 방법으로 지점 간 연결<sup>point-to-point</sup>을 사용하는 방법이 있다. 예를 들어 한 시스템의 API를 호출하고 다른 시스템의 API로 데이터를 푸시하기 위해 코드를 만드는 식이다. 물론 이 방법을 사용하려면 적절한 API가 제공되어야 한다. ETL과 지점 간 연결은 시간이 지날수록 매우 복잡하고 관리하기 어려운 시스템으로 변할 수 있다.

ESB는 연결을 관리하는 중앙 시스템을 제공하여 다른 방식들이 갖는 복잡성을 해소했다. 하지만 ESB 접근방식 자체에 어려움이 있어, 해결한 문제만큼 다른 문제들을 일으키곤 했다.

---

[그림 7-1]은 일반적인 중간 규모 조직의 기술 자산을 보여준다. 이 예에서는 별도의 도메인이 중앙 버스를 통해 함께 연결된다. 각 도메인에는 시스템에 연결하는 별도의 ETL 및 배치 프로세스가 있다.

당연하게도, 이 모든 복잡성을 설명하자면 책의 범위를 벗어난다. 우리는 이 환경에서 서버리스 AI를 채택하고 활용할 수 있는 방안에 집중하겠다. 적용 가능한 간단한 패턴을 몇 가지 알아보고, 이를 위해 문제를 단순화해보자.

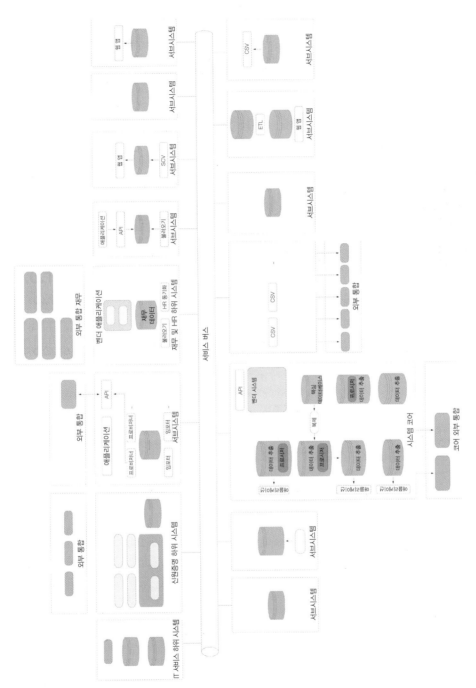

**그림 7-1** 논리적 도메인으로 분류된 일반적인 엔터프라이즈 기술 자산. 이 이미지는 일반적인 기업이 운영하는 기술 자산 시스템의 복잡한 특성을 설명하기 위한 것으로, 아키텍처의 세부 사항을 설명하지 않는다.

[그림 7-2]를 통한 논의에서 우리는 '기술 자산'을 제외한 나머지 인프라를 블랙박스로 취급하겠다. 이를 통해 AI 서비스를 연결하는 일반적인 패턴 네 가지를 살펴보고, 몇 가지 구체적인 예를 통해 엔터프라이즈 내 기존 비즈니스 흐름을 AI 서비스를 사용해 확장하거나 대체하는 방법을 살펴보겠다.

예를 들어, 회사의 비즈니스 워크플로에서 공과금 고지서나 여권을 통한 신원 증명을 이용한다면 수동으로 처리하던 작업량을 AI 서비스를 통해 줄일 수 있다.

또 다른 예로는 사전 계획이 있다. 대부분의 조직은 특정 기간동안 필요한 재고와 필요 인원을 예측해야 한다. 이 프로세스에 AI 서비스를 통합하면 보다 정교한 모델을 구축하여 회사의 비용과 기회 비용을 아낄 수 있다.

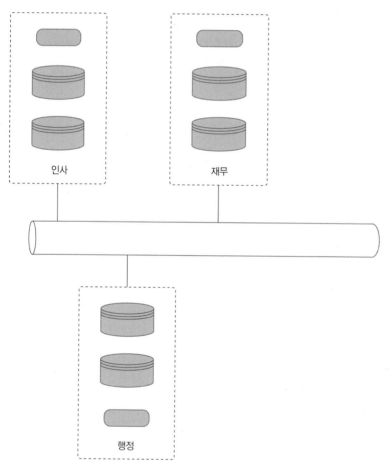

그림 7-2 기술 자산을 중심으로 단순화한 기업 시스템 구조

네 가지 접근 방식을 살펴보도록 하자.

- 동기식 API
- 비동기 API
- VPN 스트림 인
- VPN 완전 연결 스트리밍

각 접근 방식은 비즈니스 목표에 맞는 AI 서비스를 실행할 수 있도록 필요한 위치에 적절한 데이터를 가져오는 방법을 보여준다.

## 7.1.1 패턴 1: 동기식 API

첫 번째 패턴은 이전 몇 장처럼 나머지 기업 자산과 격리된 소규모 시스템을 만드는 것으로 가장 간단한 접근 방식이다. 외부 접근이 필요한 기능은 보안 API를 통해 노출되고 인터넷을 통해 액세스한다. 더 높은 보안 수준이 필요한 경우 API 호출이 가능한 VPN 연결을 설정할 수 있다. 이와 같은 패턴은 [그림 7-3]에서 살펴볼 수 있다.

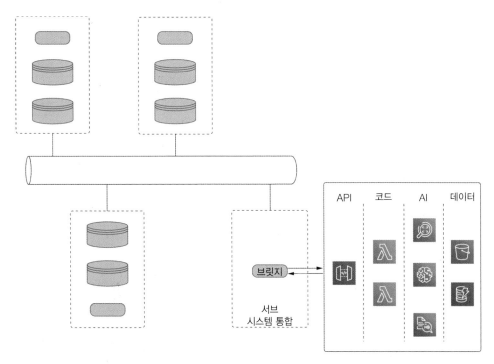

**그림 7-3 통합 패턴 1: 동기식 API**

서비스를 사용하려면 API를 호출하고 서비스 결과를 사용하기 위한 브릿지 코드를 만들어야 한다. 이 패턴은 결과가 빠르게 필요하고 API 요청/응답 방식으로 호출될 때 적합하다.

## 7.1.2 패턴 2: 비동기 API

두 번째 패턴은 API를 통해 필요한 기능을 노출한다는 점에서는 첫 번째 패턴과 매우 유사하다. 그러나 이 경우 API가 비동기적으로 작동한다. 이 패턴은 장기간 실행되는 AI 서비스에 적합하다. [그림 7-4]에서 그 구조를 확인할 수 있다.

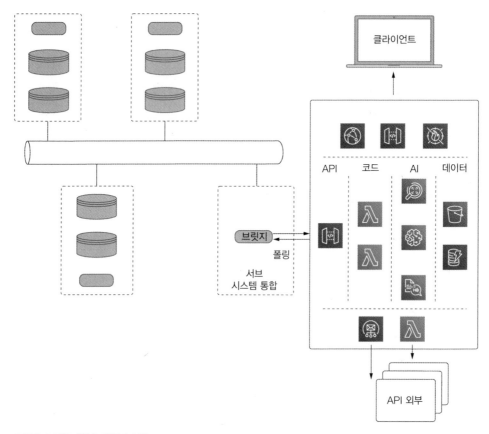

**그림 7-4** 통합 패턴 2: 비동기 API

브릿지 코드는 '실행 후 삭제(fire and forget)' 모델에서 API를 호출하지만 상태 정보가 아닌 이상 결과를 즉시 수신하지 않는다. 많은 양의 텍스트를 처리하는 문서 분류 시스템을 예로 들 수 있는

데, 시스템의 출력은 잠재적으로 다음과 같은 다양한 방법으로 처리된다.

- 사용자가 상호작용하여 결과를 볼 수 있는 웹 애플리케이션을 구축
- 이메일이나 기타 채널을 통해 결과를 메시징
- 분석의 세부 사항을 전달하기 위한 외부 API 호출
- API를 폴링하는 브릿지 코드

### 7.1.3 패턴 3: VPN 스트림 인

세 번째 접근 방식은 VPN을 통해 자산들을 클라우드 서비스에 연결하는 것으로, 보안 연결이
설정되면 브릿지 코드가 클라우드 서비스와 보다 직접적으로 상호 작용할 수 있다. 예를 들어
API 게이트웨이를 사용하여 시스템에 액세스하는 대신 브릿지 코드는 데이터를 키네시스<sup>Kinesis</sup>
파이프라인으로 직접 스트리밍할 수 있다.

해당 결과는 API, 아웃 바운드 메시징, 웹 GUI, 출력 스트림을 통해 다양한 방법으로 액세스
할 수 있다. 이는 [그림 7-5]에서 설명한다.

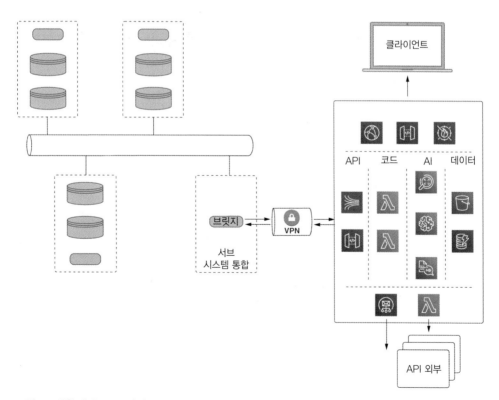

그림 7-5 통합 패턴 3: 스트림 인

## 7.1.4 패턴 4: VPN 완전 연결 스트리밍

마지막으로 우리가 살펴볼 패턴은 기업 자산과 클라우드 AI 서비스의 훨씬 더 깊은 연결을 포함한다. 이 모델에서는 이전과 같이 VPN 연결을 설정하여 양방향으로 데이터 스트리밍 파이프라인을 설정한다. 다양한 스트리밍 기법을 사용할 수 있지만 여기서는 아파치 카프카Apache Kafka를 사용하여 좋은 결과를 얻었다. 이는 [그림 7–6]을 통해 살펴볼 수 있다.

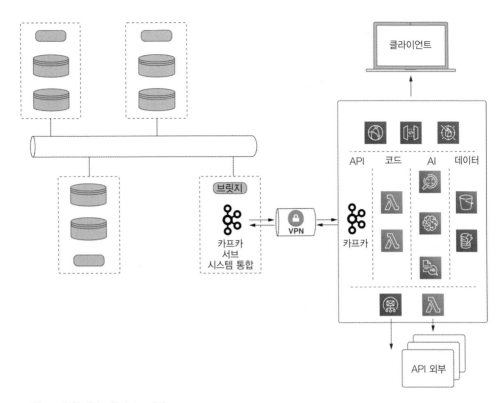

**그림 7-6** 통합 패턴4: 완전 스트리밍

이 접근 방식은 VPN의 양쪽 끝에서 카프카 클러스터를 운영하고 클러스터끼리 데이터를 복제한다. 클라우드 환경의 서비스는 적절한 카프카 토픽^Topic에서 데이터를 가져와 사용한 뒤 다른 토픽에 그 결과를 재배치하여 보다 더 많은 기업 환경에서 소비할 수 있도록 한다.

이 접근법과 카프카의 장점에 대한 전체적인 논의는 이 책의 범위를 벗어난다. 카프카에 익숙하지 않다면 딜런 스콧^Dylan Scott의 책 『Kafka in Action』(Manning, 2021)을 살펴보는 것을 권장한다.

### 7.1.5 어떤 패턴을 선택할까?

모든 아키텍처 결정과 마찬가지로 어떤 접근 방식을 취할지는 실제 사용 사례에 따라 다르다. 우리의 기본 원칙은 시스템을 가능한 단순하게 유지하는 것이다. 간단한 API 통합만으로도 이를 달성할 수 있다면 그대로 진행하도록 하자. 시간이 지남에 따라 외부 API 셋이 증가하기 시작하면 API 확산을 방지하기 위해 통합 모델을 스트리밍 솔루션으로 변경하는 것이 좋다. 패턴 선택에 있어 핵심은 AI 서비스와의 통합을 지속적으로 검토하고 필요에 따라 리팩토링할 준비를 하는 것이다.

[표 7-1]은 각 패턴에 따라 사용하는 맥락과 그 예시를 정리한 표다.

**표 7-1** 패턴별 AIaaS 사용 사례

| 패턴 | 맥락 | 예시 |
| --- | --- | --- |
| 1: 동기식 API | 단일 서비스, 빠른 응답 | 문서에서 텍스트 추출 |
| 2: 비동기식 API | 단일 서비스, 더 긴 실행 | 문서 전사 |
| 3: VPN 스트림인 | 다중 서비스, 사람을 위한 결과 | 감정 분석 파이프라인 |
| 4: VPN 완전 연결 | 다중 서비스, 컴퓨터를 위한 결과 | 문서 일괄 번역 |

이 장에서는 두 가지 예제 시스템을 빌드해보겠다.

- 패턴 1: 동기 API 접근 방식
- 패턴 2: 비동기식 API

스트리밍 접근 방식을 자세히 살펴 보지는 않겠지만 API 계층을 아파치 카프카와 같은 적절한 기술로 대체하면 두 예제 시스템 모두 이 방법을 통해 엔터프라이즈 시스템에 연결할 수 있다.

## 7.2 텍스트렉트로 신원 확인 개선

첫 번째 예에서는 직접 호출할 수 있는 자체 API를 만들어 기존 플랫폼을 확장한다. 조직에서 신원을 검증해야 한다고 가정해보자. 모두 이런 경험은 한번쯤 있을 것이다. 예를 들어, 주택담보대출이나 자동차 대출을 신청할 때 신원인증이 필요하니 말이다.

일반적으로 대출 기관에 신원과 주소를 증명하기 위해 여러 문서를 스캔해야 한다. 보통은 사람이 이 스캔 결과를 확인하지만 스캔된 이미지에서 정보를 추출해 대출 기관 시스템에 직접 입력하는 작업은 시간이 많이 걸릴 뿐 아니라 오류도 발생하기 쉽다. 이 과정을 AI를 적용해 자동화할 수 있다.

우리의 소규모 독립형 서비스는 [그림 7-7]에서 설명한다. AWS 텍스트렉트를 사용하여 스캔된 문서에서 세부 정보를 가져온다. 이 예에서는 여권을 사용하지만 공과금 청구서나 은행 명세서와 같은 식별이 필요한 다른 문서도 사용할 수 있다.

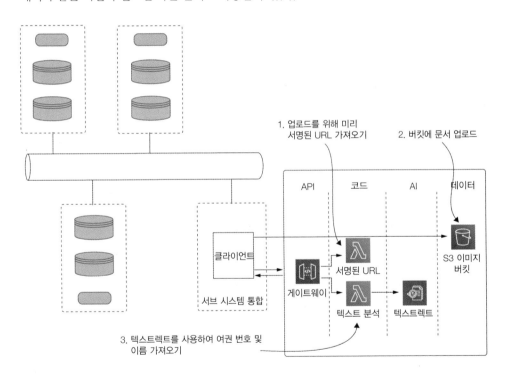

API는 두 부분으로 구성된다. 먼저 스캔한 이미지를 S3에 업로드한다. 이를 수행하는 가장 간단한 방법은 서명된 S3 URL을 사용하는 것으로, API는 이러한 URL 하나를 생성하여 클라이언트에 반환하는 기능을 제공한다. S3에 이미지가 있으면 람다 함수를 사용한다. 람다 함수는 텍스트렉트를 호출해 스캔된 이미지를 분석하여 데이터를 텍스트 형식으로 반환한다. API는 추가 처리를 위해 해당 데이터를 클라이언트에 반환한다.

---

**개인식별정보**

모든 개인 식별 정보는 최대한 주의를 기울여 취급해야 한다. 시스템이 사용자가 제공한 정보, 특히 신원 확인 문서를 처리해야할 때마다 정보가 수집되는 지역에 대한 모든 법적 요건을 준수해야 한다. 특히 글로벌 서비스를 하는 기업이라면, 유럽 연합의 일반 데이터 보호 규정General Data Protection Regulation(GDPR) 또한 준수해야 한다. 개발자 및 시스템 설계자로서 우리는 이러한 규정을 인식하고 규정 준수를 보장해야 한다.

---

## 7.2.1 코드 확인

API 코드는 chapter7/text-analysis 경로에 있으며, 여기에는 API 서비스 코드 경로인 text-analysis-api와 API 실행 코드가 있는 client의 두 디렉토리가 포함된다. 샘플 데이터를 배포하고 테스트하기 전에 시스템을 살펴 보도록 하자.

## 7.2.2 텍스트 분석 API

API 코드베이스는 serverless.yml 구성 파일, 노드 모듈 종속성을 위한 package.json 및 API에 대한 논리를 포함하는 handler.js로 구성된다. serverless.yml은 표준이며 API 게이트웨이를 통해 액세스할 수 있는 람다 함수 업로드(upload)와 분석(analyze)을 정의한다. 또한 다음 예시와 같이 API에 대한 S3 버킷을 정의하고 분석 서비스에 대한 IAM 권한을 설정할 수 있다.

```
iamRoleStatements:
- Effect: Allow ◁─┤ 람다에 대한 버킷 액세스 활성화
  Action:
    - s3:GetObject
    - s3:PutObject
    - s3:ListBucket
  Resource: "arn:aws:s3:::${self:custom.imagebucket}/*"
- Effect: Allow
  Action:
    - textract:AnalyzeDocument ◁─┤ 텍스트렉트 권한 활성화
  Resource: "*"
```

람다 함수가 유효한 사전 서명된 URL을 생성하고 업로드된 문서에 대한 텍스트렉트 액세스를 활성화하려면 버킷 권한이 필요하다.

다음 예시는 미리 서명된 URL을 생성하는 S3 API 호출을 보여준다. 클라이언트에 버킷 키와 함께 URL이 반환되고 클라이언트는 해당 문서를 업로드하는 PUT 요청을 수행한다.

```
const params = {
  Bucket: process.env.CHAPTER7_IMAGE_BUCKET,
  Key: key,
  Expires: 300 ◁─┤ 만료 시간을 5분으로 설정
}
s3.getSignedUrl('putObject', params, function (err, url) {
  respond(err, {key: key, url: url}, cb)
})
```

서명된 URL은 해당 키와 파일에 대해서만 특정 작업(이 경우 PUT 요청)으로 제한되며, URL 만료 시간을 300초로 설정했다. 즉, 파일 전송이 5분 이내에 시작되지 않으면 서명된 URL이 무효화되고 새 URL을 생성하지 않으면 전송할 수 없다.

문서가 버킷에 업로드되면 텍스트렉트 호출을 시작하여 분석을 수행할 수 있다. 다음 예시

`handler.js`에서 그 수행과정을 볼 수 있다.

**예시 7-3** 텍스트렉트 호출하기

```
const params = {
  Document: {
    S3Object: { ←─┤ 업로드된 문서를 가리킨다.
      Bucket: process.env.CHAPTER7_IMAGE_BUCKET,
      Name: data.imageKey
    }
  },
  FeatureTypes: ['TABLES', 'FORMS'] ←─┤ 분석 유형 설정
}

txt.analyzeDocument(params, (err, data) => { ←─┤ 텍스트렉트 호출
  respond(err, data, cb)
})
```

텍스트렉트는 TABLES와 FORMS라는 두 가지 유형의 분석을 수행할 수 있다. TABLES 분석 유형은 텍스트렉트가 분석에서 테이블 형식 정보를 보존하도록 지시하는 반면 FORMS 유형은 가능하면 텍스트렉트가 정보를 키-값 쌍으로 추출하도록 요청한다. 필요한 경우 동일한 호출에서 두 가지 분석 유형을 모두 수행할 수도 있다.

분석이 완료되면 텍스트렉트는 결과가 포함된 JSON 블록을 반환한다. 출력된 JSON 구조는 [그림 7-8]에 나와 있다.

```
{
  Blocks: [
    {
      BlockType: 'PAGE'
      Id:
      Relationships: [
        {
          Type: CHILD
          Ids: [
```

```
         ...
       ]
     }
   ]
},
{
  BlockType: 'LINE'          연결
  Confidence: 99.8,
  Geometry: {
    BoundingBox: {
      Width: 0.097913049161434417,
      Height: 0.025393398478627205,
      Left: 0.12474661320447922,
      Top: 0.036540355533361435
    }
  }
  Id:
  Relationships: [
    {
      Type: CHILD
      Ids: [
        ...
      ]
    }
  ]
},
{
  BlockType: : 'WORD'        연결
  Confidence: 96.2
  Geometry: {
    ...
  }
  Id:
  Relationships: [
    {
      Type: CHILD
      Ids: [
        ...
```

```
            ]
          }
        ]
      }
    ]
  }
```

**그림 7-8** Textract의 JSON 출력

이 구조는 하위 `LINE` 요소에 연결되는 루트 `PAGE` 요소로 구성된다는 점에서 명확하다. 각 요소는 여러 하위 `WORD` 요소에 연결되며, 각 `WORD`와 `LINE` 요소에는 연관된 신뢰 구간이 있다. 이는 텍스트렉트가 각 요소에 대한 분석을 얼마나 정확하다고 생각하는지 0에서 100 사이의 숫자로 평가한 점수다. 각 `LINE`과 `WORD` 요소에는 위치정보 섹션도 있다. 여기에는 요소 주변의 경계 상자에 대한 좌표 정보가 포함되어 검증이 필요한 애플리케이션이 유용하게 사용할 수 있다. 예를 들어 UI는 추출된 텍스트가 예상 문서 영역과 일치하는지 확인하기 위해 오버레이된 경계 상자와 함께 스캔한 문서를 표시할 수 있다.

## 7.2.3 클라이언트 코드

API를 실행하는 코드는 `client` 디렉터리에 있다. 주요 API 호출 코드는 `client.js`에 있으며, 여기에는 `getSignedUrl`, `uploadImage`, `analyze` 세 개의 함수가 있다. 이러한 함수는 앞서 설명한 대로 API와 일대일로 매핑된다. 다음 예시는 `analyze` 함수다.

**예시 7-4** API 호출

```
function analyze (key, cb) {
  req({  ⬅── API에 POST 요청 만들기
    method: 'POST',
    url: env.CHAPTER7_ANALYZE_URL,
    body: JSON.stringify({imageKey: key})
  }, (err, res, body) => {
    if (err || res.statusCode !== 200) {
      return cb({statusCode: res.statusCode, err: err, body: body.toString()})
    }
```

```
      cb(null, JSON.parse(body))  ◁─┤ 결과 반환
    })
  }
```

이 코드는 request 모듈을 사용하여 분석 API에 대한 POST 요청을 실행하여 텍스트렉트 결과 블록을 클라이언트에 반환한다.

## 7.2.4 API 배포

API를 배포하기 전에 몇 가지 환경 변수를 구성해야 하는데, API와 클라이언트는 모두 chapter7/text-analysis 디렉토리에 있는 .env 파일에서 구성을 읽는다. 자주 사용하는 편집기를 열어 .env 파일을 만들어보자. 파일의 내용은 다음 예시와 같다.

**예시 7-5** 텍스트렉트 예제의 .env 파일

```
TARGET_REGION=eu-west-1
CHAPTER7_IMAGE_BUCKET=<사용할 버킷 이름>
```

<사용할 버킷 이름> 부분을 전역 환경에서 고유한 버킷 이름으로 바꾸도록 하자.

API를 배포할 때 이전과 같이 서버리스 프레임워크를 사용하므로, chapter7/text-analysis/text-analysis-api 디렉터리로 이동하여 다음 명령어를 실행하자.

```
$ npm install
$ serverless deploy
```

그러면 문서 이미지 버킷이 생성되고 API 게이트웨이가 설정되며 두 개의 람다 함수가 배포된다. 배포가 완료되면 [예시 7-6]과 같은 형태로 두 함수의 게이트웨이 URL을 출력한다.

**예시 7-6** 엔드포인트 URL

```
endpoints:
GET - https://63tat1jze6.execute-api.eu-west-1.amazonaws.com/dev/upload  ◁─┤ 업로드 URL
```

```
POST - https://63tat1jze6.execute-api.eu-west-1.amazonaws.com/dev/analyze  ◁──┤ 분석 URL
functions:
upload: c7textanalysis-dev-upload
analyze: c7textanalysis-dev-analyze
```

여기서 생성된 URL을 사용하여 텍스트 분석 API를 호출할 것이다.

**그림 7-9** 여권 샘플

이제 API를 배포했으므로 실제 데이터로 테스트해보자. 방금 배포한 서비스는 공과금 청구서나 여권 같은 문서에서 텍스트를 읽어 식별해낸다. data 디렉터리에 [그림 7-9] 같은 몇 가지 샘플 여권 이미지를 넣어두었다. 물론 더미 데이터이다.

API를 테스트하려면 먼저 .env 파일을 업데이트해야 한다. 텍스트 편집기에서 파일을 열고 다음 예시에 표시된 대로 특정 이름을 사용하여 두 개의 URL과 버킷 이름을 추가하자.

**예시 7-7.** 환경 설정 파일

```
TARGET_REGION=eu-west-1
CHAPTER7_IMAGE_BUCKET=<사용할 버킷 이름>
CHAPTER7_ANALYZE_URL=<분석 함수 URL>  ◁──┤ 분석 URL로 교체
CHAPTER7_GETUPLOAD_URL=<업로드 함수 URL>  ◁──┤ 업로드 URL로 교체
```

chapter7/text-analysis/client 디렉토리로 이동하자. 데이터 하위 디렉토리에 샘플 이미지가 들어있으며, 클라이언트 실행 코드는 index.js에 있다. 코드를 실행하려면 다음 셸 명령어를 입력하자.

```
$ npm install
$ node index.js
```

클라이언트 코드는 API를 사용하여 이미지 버킷에 예제 문서를 업로드한 다음 분석 API를 호출한다. 분석 API는 텍스트렉트를 호출하여 이미지를 분석하고 다시 클라이언트에 결과를 반환한다. 마지막으로 클라이언트 코드는 출력 JSON 구조를 구문 분석하고 몇 가지 주요 필드를 선택하여 콘솔에 표시하는데, 다음 예시와 유사한 출력이 표시되어야 한다.

예시 7-8 클라이언트 출력

```json
{
  "passportNumber": "340020013 (confidence: 99.8329086303711)",
  "surname": "TRAVELER (confidence: 75.3625717163086)",
  "givenNames": "HAPPY (confidence: 96.09229278564453)",
  "nationality": "UNITED STATES OF AMERICA (confidence: 82.67759704589844)",
  "dob": "01 Jan 1980 (confidence: 88.6818618774414)",
  "placeOfBirth": "WASHINGTON D.C. U.S.A. (confidence: 84.47944641113281)",
  "dateOfIssue": "06 May 2099 (confidence: 88.30438995361328)",
  "dateOfExpiration": "05 May 2019 (confidence: 88.60911560058594)"
}
```

텍스트렉트가 이 정보를 추출하기 위해 여러 기술을 적용하고 있다는 점에 유의하는 것이 중요하다. 먼저 광학 문자 인식optical character recognition(OCR) 분석을 수행하여 이미지의 텍스트를 인식한다. 이 분석의 일부로 인식된 문자에 대한 좌표 정보를 유지하여 블록과 선으로 그룹화하여 각 정보와 양식 필드를 이름–값 쌍으로 연결한다.

정확도를 높이려면 텍스트렉트에 양질의 이미지를 제공해야 한다. 제공한 데이터의 품질이 좋을수록 분석 결과는 더 좋아진다. 물론 저품질 이미지로도 API를 테스트 해볼 수 있다. 저품질 이미지의 경우 텍스트렉트가 동일한 필드를 식별하는 데 어려움을 겪는 것을 확인할 수 있다.

[예시 7-8]은 텍스트렉트가 식별한 필드와 신뢰 수준을 보여준다. 대부분의 AI 서비스는 신뢰 수준을 반환하므로 이 수치를 어떻게 처리할지 파악하는 것은 우리 몫이다. 예를 들어 사용 사례가 오류에 매우 민감하다면 99% 이상의 신뢰 수준만 받아들이고, 낮은 수준의 결과는 사람이 직접 확인하거나 수정을 거치도록 하는 것이 좋다. 그러나 많은 비즈니스 사용 사례는 낮은 정확도도 허용 가능할 수 있다. 이 판단은 각 도메인마다 다르며 비즈니스 및 기술 이해 관계자가 모두 참여해서 결정해야 한다.

조직의 비즈니스 프로세스에 대해 생각해보자. 이러한 유형의 분석으로 자동화할 수 있는 영역이 있을까? 고객이 제공한 문서에서 정보를 수집하고 입력해야 하는 경우는 없을까? 각자 자신의 필요에 맞게 조정하여 해당 프로세스를 개선할 수 있다.

## 7.2.5 API 삭제

다음 섹션으로 이동하기 전에 추가 요금이 발생하지 않도록 API를 제거해야 한다. chapter7/text-analysis/text-analysis-api 디렉토리로 이동하여 아래의 명령어를 실행해보자.

```
$ source ../.env && aws s3 rm s3://${CHAPTER7_IMAGE_BUCKET} --recursive
$ serverless remove
```

그러면 업로드된 모든 이미지가 버킷에서 제거되고 스택이 해체될 것이다.

## 7.3 키네시스를 사용한 AI 데이터 처리 파이프라인

두 번째 예에서는 데이터 처리 파이프라인을 구축한다. 이 파이프라인은 비동기 API를 통해 노출되며 패턴 2의 예제로 사용된다. 해당 예제를 구축할 때 키네시스, 트랜스레이트, 컴프리헨드를 비롯한 여러 새로운 서비스와 기술을 자세히 살펴볼 수 있다.

- 키네시스는 데이터 및 비디오 처리 파이프라인 생성에 사용되는 아마존의 실시간 스트리밍 서비스다.
- 트랜스레이트는 아마존의 머신러닝 기반 언어 번역 서비스다.

컴프리헨드는 감정 분석이나 키워드 감지와 같은 작업을 수행하는 데 사용하는 아마존의 자연어 처리<sup>natural language processing</sup>(NLP) 서비스다.

소매 및 전자 상거래의 영역을 생각해보자. 대형 소매점에는 아웃도어, 자동차, 애완 동물과 같은 여러 제품 분류가 있다. 소매업에서 고객 만족은 매우 중요하다. 특히 불만을 품은 고객은 올바르게 대응하면 브랜드의 팬으로 변할 수 있으므로 고객 불만에 대한 신속하고 효과적인 대응이 중요하다. 문제는 고객이 웹 사이트 제품 리뷰, 이메일, 트위터, 페이스북, 인스타그램, 블로그 게시물 등을 포함하여 불만을 제기할 수 있는 채널이 많다는 점이다.

제품 피드백 채널이 많을 뿐만 아니라 글로벌 판매 업체의 경우, 여러 언어로 된 피드백을 처리해야 한다. 고객을 대하는데 사람이 필요하지만 모든 피드백 채널과 다국어 환경의 부정적인 피드백을 감지하는 것은 AI 기반 솔루션에 적합하다.

예제 시스템은 다국어 및 다중 채널에서 피드백을 필터링하는 데 사용할 수 있는 AI 파이프라인이다. 우리 파이프라인의 목표는 제품 중 하나에 대해 부정적인 피드백이 감지되면 대응할 부서에 알리는 것이다.

해당 AI 파이프라인은 직영 사업<sup>line-of-business</sup>(LOB) 시스템을 방해하지 않으면서 판매 업체의 디지털 역량을 확장한다.

파이프라인은 [그림 7-10]에서 확인할 수 있다. 파이프가 시작될 때 원시 데이터가 수집 API로 전송된다. 이는 트위터 피드, 페이스북 댓글, 인바운드 이메일, 기타 소셜 채널과 같은 여러 피드에서 인바운드될 수 있다. API는 원시 텍스트를 키네시스 스트림에 공급하게 된다.

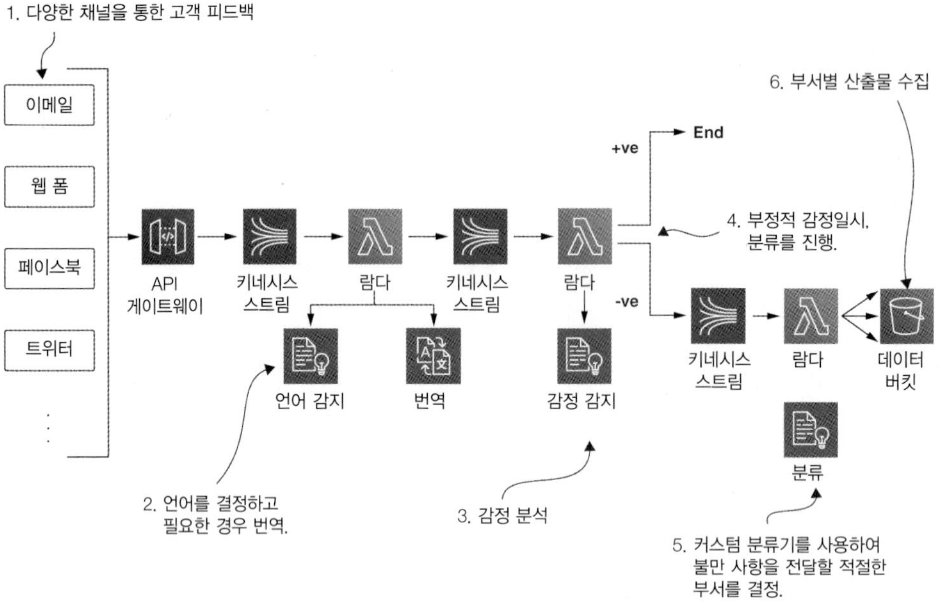

**그림 7-10** 파이프라인 프로세스

AWS는 MSK와 키네시스라는 두 가지 주요 스트리밍 기술을 제공한다. 이 중 사용이 가장 간단한 키네시스에 중점을 두고 설명하겠다. 스트림 데이터는 컴프리헨드를 사용하여 인바운드 텍스트의 언어를 결정하는 다운스트림 람다를 트리거한다. 언어가 영어가 아닌 경우 람다는 파이프라인에 게시하기 전에 AWS 트랜스레이트를 사용하여 즉석 번역을 실행한다. 다음 다운스트림 람다는 컴프리헨드를 사용하여 번역된 텍스트에 대한 감정 분석을 실행한다. 긍정적인 감정이 감지되면 메시지에 대한 추가 처리가 수행되지 않는다. 그러나 감정이 강하게 부정적일 경우 텍스트는 AWS 컴프리헨드를 사용하여 구축된 고객 분류기로 전송된다. 이는 텍스트를 분석하여 관련된 제품 부서를 결정, 부서 확인시 해당 팀에 메시지를 발송하여 부정적인 의견을 처리할 수 있다. 이 경우 결과를 S3 버킷으로 출력한다.

이처럼 AI 서비스 조합을 사용하여 파이프라인을 구축하면, 피드백의 필터링 및 분류 작업이 팀원없이 자동으로 수행되기 때문에 기업의 막대한 비용을 절감할 수 있다.

**키네시스 vs 카프카**

이 책에서 카프카 대신 키네시스를 선택한 이유 하나는 집필 시점에 카프카를 사용하려면 EC2 인스턴스에 설치, 설정, 관리하는 과정이 필요했기 때문이다. 하지만 AWS에서 카프카용 관리형 스트리밍(MSK)이 출시되면서 이 상황은 바뀌었다. 카프카가 가진 장점에 대한 전체적인 논의는 이 책의 범위를 벗어나지만 카프카는 확장성이 뛰어나고 다재다능하다. 대규모 스트리밍이 필요한 시스템을 구축하는 경우 카프카를 더 자세히 검토하는 것이 좋다.

키네시스가 MSK와 비교할때 AWS 스택에 더 완벽하게 통합되며, 빠르게 시작할 수 있으며, 실행 또한 간단하다는 것은 여전한 사실이므로 예제 시스템에서 채택되었다. 키네시스는 이 외에도 여러 가지 방법으로 사용할 수 있다.

- 키네시스 비디오 스트림Kinesis Video Streams: 비디오 및 오디오 콘텐츠 용
- 키네시스 데이터 스트림Kinesis Data Streams: 일반 데이터 스트리밍 용
- 키네시스 데이터 파이어호스Kinesis Data Firehose: S3, Redshift, 일래스틱서치용 키네시스 데이터 스트리밍
- 키네시스 분석Kinesis Analytics: SQL을 통한 실시간 스트림 처리 지원.

이 장에서는 키네시스 데이터 스트림을 사용하여 파이프라인을 구축한다.

## 7.3.1 코드 확인

파이프라인의 코드는 chapter7/pipeline 디렉토리에 있으며, 여기에는 프로세스의 각 단계마다 매핑되는 하위 디렉터리가 포함된다.

- pipeline-api: 시스템에 대한 API 게이트웨이 설정을 포함한다.
- translate: 언어 감지 및 번역 서비스 포함
- sentiment: 감정 분석 코드 포함
- training: 커스텀 분류기를 훈련하는 데 도움이 되는 유틸리티 스크립트 포함
- classify: 커스텀 분류기를 트리거하는 코드 포함.
- driver: 파이프라인을 실행하기 위한 코드 포함

이전 예제와 마찬가지로 배포하기 전에 각 서비스에 대한 코드를 간략하게 설명할 것이다. 모든 유닛이 배포되면 파이프라인을 처음부터 끝까지 테스트할 것이며, 이를 위한 첫 번째 단계인 API 배포를 시작해보자.

## 7.3.2 API 배포

API의 코드는 chapter7/pipeline/pipeline-api 디렉토리에 있으며 간단한 API와 함께 serverless.yml 파일로 구성되며, 서버리스 구성은 API에 게시된 데이터를 키네시스로 푸시하는 단일 수집 방법을 정의한다. 키네시스 스트림은 다음 예시에 표시된 서버리스 구성에도 정의되어있다.

예시 7-9 serverless.yml 내 키네시스 정의

```
resources:
  Resources:
    KinesisStream:  ←┤ 키네시스 스트림 정의
      Type: AWS::Kinesis::Stream
      Properties:
        Name: ${env:CHAPTER7_PIPELINE_TRANSLATE_STREAM}
        ShardCount: ${env:CHAPTER7_PIPELINE_SHARD_COUNT}
```

API의 코드는 인바운드 데이터를 키네시스 스트림으로 전달한다는 점에서 매우 간단하다. API는 인바운드 JSON POST 요청을 수락한 뒤, 다음 예시에 표시된 형식으로 전달한다.

예시 7-10 파이프라인 API용 JSON 데이터 형식

```
{
  originalText: ...  ←┤ 원본 텍스트
  source: 'twitter' ¦ 'facebook'...  ←┤ 피드백 출처
  originator: '@pelger'  ←┤ 피드백 작성자의 ID
}
```

API를 배포하기 전에 환경설정부터 해야 한다. chapter7/pipeline 디렉토리에 default-environment.env라는 템플릿 .env 파일을 사용하자. chapter7/pipeline 디렉토리에 이 파일의 복사본을 만들고 이름을 .env로 바꾸고 다음 예시에 설명한 내용을 작성한다.

```
TARGET_REGION=eu-west-1
CHAPTER7_PIPELINE_SHARD_COUNT=1  ◁── 키네시스 샤드 수
CHAPTER7_PIPELINE_TRANSLATE_STREAM=c7ptransstream  ◁── 키네시스 번역 스트림의 이름
CHAPTER7_PIPELINE_SENTIMENT_STREAM=c7psentstream  ◁── 키네시스 감정 스트림의 이름
CHAPTER7_PIPELINE_CLASSIFY_STREAM=c7pclassifystream  ◁── 키네시스 분류 스트림의 이름
CHAPTER7_PIPELINE_TRANSLATE_STREAM_ARN=...
CHAPTER7_PIPELINE_SENTIMENT_STREAM_ARN=...
CHAPTER7_PIPELINE_CLASSIFY_STREAM_ARN=...
CHAPTER7_CLASSIFIER_NAME=chap7classifier
CHAPTER7_CLASSIFIER_ARN=...
...
```

다음으로 chapter7/pipeline/pipeline-api 디렉터리에서 커맨드 셸을 열고 다음 명령어를 실행하여 API를 배포해보자.

```
$ npm install
$ serverless deploy
```

그러면 첫 번째 키네시스 스트림과 수집 API가 생성된다. [그림 7-11]은 API 배포 후 파이프라인의 상태를 보여주며, 강조 표시된 부분은 지금까지 배포된 항목을 나타낸다.

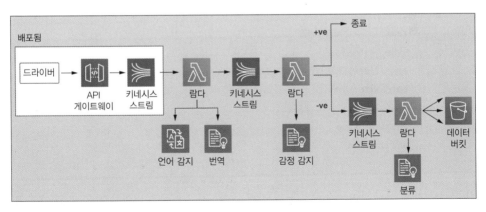

그림 7-11 API 배포 후 파이프라인

배포시 프레임워크는 API에 대한 URL을 출력한다. 다음 단계로 진행하기 전에 다음 예시에 표시된 대로 .env 파일에 추가하고 특정 값을 대체해보자.

예시 7-12 API 배포 후 .env 파일의 추가 항목

```
CHAPTER7_PIPELINE_API=<생성된 API URL>
```

## 7.4 트랜스레이트를 활용한 실시간 번역

데이터 수집 후 파이프라인의 첫 단계는 언어를 감지하고 필요한 경우 영어로 번역하는 것이다. 이러한 작업은 번역 서비스에서 처리하며, 해당 코드는 chapter7/pipeline/translate 디렉토리에 위치한다. 서버리스 구성에서 API 배포에서 정의한 키네시스 스트림이 주요 핸들러 함수을 트리거한다는 점을 제외하면 표준에 가깝다. 이는 다음 예시에서 살펴볼 수 있다.

예시 7-13 키네시스가 트리거한 핸들러

```
functions:
  translate:
    handler: handler.translate
    events:
      - stream:  ←─┤ 스트림에 연결
          type: kinesis
          arn: ${env:CHAPTER7_PIPELINE_TRANSLATE_STREAM_ARN}
          batchSize: 100
          startingPosition: LATEST
          enabled: true
          async: true
```

이 구성은 감정 감지 서비스가 연결할 두 번째 키네시스 스트림을 정의한 뒤, 스트림 게시 및 필요한 번역 서비스를 호출할 수 있는 적절한 권한을 설정한다. 이는 다음 예시를 통해 보다 구체적으로 살펴볼 수 있다.

예시 7-14 핸들러 IAM 권한

```
- Effect: Allow
  Action:
    - comprehend:DetectDominantLanguage  ⟵─┤ 컴프리헨드 권한
    - translate:TranslateText  ⟵─┤ 트랜스레이트 권한
    - kinesis:PutRecord  ⟵─┤ 키네시스 권한
    - kinesis:PutRecords
  Resource: "*"
```

handler.js의 번역 서비스 코드는 API에서 정의한 키네시스 스트림에서 생성한 데이터로 트리거된다. 이 데이터는 Base64로 인코딩된 레코드 블록 형태로 이벤트 매개 변수에 포함되어 핸들러 함수로 제공된다. 다음 예시는 서비스가 이러한 레코드를 사용하는 방법을 보여준다.

예시 7-15 번역 서비스

```
module.exports.translate = function (event, context, cb) {
  let out = []

  asnc.eachSeries(event.Records, (record, asnCb) => {  ⟵─┤ 각 레코드에 대해 반복
    const payload = new Buffer(record.kinesis.data,
      'base64').toString('utf8')  ⟵─┤ 레코드 디코딩
    let message

    try {
      message = JSON.parse(payload)  ⟵─┤ 객체 변환
    } catch (exp) {
  ...
  })
```

이 서비스는 컴프리헨드와 트랜스레이트를 함께 사용한다. 컴프리헨드는 메시지에서 언어를 감지하는 데 사용되며, 감지된 언어에서 필요한 경우 번역을 사용하여 영어로 변환한다. 다음 예시는 소스 코드로 이와 관련된 호출을 보여준다.

```
...
let params = {
  Text: message.originalText
}
comp.detectDominantLanguage(params, (err, data) => {  ◁── 언어 감지
...
  params = {
    SourceLanguageCode: data.Languages[0].LanguageCode,
    TargetLanguageCode: 'en',
    Text: message.originalText
  }
  trans.translateText(params, (err, data) => {  ◁── 영어로 번역
  ...
```

서비스가 텍스트를 번역한 후 필요한 경우 업데이트된 메시지를 두 번째 키네시스 스트림에 게시한다. 이는 이후에 감정 감지 서비스에 의해 선택될 것이며 지금 우리가 배포할 서비스다.

번역 서비스를 배포하려면 chapter7/pipeline/translate 디렉터리에서 커맨드 셸을 열고 다음을 실행해보자.

```
$ npm install
$ serverless deploy
```

그러면 파이프라인에 두 번째 단계가 생성된다. [그림 7-12]는 최신 배포 이후의 파이프라인 상태를 보여준다.

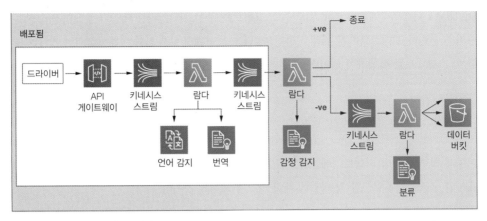

**그림 7-12** API 배포 후 파이프라인

파이프라인 배포를 절반 정도 완료했다. 다음 섹션에서는 지금까지 작업한 것이 작동하는지 확인해 볼 것이다.

## 7.5 파이프라인 테스팅

이제 파이프라인의 일부를 배포 했으므로 제대로 작동하는지 확인하기 위해 일부 데이터를 입력해보자. 이를 위해 우리는 무료 오픈 소스 공개 데이터셋을 활용할 것이다.

먼저 chapter7/pipeline/testdata 디렉토리로 이동해보자. 여기에는 테스트 데이터의 일부를 다운로드하고 압축을 푸는 스크립트가 포함되어있다.

```
$ bash ./download.sh
```

여기에서는 http://snap.stanford.edu/data/amazon/productGraph/에 보관된 아마존의 제품 리뷰 데이터 일부를 사용하고 있다. 특히 자동차, 미용, 사무실, 애완 동물 카테고리의 데이터를 사용하고 있으며, 스크립트가 완료되면 testdata/data 디렉터리에 4개의 JSON 파일이 다운로드됨을 확인할 수 있다. 각 파일에는 리뷰 텍스트, 전체 점수, 여러 리뷰 데이터가 포함되어있다. 텍스트 편집기에서 파일을 열어 데이터에 대한 전반적인 분위기를 파악해볼 수 있다.

testdata 디렉토리에 preproc.sh라는 스크립트는 다운로드한 리뷰 데이터에 대해 커스텀 분류기를 훈련하고 테스트하기 위해 사용한다. 다음 섹션에서 분류기를 살펴보겠지만 지금은 일단 이 스크립트를 실행하여 데이터를 처리해보도록 하겠다.

```
$ cd pipeline/testdata
$ bash preproc.sh
```

이렇게 하면 데이터 디렉토리에 많은 추가 파일이 생성된다. 이 JSON 파일에는 다음 예시에 표시된 구조로 다운로드한 각 파일에 대한 정보가 표시될 것이다.

**예시 7-17** 아마존 리뷰 데이터 형식

```
{
    train: [...],   ◁── 훈련 데이터
    test: {
        all: [...],
        neg: [...],   ◁── 부정 리뷰 테스트 데이터
        pos: [...]   ◁── 긍정 리뷰 테스트 데이터
    }
}
```

스크립트는 입력 데이터를 훈련용과 테스트용으로 하나씩 두 세트로 분할한다. 테스트셋 내에서 원본 데이터의 전체 필드를 사용하여 이 리뷰 데이터가 긍정인지 부정인지를 결정했다. 이렇게 하면 나중에 감정 필터를 테스트할 수 있다. 스크립트는 CSV 파일인 data/final/training.csv를 생성하는데, 다음 섹션에서 이 파일을 사용하여 분류기를 훈련시킬 것이다.

이제 데이터를 다운로드하고 준비했으므로 지금까지 작성한 파이프라인이 제대로 작동하는지 확인할 수 있다. pipeline/driver 디렉터리에 이를 위한 작은 Node.js 프로그램 두 가지가 있다. 테스트 데이터로 API를 호출하는 driver.js와 지정된 키네시스 스트림에서 데이터를 읽어 해당 스트림에 어떤 데이터가 있는지 확인하는 streamReader.js다. 코드의 세부적인 내용은 여기서 다루지 않는다.

먼저 일부 데이터를 API에 게시해보자. pipeline/driver 에서 커맨드 셸을 열고 종속성을 설치한 다음 드라이버를 실행해보자.

```
$ npm install
$ node driver.js office pos
$ node driver.js office neg
$ node driver.js beauty neg
```

그러면 3개의 무작위 리뷰가 있는 API가 호출된다. 2개는 사무 제품 데이터셋에서 1개는 뷰티 데이터셋에서 가져온다. 이 드라이버를 사용해 리뷰 데이터가 긍정인지 부정인지를 지정할 수도 있다. 다음으로 데이터가 실제로 키네시스 스트림에 있는지 확인해보자. 먼저 다음 명령어를 실행해보자.

```
$ node streamReader.js translate
```

그러면 번역 스트림에서 데이터를 다시 읽어 콘솔에 표시하는데, 스트림 리더 코드는 매초 키네시스를 폴링하여 최신 데이터를 표시한다. 이를 중지하려면 Ctrl-C를 누르자. 다음으로, 감정 스트림에도 이 과정을 반복해보자.

```
$ node streamReader.js sentiment
```

번역 서비스에서 추가한 일부 추가 필드와 함께 콘솔에 동일한 데이터가 표시되어야 한다.

## 7.6 컴프리헨드를 사용한 감정분석

이제 파이프라인을 테스트 했으므로 인바운드 텍스트에서 감정을 감지하는 단계를 구현할 차례이다. 이에 대한 코드는 pipeline/sentiment 디렉토리에 있으며 AWS 컴프리헨드를 사용하여 감정 스코어를 결정한다. 서버리스 구성은 부정 리뷰 수집을 위한 S3 버킷 생성을 제외하고는 이전 서비스와 매우 유사하므로 여기서는 다루지 않을 것이다.

서비스 코드는 handler.js에 있으며 다음 예시에 자세히 살펴보겠다.

예시 7-18 감정 분석 핸들러

```
module.exports.detect = function (event, context, cb) {
  asnc.eachSeries(event.Records, (record, asnCb) => {
    const payload = new Buffer(record.kinesis.data, 'base64').toString('utf8')   ← 키네시스의 메시지 압축 해제
let message = JSON.parse(payload)
    ...
    let params = {
      LanguageCode: 'en',
      Text: message.text
    }
    comp.detectSentiment(params, (err, data) => {   ← 감정 감지
      ...

      if (data.Sentiment === 'NEGATIVE' ||
          data.Sentiment === 'NEUTRAL' ||
          data.Sentiment === 'MIXED') {   ← S3에 부정, 중립, 복합 메시지 쓰기
```

```
      writeNegativeSentiment(outMsg, (err, data) => {
        asnCb(err)
      })
    } else {
      if (data.SentimentScore.Positive < 0.85) {   ←─┤ 긍정적이더라도, 신뢰 수준에 따라 작성
        writeNegativeSentiment(outMsg, (err, data) => {
          ...
        }
      })
    ...
  }
```

메시지 압축을 풀면 코드는 컴프리헨드를 호출하여 메시지 감정을 감지한다. 모든 부정 메시지는 이후 처리를 위해 S3 버킷에 기록되며, 긍정 메시지는 삭제된다. 그러나 이 시점에서 추가 계산을 수행할 수도 있다. 예를 들어 긍정적 감정과 부정적 감정의 비율을 모니터링하고 그 비율이 비정상적일 때 경고를 띄울 수도 있다.

모든 AI 서비스와 마찬가지로 반환된 신뢰 수준을 비즈니스 문제에 적절하게 해석하는 것이 중요하다. 이 경우, 우리는 아래의 기준을 통해 리뷰를 분류하기로 결정했다.

- 전반적으로 부정, 중립, 복합 메시지는 부정적 감정으로 간주하고 분류를 위해 전송한다.
- 신뢰 수준이 85% 이상인 전체적인 긍정적 메시지는 모두 삭제된다.
- 신뢰 수준이 85% 미만인 긍정 메시지는 부정적인 것으로 간주하고 분류를 위해 전송된다.

이 시나리오에서 분류된 후 삭제되지 않은 메시지는 처리를 위해 사람에게 전송된다. 예를 들어 모든 불만 사항을 처리하는 것에 대해 덜 염려하고 매우 부정적인 결과에만 초점을 맞추고 싶을 경우 신뢰 수준에 관계없이 중립적이고 긍정적인 메시지를 버림으로써 이러한 규칙을 비즈니스 프로세스에 맞게 쉽게 변경할 수 있다. 요점은 우리의 결과가 관련 신뢰 수준과 함께 제공된다는 사실을 이해하고 그에 따라 해석하는 것이다.

이제 감정 분석 서비스를 배포해 보도록 하자. `pipeline/sentiment` 디렉토리로 이동하고 다음 명령을 실행해보자.

```
$ npm install
$ serverless deploy
```

서비스가 배포되면 다음 예시와 같이 드라이버를 다시 실행하여 긍정 메시지와 부정 메시지를 전달하여 파이프라인을 다시 테스트할 수 있다.

**예시 7-19** 아마존 리뷰 데이터 형식

```
$ cd pipeline/driver
$ node driver.js office pos ◁────┐ 긍정적인 메시지 전달
$ node driver.js beauty pos      ┘
$ node driver.js beauty neg ◁────┐ 부정적인 메시지 전달
$ node driver.js auto neg        ┘
```

파이프라인이 올바르게 작동하는지 확인하려면 driver 디렉토리에서 streamReader 유틸리티를 실행하여 분류 스트림에서 읽도록 하자.

```
$ node streamReader.js classify
```

이는 분류 스트림에서 데이터를 다시 읽어 콘솔에 표시한다. stream-reader 코드는 매초 키네시스를 폴링하여 최신 데이터를 표시한다. 리더를 중지하려면 Ctrl-C를 누르자. 여기에서는 감정 분석의 추가 데이터와 함께 메시지 출력이 표시되어야 한다. 강력한 긍정 메시지는 삭제되므로 드라이버가 보낸 모든 메시지가 분류 스트림에 전달되는 것은 아님에 주의하자.

배포 후 파이프라인의 현재 상태는 [그림 7-13]에 나와 있다.

> **TIP_** 우리는 데이터 파이프라인의 일부로 번역 및 감정 분석 서비스를 사용하고 있지만 이러한 서비스는 물론 단독으로도 사용할 수 있다. 현재 직장이나 조직에서 이러한 서비스를 적용할 수 있는 인스턴스를 생각해 보자.

## 7.7 커스텀 문서 분류기 훈련

파이프라인의 마지막 단계에서는 커스텀 분류기를 사용할 것이다. 인바운드 메시지 텍스트에서 분류기는 메시지가 속한 부서(자동차, 뷰티, 사무용품, 애완 동물)를 결정할 수 있다. 분류기

를 처음부터 훈련시키는 것은 일반적으로 머신러닝에 대한 어느 정도의 심층 지식이 필요한 복잡한 작업이다. 고맙게도 AWS 컴프리헨드를 사용하면 이 작업이 훨씬 쉬워진다. [그림 7-14]는 훈련 과정을 나타낸다.

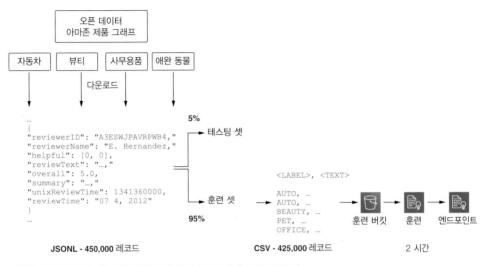

그림 7-14 컴프리헨드를 사용하여 사용자 지정 분류기를 훈련하는 프로세스

커스텀 분류기를 학습시키기 위한 모든 코드는 pipeline/training 디렉토리에 있다. 분류기를 훈련하려면 다음을 수행해야 한다.

- 데이터 버킷을 생성
- 훈련 데이터를 버킷에 업로드
- 분류기에 대한 IAM 역할을 생성
- 모델 훈련을 실시하여 분류기 생성
- 분류기를 사용할 수 있도록 엔드포인트 생성

---

### 문서 분류 모델

문서 분류는 문서에 하나 이상의 클래스나 유형을 할당하는 문제이다. 여기에서 문서는 큰 원고에서 단일 문장에 이르기까지 다양하다. 일반적으로 다음 두 가지 방법 중 하나를 사용하여 수행된다.

---

- 비지도 학습에 의한 분류: 텍스트 분석을 기반으로 문서를 유형화한 뒤, 클러스터링 진행.
- 지도 학습에 의한 분류: 우리의 필요에 맞는 커스텀 모델을 구축하기 위해 훈련 과정에 레이블 데이터를 제공.

이 장에서는 지도 분류를 사용하여 모델을 학습한다. 컴프리헨드를 사용하면 교육 과정의 세부 사항을 파악할 필요가 없으며, 컴프리헨드가 학습할 레이블이 지정된 데이터셋만 제공하면된다.

## 7.7.1 훈련 버킷 생성

훈련 버킷을 만들기 전에 .env 파일을 업데이트 해야 한다. 이전과 같이 텍스트 편집기에서 이를 열고 다음 예시에 표시된 행을 추가하여 고유한 버킷 이름을 생성하자.

**예시 7-20** 파이프라인용 환경 설정 파일

```
CHAPTER7_PIPELINE_TRAINING_BUCKET=<훈련용 버킷 이름>
```

버킷 생성을 위해 **pipeline/training** 디렉터리로 이동하고 다음을 실행하도록 하자.

```
$ cd pipeline/training
$ npm install
$ cd resources
$ serverless deploy
```

## 7.7.2 훈련 데이터 업로드

파이프라인을 테스트 한 이전 섹션에서의 작업에서 그러했듯이, 데이터 처리 스크립트는 학습용 CSV 파일을 생성했다. 이제 생성된 CSV파일을 훈련 데이터 버킷에 업로드해야 한다. **pipeline/testdata** 디렉터리로 이동하고 아래의 명령어를 실행해보자.

```
$ source ../.env && aws s3 sync ./data/final s3://${CHAPTER7_PIPELINE_TRAINING_
BUCKET}
```

그러면 훈련 데이터셋이 S3로 올라가며, 해당 파일은 약 200MB이므로 아웃바운드 연결 속도에 따라 업로드하는 데 약간의 시간이 걸릴 수 있다.

훈련 데이터 파일은 다음 예시에 표시된 대로 레이블 셋과 관련 텍스트가 포함된 csv 파일이다.

예시 7-21 훈련 데이터 구조

```
<LABEL>, <TEXT>
```

이번 예시의 레이블은 AUTO, BEAUTY, OFFICE, PET 중 하나이다. 컴프리헨드는 이 파일의 텍스트 데이터를 사용하여 커스텀 분류기를 작성하고 모델을 학습시켜 적절한 레이블과 매칭시킨다.

## 7.7.3 IAM 역할 생성

다음으로 분류기를 위한 ID와 액세스 관리(IAM) 역할을 만들어야 한다. 이렇게 하면 분류자가 액세스할 수 있는 AWS 클라우드 서비스를 제한할 수 있다. 역할을 생성하려면 pipeline/training 디렉토리로 이동하고 다음을 실행해보자.

```
$ bash ./configure-iam.sh
```

그러면 역할이 생성되고 새로 생성된 역할의 ARN이 콘솔에 표시될 것이다. 다음 예시에 표시된대로 역할 ARN을 .env 파일에 추가해보자.

예시 7-22 역할 ARN으로 파이프라인 환경 업데이트

```
CHAPTER7_DATA_ACCESS_ARN=<역할 ARN>
```

> **NOTE_** AWS IAM<sup>Identity and Access Management</sup>은 AWS 전체에 걸쳐 역할과 액세스 권한을 정의한다. 전체 설명은 이 책의 범위를 벗어나지만 http://mng.bz/NnAd에서 전체 AWS IAM 설명서를 찾을 수 있다.

### 7.7.4 훈련 실행

이제 분류기 학습을 시작할 준비가 되었다. 이를 수행하는 코드는 `pipeline/training/train-classifier.js`에서 확인할 수 있다. 이 코드는 단순히 컴프리헨드의 `createDocumentClassifier` API를 호출하여 데이터 액세스 역할, 분류기 이름, 학습 버킷에 대한 링크를 전달한다. 이는 다음 예시에 표시된다.

**예시 7-23** 분류기 학습

```
const params = {          ◁──┐ 훈련 파라미터 설정
  DataAccessRoleArn: process.env.CHAPTER7_DATA_ACCESS_ARN,
  DocumentClassifierName: process.env.CHAPTER7_CLASSIFIER_NAME,
  InputDataConfig: {
    S3Uri: `s3://${process.env.CHAPTER7_PIPELINE_TRAINING_BUCKET}`
  },
  LanguageCode: 'en'
}

comp.createDocumentClassifier(params, (err, data) => {          ◁──┐ 훈련 시작
```

학습을 시작하려면 `pipeline/training` 디렉토리로 이동하여 아래의 명령어를 실행해보자.

```
$ bash ./train.sh
```

학습 데이터 훈련에는 시간이 어느정도 걸릴 수 있으며 일반적으로는 한 시간 이상이 걸린다. 바로, 지금이 휴식을 취하기에 좋은 시간이다. 동일한 디렉토리에서 `status.sh` 스크립트를 실행하여 학습 프로세스의 상태를 확인할 수 있으며, 분류기를 사용할 준비가되면 TRAINED 상태가 출력된다.

## 7.8 커스텀 분류기 사용

이제 분류기를 학습했으므로 파이프라인의 마지막 단계인 새로 학습된 커스텀 분류기를 호출해보자. 커스텀 분류기 호출을 위해 분류 서비스 배포를 진행할 수 있다. 이미 메시지의 언어를

확인하고 필요한 경우 영어로 번역했으며 데이터 처리 과정에서 버킷에 부정적인 메시지만 포함하도록 필터링했다. 이제 새로 훈련된 분류기를 실행하여 메시지에 해당하는 관련 부서를 결정하는 일만 남았다.

분류기를 사용할 수 있도록 하려면 엔드포인트를 만들어야 한다. `pipeline/training` 디렉터리에서 endpoint.sh 스크립트를 실행하여 이를 수행해보자.

```
$ cd pipeline/training
$ bash ./endpoint.sh
```

> **WARNING_** 분류기에 대한 엔드포인트가 생성되면 시간당 요금이 부과되므로 완료되면 이 장의 모든 리소스를 삭제해야 한다!

분류 서비스를 배포하기 전에 출력 버킷의 이름을 제공하도록 .env 파일을 업데이트 해야 한다. 텍스트 편집기에서 이를 열고 다음 예시에 표시된 행을 편집하여 고유한 버킷 이름으로 생성해보자.

**예시 7-24** 파이프라인 처리 버킷

```
CHAPTER7_PIPELINE_PROCESSING_BUCKET=<파이프라인 처리 버킷 이름>
```

분류 서비스의 코드는 `pipeline/classify` 디렉토리에 있으며, 여기에는 서비스에 필요한 `serverless.yml`, `handler.js` 파일이 있다. 다음 예시는 서비스의 기본 핸들러 함수에서 분류기가 실행되는 방법을 보여주고 있다.

**예시 7-25** 커스텀 분류기 엔드포인트 호출

```
...
  let params = {
    EndpointArn: process.env.CHAPTER7_ENDPOINT_ARN,   ◁── 파라미터에 진입점에 대한 ARN 추가
    Text: message.text
  }
  comp.classifyDocument(params, (err, data) => {   ◁── 엔드포인트를 통한 분류기 호출
    if (err) { return asnCb(err) }
```

```
    let clas = determineClass(data)  ◁─┤ 결과 처리
    writeToBucket(clas, message, (err) => {  ◁─┤ 출력 버킷에 메시지 작성
      if (err) { return asnCb(err) }
      asnCb()
    })
  })
...
```

자체 사용자 지정 분류기를 학습했지만 소비 패턴은 이전에 접한 다른 서비스와 유사하므로 코
드가 익숙해 보일 것이다. [예시 7-25]에서 호출된 함수 determineClass는 다음 예시에서 확
인할 수 있다.

**예시 7-26** 사용자 정의 분류 결과 해석

```
function determineClass (result) {
  let clas = classes.UNCLASSIFIED
  let max = 0
  let ptr

  result.Classes.forEach(cl => {  ◁─┤ 가장 높은 점수를 가진 분류 탐색.
    if (cl.Score > max) {
      max = cl.Score
      ptr = cl
    }
  })
  if (ptr.Score > 0.95) {  ◁─┤ 95% 이상의 점수만 허용.
    clas = classes[ptr.Name]
  }
  return clas
}
```

이 함수는 분류 확신도가 95%보다 큰 경우 점수가 가장 높은 분류 클래스를 반환한다. 그렇지
않으면 결과로 UNCLASSIFIED가 반환되며, 우리가 접한 다른 서비스와 마찬가지로 신뢰 수준
의 해석은 도메인에 따라 다르게 적용된다. 이 경우 95% 이상의 높은 정확도를 선택했으며, 분
류되지 않은 결과는 부서로 직접 보내지 않고 사람이 처리해야 한다.

분류 서비스를 배포하려면 pipeline/classify 디렉터리로 이동하고 아래의 커맨드를 실행하도록 하자.

```
$ npm install
$ serverless deploy
```

이제 파이프라인 배포가 완료되었다! 이 장의 마지막 단계에서는 처음부터 끝까지 테스트를 진행해 볼 것이다.

## 7.9 파이프라인 종단간 테스트

먼저 데이터를 일부만 푸시해 전체 파이프라인을 테스트해보자. 이전과 같이 테스트 드라이버를 사용하여 이를 수행할 수 있다. pipeline/driver 디렉터리로 이동하고 다음 명령어를 실행하여 데이터를 푸시해보자.

```
$ node driver.js [DEPT] [POS | NEG]
```

auto, beauty, office, pet과 같은 임의의 부서 이름을 대체하여 여러 번 수행해보자. 양수값이나 음수값도 모두 무작위로 사용해봐도 좋다. 메시지는 파이프라인을 통과하고 그 중 부정적인 메시지는 앞서 설정한 부서 이름인 auto, beauty, office, pet이나 미분류를 의미하는 unclassified 중 하나로 구분되어 처리 버킷에 저장된다. 해당 결과를 확인할 때 도움이 되는 스크립트가 있으므로, pipeline/driver 디렉터리로 이동하고 다음을 실행해보자.

```
$ node results.js view
```

해당 명령어를 실행하면 결과 버킷에서 값을 가져와 콘솔에 출력한다. 다음과 유사한 출력이 표시되어야 한다.

```
beauty
I'm not sure where all these glowing reviews are coming from... NEGATIVE
{
  Positive: 0.0028411017265170813,
```

```
   Negative: 0.9969773292541504,
   Neutral: 0.00017945743456948549,
   Mixed: 0.0000021325695342966355
}

office
I bought this all in one HP Officejet for my son and his wife... NEGATIVE
{
   Positive: 0.4422852396965027,
   Negative: 0.5425800085067749,
   Neutral: 0.015050739049911499,
   Mixed: 0.00008391317533096299
}

unclassified
didnt like it i prob will keep it and later throw it out... NEGATIVE
{
   Positive: 0.00009981004404835403,
   Negative: 0.9993864297866821,
   Neutral: 0.0005127472686581314, Mixed: 9.545062766846968e-7
}
```

긍정적인 리뷰는 감정 필터가 삭제하므로 결과 버킷에는 부정적인 메시지만 있어야 한다. 시간을 들여 결과를 검토해보자. 일부 메시지는 분류되지 않아 분류 단계의 신뢰 수준이 95% 미만임을 의미한다.

다음 단계로 파이프라인 출력을 기반으로 적절한 부서에 경고 이메일을 보낼 수 있다. 이는 AWS의 SES<sup>Simple Email Service</sup> 서비스를 사용하여 쉽게 수행할 수 있는데, 이 부분은 독자 스스로 해보는 연습 과제로 남겨두겠다.

추가적으로 더 많은 양의 데이터를 파이프라인으로 푸시하고 시스템이 어떻게 작동하는지 확인하는 스크립트를 작성할 수도 있을 것이다. 또한 자신의 의견이나 트윗을 작성하여 파이프라인으로 보내서 다른 데이터 항목이 제공될 때 시스템이 얼마나 정확한지 확인해볼 수 있다.

## 7.10 파이프라인 제거

파이프라인 구축 실습을 완료 한 후에는 AWS에서 추가 비용이 발생하지 않도록 제거하는 것이 중요하다. 이를 위해 chapter7/pipeline 디렉토리에 파이프라인의 모든 요소를 제거하는 몇 가지 스크립트를 확인할 수 있다. 이 디렉토리로 이동하여 다음 명령어를 실행해보자.

```
$ bash ./remove-endpoint.sh
$ bash ./check-endpoint.sh
```

이렇게 하면 엔드포인트 제거를 시작한다. 이는 몇 분 정도 소요되며, 이 후에는 check-endpoint.sh 스크립트를 다시 실행할 수 있다. check-endpoint.sh 스크립트를 실행하면 엔드포인트의 상태가 DELETING 으로 표시되는데, 스크립트가 더 이상 엔드포인트를 나열하지 않으면 다음 명령어를 실행하여 나머지 시스템을 제거할 수 있다.

```
$ bash ./remove.sh
```

이렇게 하면 이 섹션에 배포된 사용자 지정 분류기와 다른 모든 리소스가 제거된다. 모든 리소스가 실제로 스크립트에 의해 제거되었는지 확인해보자.

## 7.11 자동화의 이점

이러한 유형의 처리가 조직에 어떻게 도움이 될지 잠시 생각해보자. 집필 시점인 2019년 4월 기준으로, 아마존에는 수억 개의 제품이 판매 중이다. 예를 들어 다양한 부서에서 50만 개의 제품을 판매하는 소규모 소매 업체를 고려해보자. 고객이 다음 5개 채널을 통해 피드백을 제공한다고 가정해보자.

- 트위터
- 페이스북
- 사이트 리뷰
- 이메일
- 기타

이 때, 매일 마다 각 채널별로 2%의 상품이 피드백을 받는다고 가정해보자. 즉, 회사는 매일 약 5만 개의 피드백 항목을 검토하고 처리한다. 이를 연간 기준으로 계산하면 1,825만 개가 된다.

한 사람이 각 피드백을 처리하려면 평균 2분 정도 소요된다는 점을 감안하면 표준 근무 시간인 8시간 동안 240개의 피드백만 처리할 수 있다. 즉, 매일마다 발생하는 모든 피드백 항목을 수동으로 처리하려면 200명 이상의 인원이 필요하다.

AI 파이프라인은 이 부하를 하루 24시간, 1년 365일 쉽게 처리할 수 있으므로 비용과 고된 작업을 크게 줄일 수 있다.

이번 장을 통해서 일상적인 작업에 서비스형 AI를 적용하여 문제를 해결하는 방법에 대한 영감을 얻었기를 바란다.

# 7.12 요약

- 기존 시스템에 다양한 아키텍처 패턴(동기 API / 비동기 API / 스트림 인 / 완전 연결 스트리밍)을 활용해 서비스형 AI를 적용할 수 있다.
- AWS 텍스트렉트를 사용하여 문서에서 주요 텍스트 필드를 추출할 수 있으며, 여권 이미지에서 정보를 추출하는 특정 사례를 살펴보았다.
- 기존 전자 상거래/소매 플랫폼의 예를 사용하여 키네시스와 람다를 사용하여 AI 데이터 처리 파이프라인을 구축해보았다.
- AWS 트랜스레이트를 사용하여 언어를 실시간으로 번역할 수 있다.
- 아마존의 상품 리뷰 데이터를 활용하여 감정 분석 서비스 구축이 가능하다.
- 문서 분류기는 아마존 리뷰 데이터를 훈련 및 테스트셋으로 분할하여 컴프리헨드를 사용하여 구축된다.
- 이러한 모든 기술을 데이터 처리 파이프라인으로 결합하면 데이터를 변환, 필터링, 분류하는 시스템이 생성된다. 이것은 비즈니스 목표를 달성하기 위해 여러 AI 서비스를 결합하는 방법의 예시이다.

> **WARNING_** 추가 비용을 피하기 위해 이 장에서 배포한 모든 클라우드 리소스를 완전히 제거했는지 확인하자!

Part **III**

서버리스 AI를 통한
데이터 수집 및 분석

8장에서는 서버리스 웹 크롤러를 구축하고 데이터 수집과 관련된 몇 가지 문제를 살펴본다. 9장에서는 서버리스 크롤러로 수집한 데이터를 AIaaS를 사용하여 분석하고, 분석 작업을 효율적으로 조정 및 제어하는 방법을 검토한다. 여기서부터는 좀 어려울 수 있으나, 지금까지 모든 콘텐츠를 마스터했다면 보람과 깨달음을 얻을 수 있을 것이다.

이번 마지막 부분을 학습함으로써 여러분은 자신의 작업에 최신 기술을 적용할 수 있게 될 것이다. 행운을 빈다!

# 서버리스 AI를 통한
# 데이터 수집 및 분석

# 실제 AI를 위한 대규모 데이터 수집

---

**이 장의 주요 내용**

◆ AI 애플리케이션을 위한 데이터 소스 선택

◆ 대규모 데이터의 소스를 찾기 위한 서버리스 웹 크롤러 구축

◆ AWS 람다를 사용하여 웹 사이트에서 데이터 추출

◆ 대규모 데이터 수집을 위한 규정 준수, 법적 측면 등 고려 사항 이해

◆ 이벤트 기반 서버리스 시스템을 위한 버스로 클라우드워치 이벤트 사용

◆ AWS 스텝 함수를 사용하여 서비스 오케스트레이션 수행

---

7장에서는 제품 리뷰에 자연어 처리$^{natural\ language\ processing}$(NLP) 기술을 적용하는 방법과 서버리스 아키텍처에서 스트리밍 데이터를 사용하여 AWS 컴프리헨드로 감정 분석 및 텍스트 분류를 달성하는 방법을 살펴보았다. 이 장에서는 데이터 수집에 대해 다룰 것이다.

일부 추정에 따르면 데이터 과학자는 데이터 수집 및 준비에 전체 분석 시간 중 50~80%를 소비한다.[26] [27] 많은 데이터 과학자와 머신러닝 실무자들은 분석을 수행할 때 직면하는 가장 큰 문제는 양질의 데이터를 찾아 올바르게 준비하는 것이라고 말한다. 실제로 머신러닝 알고리즘에 제공되는 데이터의 품질만큼 모델의 성능이 좋은 것은 분명하다. AI 솔루션을 개발하기 전에 사용할 데이터와 관련한 몇 가지 핵심 질문에 답해야 한다.

---

**26** 길 프레스$^{Gil\ Press}$, 'Cleaning Big Data: Most Time-Consuming, Least Enjoyable Data Science Task, Survey Says,' Forbes, March 23, 2016(https://www.forbes.com/sites/gilpress/2016/03/23/data-preparation-most-time-consuming-least-enjoyable-data-science-task-survey-says)
**27** 스티브 로어$^{Steve\ Lohr}$, "For Big-Data Scientists, 'Janitor Work' Is Key Hurdle to Insights," New York Times, August 17, 2014(https://www.nytimes.com/2014/08/18/technology/for-big-data-scientists-hurdle-to-insights-is-janitor- work.html)

- 어떤 데이터가 어떤 형식으로 필요할까?
- 어떤 데이터 소스를 사용할 수 있을까?
- 데이터는 어떻게 정리될까?

데이터 수집 개념에 대한 올바른 이해가 머신러닝 애플리케이션의 핵심이다. 애플리케이션의 요구 사항에 맞는 데이터를 소싱하고 조정하는 방법을 배우면 원하는 결과를 얻을 수 있는 가능성이 크게 높아지기 마련이다.

## 8.1 시나리오: 이벤트와 연사 찾기

많은 독자가 흥미를 가질 만한 문제를 살펴보겠다. 참석할 컨퍼런스 이벤트를 찾고 있다고 생각해보자. 이 문제를 해결하기 위해 시스템을 구축하고자 한다. 사용자는 관심있는 주제에 대한 컨퍼런스를 검색하고 컨퍼런스에서 누가 발표를 하는지, 장소가 어디인지, 언제 열리는지 확인할 수 있다. 이 기능을 확장하면 다른 이벤트를 검색했거나 '좋아요'한 사용자에게 컨퍼런스를 추천할 수도 있다.[28]

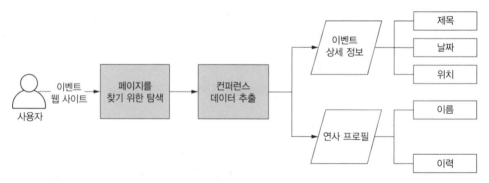

**그림 8-1** 데이터 수집 애플리케이션은 컨퍼런스 웹 사이트를 크롤링하여 이벤트 및 발표자 정보를 추출한다.

이러한 시스템을 구축할 때 회의 이벤트에 대한 데이터를 수집하고 분류해야 한다. 해당 데이터를 완전하게 구조화시킨 소스는 존재하지 않는다. 우리는 인터넷 검색 엔진을 사용하여 관련 이벤트에 대한 웹 사이트를 찾을 수 있지만 이벤트 위치, 날짜, 발표자, 주제 정보를 찾고 추출

---

**28** 독자에게 흥미로운 실습으로, AWS 퍼스널라이즈가 이 애플리케이션에 적합한 관리형 머신러닝 추천 서비스다.

하기에는 문제가 있다. 웹 크롤링 및 스크래핑을 적용할 수 있는 완벽한 상황으로, 요구 사항은 [그림 8-1]로 요약해 볼 수 있다.

### 8.1.1 필요한 데이터 식별

데이터 식별의 첫 번째 단계는 해결중인 문제부터 시작하는 것이다. 달성할 목표에 대한 명확한 그림이 있는 경우 거기에서 다시 작업하여 필요한 데이터와 가져야하는 속성을 결정해보자. 필요한 데이터의 종류는 다음 두 가지 요인에 의해 크게 영향을 받는다.

- 훈련 및 검증 단계가 필요한가?
- 그렇다면 데이터에 레이블을 지정해야 하는가?

이 책 전체에서 우리는 관리형 AI 서비스를 사용해왔다. 이 접근 방식의 가장 큰 장점은 훈련이 필요하지 않은 경우가 많다는 것이다. 학습할 필요가 없는 관리형 서비스는 테스트 데이터셋과 사전 학습이 끝나 사용할 준비가 된 모델이 함께 제공된다. 다른 경우에는 모델 훈련 단계가 필요할 수 있다.

### 훈련, 검증, 테스트 데이터

머신러닝 모델의 개발에서 데이터셋은 일반적으로 [그림 8-2]와 같이 세 가지 세트로 나뉜다.

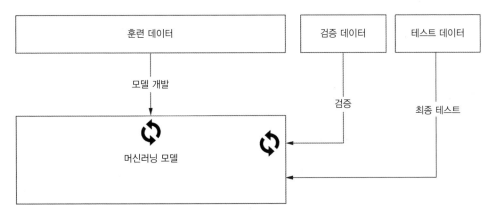

그림 8-2 모델 개발 및 테스트 중 훈련, 검증, 테스트 데이터

훈련셋이라 부르는 많은 양의 데이터가 모델 훈련에 사용된다. 검증셋(또는 개발셋)은 알고리즘을 선택하고 성능을 측정하는 데 사용된다. 마지막으로, 테스트셋은 알고리즘이 학습에 사용하지 않은 데이터를 얼마나 잘 일반화하는지 확인하기 위해 사용하는 독립적인 데이터셋이다.

1장의 지도 및 비지도 학습을 기억할 것이다. 지도 학습에는 레이블로 주석을 달아야 하는 데이터가 필요하기 때문에 지금 어떤 방식을 사용하고 있는지 이해해야 한다.

1장에서는 AWS의 관리형 AI 서비스 표를 살펴보았다. 이 표는 부록 A에서 확장되어 각 서비스에 대한 데이터 요구 사항 및 학습 자료 등을 확인할 수 있다. AI 애플리케이션을 계획할 때 이를 참조할 수 있다. 관리형 AI 서비스를 사용하지 않고 알고리즘을 선택하여 커스텀 모델을 훈련한다면 데이터 수집 및 준비에 많은 노력이 필요하다. 테스트 데이터 영역 내에서 잘 작동하며 정확한 결과를 생성하는 데이터를 얻기 위해 많은 고려 사항이 존재한다.

---

### 대표 데이터 선정

머신러닝 모델을 훈련하기 위해 데이터를 선택할 때 데이터가 실제 데이터를 대표하는지 확인하는 것이 중요하다. 보통 데이터 선택시, 편향된 기준으로 선택시 문제가 발생하곤 한다. 과적합을 줄이기 위해서는 좋은 훈련 데이터를 선택하는 것이 중요한데, 과적합은 모델이 훈련 데이터셋에 너무 구체적이고 일반화할 수 없을 때 발생하곤 한다.

워싱턴 대학의 한 연구팀은 사진에 늑대나 허스키가 포함되어 있는지 감지하기 위해 머신러닝 모델을 학습시켜 선택 편향 문제를 설명했다. 배경에 눈이 있는 늑대 사진과 배경에 잔디가 있는 허스키 사진을 의도적으로 선택하여 실제로는 잔디와 눈을 감지하는 데에만 효과적인 알고리즘을 훈련시켰다. 하지만 테스트 대상에게 이 결과를 제시했을 때 사람들은 여전히 허스키와 늑대를 감지하는 알고리즘의 능력을 신뢰한다고 보고했다.[29]

우리는 또한 사람의 편견이 녹아 있는 시스템 데이터로 훈련하면 알고리즘이 기존의 유해한 사회적 편견을 이어받는다는 사실도 알고 있다. 이는 마이크로소프트에서 공개했던 트위터봇 테이 Tay가 인종 차별적인 혐오 발언을 생성해 서비스가 중단된 사건[30]으로 이미 확인한 바 있다.

---

**29** 마르코 톨리오 리베이로Marco Tulio Ribeiro, 사미르 싱Sameer Singh, 카를로스 구스트린Carlos Guestrin, "Why Should I Trust You?' Explaining the Predictions of Any Classifier," University of Washington, August 9, 2016, https://arxiv.org/pdf/1602.04938.pdf.
**30** 애슐리 로드리게즈Ashley Rodriguez, 'Microsoft's AI millennial chatbot became a racist jerk after less than a day on Twitter' Quarts, March 24, 2016, http://mng.bz/BED2.

여기서 우리는 좋은 데이터를 선택하기 위한 몇 가지 규칙을 적용할 수 있다.

- 데이터는 실제로 접할 수 있는 모든 시나리오를 표현해야 한다(예: 눈이 아닌 배경에서 찍은 허스키 사진).
- 분류를 위해서는 모든 계층에 대해 충분하고 가급적이면 거의 동일한 양의 표본이 있어야 한다.
- 라벨링의 경우, 라벨을 모호함없이 할당할 수 있는지, 그렇지 않은 경우 어떻게 처리할지 방법을 고려한다. '허스키와 개'처럼 할당할 라벨이 명확하지 않은 경우가 있을 수 있다.
- 정기적으로 합리적 크기의 무작위 데이터를 선택해 검사하여 예기치 못한 일이 발생하지 않았는지 확인한다. 잘못된 데이터는 좋은 결과를 얻을 수 없기 때문에 시간을 할애할 가치가 있다.

이 책에서는 사전 훈련된 관리형 서비스를 사용하는 데 주로 관심을 두고 있다. 머신러닝 훈련 최적화, 데이터 랭글링 및 특징 엔지니어링에 대한 심층적인 이해를 원한다면 헨릭 브링크Henrik Brink, 조셉 리처드Joshep Richards, 마크 페더롤Mark Fetherolf이 쓴 『리얼월드 머신러닝』(위키북스, 2017)을 권장한다.

## 8.1.2 데이터 소스

1장의 주된 논의 사항 하나는 AI 분야에서 방대한 양의 데이터를 사용할 수 있게 됨으로써 최근의 성과를 어떻게 이뤄냈는지에 대한 것이었다. 인터넷은 그 자체로 공개 데이터 소스이다. 사람들은 이런 인터넷을 일상 생활에서 사용함으로써 엄청나게 상세한 데이터를 제공하고 있다. 많은 대기업(구글, 페이스북, 아마존)은 AI 분야에서 큰 성공을 거두었다. 이와 같은 성공의 가장 큰 요인은 데이터에 대한 접근과 데이터 수집에 대한 전문성에서 나왔다고 해도 과언이 아니다.[31] AI 애플리케이션을 위한 데이터를 소싱하는 방법은 여러 가지가 있다. 부록 C에는 애플리케이션에 매우 좋은 공개 데이터셋과 기타 데이터 소스 목록이 포함되어있다.

## 8.1.3 훈련 데이터 준비

훈련용 데이터를 수집한 후에도 수행할 작업이 많이 있다.

--------

**31** 톰 사이머나이트Tom Simonite, "AI and 'Enormous Data' Could Make Tech Giants Harder to Topple," Wired, 13 July 2017, http://mng.bz/dwPw.

누락된 데이터 처리, 레코드 제거, 데이터 보간 및 추출, 누락된 필드 방지 등 다양한 방법을 사용해야할 수 있다. 때때로 누락된 필드의 경우, 알고리즘에 중요한 입력이 될 수 있으므로 비워 두는 것이 좋을 때도 있다. 이 주제에 대한 자세한 내용은 존 마운트John Mount와 니나 줌멜Nina Zumel의 『R로 배우는 실무 데이터 과학』(제이펍, 2017)의 3장을 참조하면 좋다.

데이터를 올바른 형식으로 가져와야 한다. 날짜나 통화에는 일관된 형식을 적용해야 하며, 이미지 인식에는 자르기, 크기 조정, 색상 형식 변경 등의 작업을 거친다. 사전 훈련된 네트워크 중 많은 경우는 224x224 RGB 데이터로 훈련되므로 고해상도의 데이터(이미지 크기를 조정하면 너무 많은 정보가 손실됨)를 분석하려는 경우 이러한 네트워크는 수정없이 사용하는 것이 부적합할 수 있다.

머신러닝 엔지니어가 사용할 수 있는 데이터 소스 중 일부를 간략하게 살펴보았다. 인터넷이 대규모 데이터 볼륨의 주요 원천이라는 것은 분명하다. 대부분의 인터넷 데이터는 API나 구조화된 파일로 사용할 수는 없지만 웹 브라우저에서 볼 수 있도록 웹 사이트에 게시된다. 이 귀중한 데이터를 수집하려면 크롤링, 스크래핑, 추출이 필요하다. 이것이 우리가 다음에 다룰 주제이다.

## 8.2 웹에서 데이터 수집하기

이 장의 나머지 부분에서는 웹 사이트에서 데이터를 수집하는 방법에 대해 자세히 살펴볼 것이다. 일부 데이터는 파일이나 API를 통해 액세스할 수 있는 구조화된 형식으로 제공될 수 있지만 웹 페이지에서는 그렇지 않은 경우가 많다.

웹 페이지는 제품 데이터, 뉴스 기사, 재무 데이터와 같은 구조화되지 않은 정보의 소스이다. 올바른 웹 페이지를 찾고, 검색하고, 관련 정보를 추출하는 일은 쉽지 않다. 이를 수행하는 데 필요한 과정을 웹 크롤링 및 웹 스크래핑이라고 한다.

- 웹 크롤링은 특정 전략에 따라 웹 콘텐츠를 가져와 연결된 페이지로 이동하는 과정이다.
- 웹 스크래핑은 크롤링 프로세스를 거쳐 가져온 콘텐츠에서 특정 데이터를 추출하는 과정이다.

[그림 8-3]은 두 과정을 결합하여 의미있고 구조화된 데이터를 생성하는 방법을 보여준다.

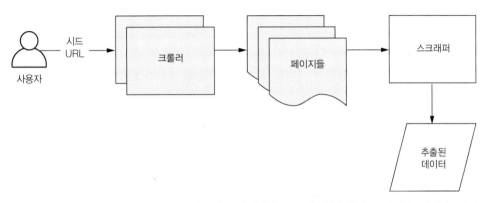

**그림 8-3** 웹 페이지 크롤링 및 스크래핑 프로세스 개요. 이 장에서는 크롤러 부분과 출력으로 생성되는 페이지에 대해 설명할 것이다.

이 장의 시작 부분에서 다룬 컨퍼런스 발표자 정보 수집 시나리오를 생각해보자. 이 시나리오에 대한 솔루션을 만드는 첫 번째 단계는 서버리스 웹 크롤링 시스템을 구축하는 것이다.

# 8.3 웹 크롤링 소개

시나리오 상의 크롤러는 일반 크롤러이며, 일반 크롤러는 구조를 알 수 없는 모든 사이트를 크롤링할 수 있다. 사이트별 크롤러는 일반적으로 검색 결과 링크 및 특정 콘텐츠에 대한 대규모 사이트 용으로 생성된다. 특정 사이트 크롤러의 예로는 아마존에서 특정 제품을 크롤링하도록 작성된 크롤러나 이베이의 경매 정보 크롤러가 있다.

이 외에도 잘 알려진 크롤러는 다음과 같다.

- 구글, 빙Bing, 얀덱스Yandex, 바이두Baidu와 같은 검색 엔진 크롤러
- GDELT 프로젝트GDELT Project(https://www.gdeltproject.org): 인간 사회 및 글로벌 이벤트의 개방형 데이터베이스
- 오픈코퍼레이츠OpenCorporates(https://opencorporates.com): 세계 최대 규모의 기업 오픈 데이터베이스

- 인터넷 아카이브<sup>Internet Archive</sup>(https://archive.org): 디지털 형식의 인터넷 사이트 및 기타 문화 유물을 저장하는 디지털 라이브러리
- 커먼크롤<sup>CommonCrawl</sup>(https://commoncrawl.org/): 웹 크롤링 데이터의 공개 저장소

웹 크롤링의 한 가지 과제는 방문하고 분석할 웹 페이지 수를 정하는 것이다. 크롤링 작업을 수행하면 임의로 큰 컴퓨팅 리소스가 필요할 수 있기 때문이다. 크롤링은 작업 프로세스가 완료되면 컴퓨팅 리소스 요구 사항이 줄어드는 특징이 있는데, 이는 확장 가능하고 급증하는 컴퓨팅 요구 사항을 처리할 수 있는 온 디맨드, 클라우드 컴퓨팅, 서버리스 환경에 이상적이다.


## 8.3.1 전형적인 크롤러 프로세스

웹 크롤러의 작동 방식을 이해하려면 웹 브라우저를 통해 사용자가 웹 페이지를 수동으로 탐색하는 방법을 고려해보자.

1. 사용자가 웹 브라우저에 웹 페이지 URL을 입력한다.
2. 브라우저가 페이지의 첫 번째 HTML 파일을 가져온다.
3. HTML 파일은 CSS, 자바스크립트, 이미지 같은 다른 필수 컨텐츠를 찾기 위해 브라우저에서 구문 분석을 실시한다.
4. 링크가 렌더링된다. 사용자가 링크를 클릭하면 새 URL에 대해 프로세스가 반복된다.

다음 예시는 매우 간단한 예제 웹 페이지의 HTML 소스를 보여준다.

예시 8-1 예제 웹 페이지 HTML 소스

```
<!DOCTYPE html>
<html>

<body>
  <a href="https://google.com">Google</a> ◁── 외부 링크
  <a href="https://example.com/about">About</a> ◁── 절대 내부 링크
  <a href="/about">About</a> ◁── 상대 내부 링크
  <img src="/logo.png" alt="company logo" /> ◁── 이미지 리소스
  <p>I am a text paragraph</p> ◁── 단락 텍스트
  <script src="/script.js"></script> ◁── 자바스크립트 소스
</body>
</html>
```

매우 기본적인 HTML 페이지의 구조를 살펴보았다. 실제로 HTML 페이지 하나에 내부 및 외부의 수백 개의 하이퍼링크가 포함될 수 있다. 여기서 특정 애플리케이션에 대해 크롤링하는데 필요한 페이지 세트를 크롤링 스페이스라고 한다. 지금부터 일반적인 웹 크롤러의 아키텍처와 다양한 크기의 크롤링 공간을 처리하는 구조에 대해 설명하도록 하겠다.

## 8.3.2 웹 크롤러 아키텍처

일반적인 웹 크롤러 아키텍처는 [그림 8-4]에 나와 있다. 서버리스 접근 방식으로 이를 실현할 수 있는 방법을 설명하기 전에 아키텍처의 각 구성 요소와 컨퍼런스 웹 사이트 시나리오와의 관계를 이해해 보도록 하자.

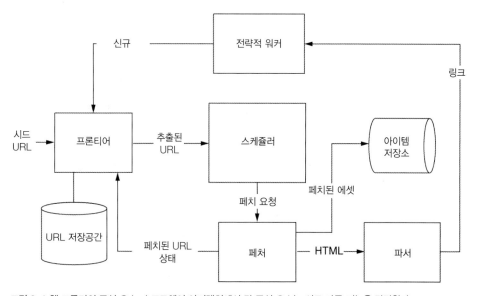

**그림 8-4** 웹 크롤러의 구성 요소. 소프트웨어 아키텍처에서 각 구성 요소는 서로 다른 기능을 담당한다.

- **프론티어**frontier는 크롤링할 URL 데이터베이스를 유지한다. 이것은 처음에 컨퍼런스 웹 사이트에 표시되며, 여기에서 사이트의 개별 페이지 URL이 여기에 추가된다.
- **페처**fetcher는 URL을 가져와 해당 문서를 검색한다.
- **파서**parser는 가져온 문서를 가져 와서 파싱하고 필요한 정보를 추출한다. 이 시점에서는 특정 연사 세부 정보나 컨퍼런스 관련 내용을 찾지는 않는다.
- **전략적 워커**strategy worker 혹은 **제너레이터**generator는 **크롤링 공간**crawl domain을 결정하기 때문에 웹 크롤러의 가장

중요한 구성 요소 중 하나이다. 전략적 워커가 생성한 URL은 다시 프론티어로 공급되며, 아래의 사항을 결정한다.

  – 다음에 따라갈 링크

  – 크롤링할 링크의 우선 순위

  – 크롤링 깊이

  – (필요시) 페이지의 재방문이나 재크롤링 시기 조정

- **아이템 저장소**item store는 추출된 문서나 데이터가 저장되는 곳이다.

- **스케줄러**scheduler는 초기에 시드 URL로 부터 URL 집합을 가져와 페처가 리소스를 다운로드하도록 예약한다. 스케줄러는 크롤러가 웹 서버에 대해 지나치게 과도한 트래픽을 발생시키지 않도록 하고, 중복 URL을 가져오지 않으며, URL이 정규화되도록할 책임이 있다.

---

### 크롤링이 서버리스 아키텍처에 적합할까?

이 시점에서 서버리스 아키텍처가 실제로 웹 크롤러 구현에 유효한 선택인지 의문이 들었다면 좋은 지적이다. 대규모로 작동하는 웹 크롤러에는 빠르고 효율적인 스토리지, 캐싱(리소스 집약적인 여러 페이지 렌더링 프로세스를 위한 충분한 컴퓨팅 성능을 제공)이 필요하다. 반면에 서버리스 애플리케이션은 일반적으로 단기적인 이벤트 기반 계산과 빠른 로컬 디스크 스토리지가 없다는 특징이 있다.

그렇다면 이 장의 시스템은 프로덕션 용도로 사용할 가치가 있을까? 아니면 클라우드 네이티브 이데올로기를 얼마나 밀어 붙일 수 있는지 알아보기 위해 거친 실험을 하고 있는 것은 아닐까? 아마존 EC2 인스턴스 같은 보다 전통적인 서버 '팜farm'[32]을 사용하면 확실한 이점이 있다. 크롤링이 지속적으로 실행되는 워크로드를 대량으로 요구한다면 기존 접근 방식을 선택하는 편이 좋다.

다만, 인프라, 운영 체제, 모든 기본 프레임워크를 유지 관리하고 실행하는 데 숨겨진 비용을 기억해야만 한다. 게다가 현재의 크롤링 시나리오는 특정 컨퍼런스 웹 사이트에 대한 데이터를 요청할 때만 추출을 진행한다. 이 버스트 동작은 탄력적인 컴퓨팅 패러다임에 적합하다. 캐싱 관점에서 서버리스 구현이 최적이라고할 수는 없지만 우리가 작업할 시나리오에서는 큰 영향을 미치지 않는다. 시스템이 실행되지 않는 동안 0달러를 지불하고 운영 체제 패치, 유지 관리, 컨테이너 오케스트레이션, 서비스 검색에 대해 걱정할 필요가 없다는 점을 감안할 때 이 접근 방식은 적합하다고 할 수 있다.

---

**32** 옮긴이_ 서버팜이란 다수의 서버를 묶어 관리하는 것으로 서버 클러스터(Server Cluster)라고도 한다.

우리의 웹 크롤러는 컨퍼런스 정보만을 다루기 때문에, 전체 웹페이지를 크롤링할 필요는 없다. 대신 크롤러에 시드 URL을 제공하도록 하자.

컨퍼런스 사이트 자체에서 로컬 하이퍼링크도 크롤링을 진행할텐데, 이러한 외부 도메인에 대한 하이퍼링크까지 따라가서 크롤링을 실시하지는 않는다. 우리의 목표는 발표자 정보, 날짜와 같은 필수 데이터가 포함된 페이지를 찾기만 하면 된다. 우리는 전체 컨퍼런스 사이트를 크롤링하는 데 관심이 없으며 이러한 이유로 링크 그래프에서 지정된 깊이에 도달 한 후 크롤링을 중지하기 위해 깊이 제한을 사용할 것이다. 크롤링 깊이는 시드 URL에서 이동한 링크 수이다. 깊이 제한은 프로세스가 지정된 깊이를 넘어가는 것을 막을 수 있다.

## 기본 크롤러 vs 렌더링 크롤러

기본 크롤러는 HTML 페이지만 가져오며 자바스크립트를 가져오지 않는다. 기본 크롤러는 훨씬 더 간단하고 빠른 크롤링이 가능하지만, 이로 인해 귀중한 데이터가 제외될 수 있다.

요즘은 자바스크립트에 의해 브라우저에서 동적으로 렌더링되는 웹 페이지를 갖는 것이 매우 일반적이다. 리액트나 뷰 같은 프레임워크를 사용하는 단일 페이지 애플리케이션single page application(SPA)이 대표적인 예이다. 간혹 일부 사이트는 한 쪽은 서버 사이드 렌더링을 사용하고 다른 사이트는 사전 렌더링을 수행하여 검색 엔진 최적화search engine optimization(SEO)기술로 검색 엔진 크롤러에 렌더링이 완료된 HTML을 반환하기도 한다. 우리는 이러한 패턴이 보편적으로 사용되지는 않는다고 생각해, 웹 페이지뿐 아니라 자바스크립트까지 크롤링하기로 결정했다.

사용 가능한 사용자나 화면이 없을 때 웹 페이지를 렌더링하기위한 여러 옵션이 있다.

- 스플래시Splash(https://scrapinghub.com/splash): 웹 스크래핑 응용 프로그램 전용 브라우저
- 헤드리스 크롬Headless Chrome(http://mng.bz/r2By)와 퍼페티어Puppeteer API 조합: 널리 사용되는 크롬 브라우저를 실행해 프로그래밍 방식으로 제어
- 헤드리스 파이어폭스Headless Firefox(http://mng.bz/V8qG)와 셀레니움Selenium(https://www.seleniumhq.org)조합: 파이어폭스를 프로그래밍 방식으로 제어

이번 실습에서는 헤드리스 크롬을 사용하겠다. 이 조합을 선택한 이유는 AWS 람다와 함께 사용할 수 있는 서버리스 프레임워크 플러그인이 제공되기 때문이다.

## 웹 크롤링에 대한 법률 및 규정 준수 고려사항

웹 크롤링의 합법성에는 논쟁의 여지가 있다. 웹 사이트 소유자는 콘텐츠를 공개적으로 제공하고 있지만, 과도한 크롤링은 사이트의 가용성과 서버로드에 부정적인 영향을 미칠 수 있기 때문이다. 지금 언급하는 내용은 법률적인 자문을 거친 사항이 아니며, 몇 가지 모범 사례 정도로 생각하길 바란다.

- User-Agent 문자열을 사용하여 크롤러를 식별할 수 있도록 한다. 사이트 소유자가 귀하에게 연락할 수 있는 방법을 제공하자(예: AIaaSBookCrawler/1.0; +https://aiasaservicebook.com).
- 사이트의 robots.txt[33]를 따르자. 이 파일을 통해 사이트 소유자는 크롤링할 수 있는 페이지와 크롤링할 수 없는 페이지를 고지할 수 있다.
- 가능한 경우 웹 스크래핑 대신 사이트의 API를 사용한다.
- 도메인별 초당 요청 수를 제한한다.
- 사이트 소유자가 요청하면 즉시 사이트 크롤링을 중지한다.
- 공개적으로 액세스할 수 있는 콘텐츠만 크롤링한다. 로그인 자격 증명을 사용하지 않는다.
- 캐싱을 사용하여 대상 서버의 부하를 줄이자. 짧은 시간에 같은 페이지를 반복해서 다시 가져오지 말아야 한다.
- 웹 사이트에서 수집한 자료는 일반적으로 저작권 및 지적 재산권 법률에 해당한다. 이를 존중해야 한다.

특히 도메인/IP 주소당 동시성을 제한하거나 요청 사이에 합리적인 지연을 두어야 한다. 이러한 요구 사항은 서버리스 크롤러 아키텍처에서 고려할 사항이다.

작성 시점에 AWS 이용 제한 정책(https://aws.amazon.com/aup)은 '시스템을 손상시키거나 방해하는 모니터링이나 크롤링을 방지'하고 있다.

일부 웹 사이트는 웹 스크래핑을 방지하는 메커니즘을 구현한다. 이는 IP 주소나 사용자 에이전트를 감지하여 수행할 수 있다. 클라우드플레어CloudFlare(https://www.cloudflare.com/products/bot-management) 나 리캡챠reCaptcha(https://developers.google.com/recaptcha/docs/invisible) 같은 솔루션은 보다 정교한 접근 방식을 사용한다.

---

**33** robots.txt에 관한 정보가 더 알고 싶다면 http://www.robotstxt.org를 참고하자.

### 8.3.3 서버리스 웹 크롤러 아키텍처

먼저 1장에서 개발 한 표준 아키텍처에 시스템을 매핑하는 방법을 살펴보도록 하자. [그림 8-5]는 시스템 계층을 분석하고 서비스가 솔루션을 제공하기 위해 협력하는 방법을 제공한다.

**그림 8-5** 서버리스 웹 크롤러 시스템 아키텍처. 이 시스템은 AWS 람다 및 AWS 스텝 함수를 사용하여 구현된 커스텀 서비스로 구성된다. SQS 및 클라우드워치 이벤트 서비스는 비동기 통신에 사용되며, 내부 API 게이트웨이는 동기식 통신에 사용된다. S3 및 다이나모DB는 데이터 스토리지에 사용된다.

시스템 아키텍처는 모든 서비스에 걸친 시스템 계층을 보여주며, 이 시스템에는 프런트엔드 웹 애플리케이션이 없다는 것을 확인할 수 있다.

프론티어 및 페치 서비스의 동기 작업은 AWS 람다를 사용하여 구현된다. 스케쥴러는 AWS 스텝 함수Step Function를 통해 구현하며, 이는 프론티어의 데이터를 기반으로 페처를 조정한다.

- 전략 서비스는 비동기식으로 이벤트 버스의 이벤트에 반응해 새 URL이 발견되었음을 나타낸다.
- 시스템 내부 서비스 간의 동기 통신은 API 게이트웨이로 처리된다. 비동기 통신을 위해 클라우드워치 이벤트 및 SQS를 선택했다.
- 공유 파라미터는 시스템 매니저 파라미터 스토어Systems Manager Parameter Store에 게시된다. IAM은 서비스 간의 권한을 관리하는 데 사용된다.
- 다이나모DB는 프론티어 URL 스토리지에 사용되며, S3 버킷은 아이템 스토어로 사용된다.

> **TIP_** 웹 스크래핑에 대해 자세히 알고 싶다면 사트넘 알랙Satnam Alag의 『Collective Intelligence in Action』(Manning, 2008)의 6장을 참조하자.

---

### 크롤러 직접 제작 vs 솔루션 구매: 외부 관리형 서비스 평가

클라우드 관리 서비스의 장점을 옹호하고 핵심 비즈니스 로직에 집중하는 것의 중요성을 강조하는 책에서 처음부터 웹 크롤러를 구축하는 내용을 설명하니 일견 모순된다고 생각할 수 있다.

일단, 크롤러는 매우 간단하고 도메인별로 다른 형태를 띄고 있다. 이것은 우리가 스스로 구현해야 하는 주요 정당화 이유 중 하나이다. 그러나 우리는 시스템이 시간이 지남에 따라 복잡해진다는 사실을 경험으로 알고 있다. 따라서 자신의 모든 것을 구현하는 것이 최후의 수단이어야 한다. 다음은 최신 애플리케이션 개발을 위한 두 가지 경험칙이다.

- 작성하는 코드의 양을 최소화 한다. 작성하는 코드의 대부분은 고유한 비즈니스 로직과 관련되어야 한다. 가능한 경우, 다른 평범한 소프트웨어 시스템에서 많이 구현한 바퀴를 재발명하는 작업Undifferentiated heavy lifting의 코드 작성을 피하는 것이 좋다.[34]
- 클라우드 관리 서비스를 사용한다. 라이브러리, 프레임워크, 구성 요소를 사용하여 위의 규칙을 따를 수 있지만 자체 유지 관리에 부담이 있을 수 있으며 여전히 실행되는 인프라를 유지 관리해야 한다. 클라우드 관리 서비스와 통합하면 이러한 부담이 상당히 줄어 든다.

---

**34** 바퀴를 재발명하는 작업(Undifferentiated heavy lifting)이란 용어의 기원은 불분명하다. 그러나 아마존의 의장 제프 베조스Jeff Bezos 는 2006년 웹 2.0 서밋Web 2.0 Summit에서 이를 언급했다(출처: 데이브 켈로그Dave Kellogg, 'Web 2.0 Summit: Jeff Bezos', 2006년 11월 8일, http://mng.bz/Az2x). "아이디어와 성공적인 제품 사이에는 '헛발질'같은 차별성 없는 힘든 작업을 아주 많이 합니다. 오늘날 새로운 제품의 제작은 70%의 헛발질과 30%의 신규 아이디어 구현으로 이루어진다고 봅니다. 우리는 그 비율을 뒤집을 겁니다."

이러한 서비스는 클라우드 제공 업체의 밖에서도 찾을 수 있다. AWS에 웹 크롤링, 스크래핑 서비스가 없더라도 타사 제품도 고려해보자. 앞에 있을 모든 서비스 구축 과정에 도움이 될 가치있는 연습이다. 예를 들어 애플리케이션에서 검색 기능을 구현하려는 경우 일래스틱Elastic(https://www.elastic.co) 같은 완전 관리형 일래스틱서치 서비스나 알고리아Algolia(https://www.algolia.com/) 같은 관리형 검색 API도 검토해볼 수 있다. 외부 웹 스크래핑 서비스에 관심이 있다면 다음을 살펴보도록 하자.

- Grepsr(https://www.grepsr.com)
- Import.io (https://www.import.io)
- ScrapingHub ScrapyCloud (https://scrapinghub.com/scrapy-cloud)

# 8.4 아이템 저장소 구현

가장 간단한 서비스인 아이템 저장소로 크롤러 구현에 대한 연습을 시작하자. 컨퍼런스 사이트 크롤링 프로세스의 일부로 아이템 저장소는 각 컨퍼런스 웹 사이트에서 크롤링 된 각 페이지의 사본을 저장한다. 먼저 코드를 가져와서 더 자세히 살펴보도록 하자.

## 8.4.1 코드 확인

아이템 저장소의 코드는 chapter8-9/item-store 디렉토리에 있다. 이전 예제와 마찬가지로 이 디렉토리에는 API, 함수, 기타 리소스를 선언하는 serverless.yml 파일이 포함되어있다. 아이템 스토어를 배포하고 테스트하기 전에 내용을 설명할 것이다.

## 8.4.2 아이템 저장소 버킷

아이템 스토어에서 serverless.yml을 살펴보면 S3 버킷을 살펴볼 수 있다. 우리는 가능한 가장 간단한 저장소를 구현하고 있다.

AWS SDK S3 API를 사용하면 버킷에 직접 쓰기를 실행하거나 객체를 나열하고 가져올 수 있다. 필요한 것은 IAM 역할 및 정책에 올바른 권한 설정이 되어 있는지 여부이다.

아이템 저장소 배포는 간단한데, S3 버킷을 배포하고 있으므로 chapter8-9 디렉터리 내의 .env 파일에 전역 수준으로 고유한 이름을 정의할 것이다.

---

```
ITEM_STORE_BUCKET=<사용할 버킷 이름>
```

---

추가적인 설정은 필요하지 않으며, 기본 지역은 eu-west-1이다. 다른 지역을 지정하려면 서버리스 배포 명령에 --region 인수를 사용하여 지정하도록 하자.

```
$ npm install
$ serverless deploy
```

아이템 저장소가 배포되고 준비되었다. 크롤러 애플리케이션의 다음 서비스로 이동하도록 하자.

## 8.5 URL을 저장하고 관리하기 위한 프론티어 만들기

우리의 프론티어는 컨퍼런스 사이트의 모든 시드 URL과 크롤링 프로세스 중에 새로 발견된 URL을 저장할 것이다. 우리는 스토리지에 다이나모DB를 사용하고 있는데, 여기서 최소한의 추상화 계층을 통해 삽입 및 쿼리에 다이나모DB의 API를 활용할 것이다.

### 8.5.1 코드 확인

프론티어 서비스에 대한 코드는 chapter8-9/frontier-service 디렉토리에 있다. 이 디렉토리에는 API, 함수, 기타 리소스를 선언하는 serverless.yml 파일이 포함되어있다. 프론티어 서비스를 배포하고 테스트하기 전에 내용을 살펴보도록 하자.

## 8.5.2 프론티어 URL 데이터베이스

프론티어 URL 데이터베이스는 가져오거나 가져오지못한 모든 URL을 저장한다. 서비스에는 다음 작업을 지원하는 인터페이스가 있어야 한다.

- 시드 URL 삽입.
- URL 상태를 PENDING, FETCHED, FAILED로 업데이트.
- 가져올 수 있는 것으로 간주되는 새로 발견된 URL(링크)의 배치 삽입.
- 주어진 시드 URL에 대한 URL 세트를 가져오고 상태 매개 변수와 최대 레코드 제한으로 필터링한다.

프론티어 데이터베이스의 데이터 모델은 [표 8-1]의 예에 나와 있다.

**표 8-1** 프론티어 URL 데이터베이스 예제

| 시드 | URL | 상태 | 깊이 |
|---|---|---|---|
| http://microxchg.io | http://microxchg.io | FETCHED | 0 |
| http://microxchg.io | http://microxchg.io/2020/index.html | FETCHED | 1 |
| http://microxchg.io | http://microxchg.io/2020/all-speakers.html | PENDING | 2 |
| https://www.predictconference.com | https://www.predictconference.com | PENDING | 0 |

이 경우 '기본 키'는 시드와 URL의 조합이다. 시드 속성은 파티션 키나 해시값이고 url 속성은 정렬 키나 범위이다. 이렇게하면 데이터베이스에 중복 항목이 삽입되지 않는다.

테이블 키 외에도 보조 인덱스secondary index를 정의할 수 있다. 이를 통해 시드 URL과 상태를 기반으로 빠르게 검색할 수 있다.

[표 8-1]의 샘플 데이터에서 전체 URL의 상대 경로뿐만 아니라 url 필드에 포함되어 있음을 알 수 있다. 이를 통해 향후 시드에서 링크된 외부 URL을 지원할 수 있으며 콘텐츠를 가져올 때 URL을 재구성해야 하는 불편함을 줄일 수 있다.

프런티어 테이블에 대한 다이나모DB 테이블 리소스 정의는 서비스의 serverless.yml 파일에서 찾을 수 있으며 다음 예시에 나와 있다.

```
frontierTable:
  Type: AWS::DynamoDB::Table
  Properties:
    TableName: ${self:provider.environment.FRONTIER_TABLE}          ◁— 테이블 이름은 프론티어로 정의된
    AttributeDefinitions:
      - AttributeName: seed
        AttributeType: S
      - AttributeName: url
        AttributeType: S
      - AttributeName: status
        AttributeType: S
    KeySchema:  ◁— 테이블의 키는 seed 및 url 속성으로 구성된다.
      - AttributeName: seed
        KeyType: HASH
      - AttributeName: url
        KeyType: RANGE
    LocalSecondaryIndexes:
      - IndexName: ${self:provider.environment.FRONTIER_TABLE}Status  ◁—  보조 인덱스인
        KeySchema:                                                       frontierStatus는 시드 및
          - AttributeName: seed                                          상태 속성을 사용하여 쿼리를
            KeyType: HASH                                                실행할 수 있도록 정의된다.
          - AttributeName: status
            KeyType: RANGE
        Projection:
          ProjectionType: ALL
    ProvisionedThroughput:  ◁—  이 경우 5개의 읽기 및 쓰기 용량 단위로 프로비저닝된 처리량을 선택하자.
      ReadCapacityUnits: 5        혹은 BillingMode: PAY_PER_REQUEST를 지정하여 예측할 수 없는
      WriteCapacityUnits: 5       로드를 처리할 수 있다.
```

**서버리스 데이터베이스**

우리는 이미 다이나모DB로 작업하는 예시 몇 가지를 살펴봤다. 다이나모DB는 비정형 문서 스토리지에 적합한 NoSQL 데이터베이스로, 다이나모DB에서 관계형 데이터 모델링[35]도 가능[36]하다. 일반적으로 다이나모DB는 데이터 액세스 방식을 명확하게 파악하고 액세스 패턴을 수용할 수 있는 키와 인덱스를 설계할 수 있을 때 더 적합하다. 관계형 데이터베이스는 구조화된 데이터를 저장하지만 향후 랜덤 액세스 패턴을 지원하려는 경우에 더 적합하다. 이 작업은 RDBMS가 지원하는 인터페이스 SQL^Structured Query Language에서 잘 진행된다.

관계형 데이터베이스는 서버에서 더 적은 수의 장기 실행 연결에 최적화되어있다. 결과적으로 람다 함수의 단기 연결이 많으면 성능이 저하될 수 있으며, 서버 풀 RDBMS의 대안인 아마존 오로라 서버리스^Aurora Serverless는 인스턴스를 프로비저닝할 필요가 없는 서버리스 관계형 데이터베이스 솔루션이다. 자동 크기 조정 및 온디맨드 액세스를 지원하며 초당 사용량에 따라 과금을 진행할 수 있다. 람다 함수에서 AWS SDK를 사용(http://mng.bz/ZrZA)하면, 데이터 API로 오로라 서버리스에 대한 쿼리를 실행할 수도 있다. 이 솔루션은 수명이 짧은 데이터베이스 연결을 생성하는 문제를 방지한다.

## 8.5.3 프론티어 API 생성

지금까지 프론티어 서비스의 핵심인 다이나모DB 테이블에 대해 설명했다. 이제 컨퍼런스 사이트의 URL을 시스템에 가져올 방법이 필요한데, 이를 위해 외부 서비스가 프론티어와 상호작용할 수 있도록 하는 API 게이트웨이와 람다 함수를 살펴볼 것이다.

프런티어 서비스에서 지원하는 API는 [표 8-2]에서 확인할 수 있다.

표 8-2 프론티어 서비스 API

| 경로 | 메서드 | 람다 함수 | 설명 |
|---|---|---|---|
| frontier-url/{seed}/{url} | POST | create | 시드에 대한 URL 추가 |
| frontier-url/{seed} | POST | create | 새 시드 추가 |

---

**35** 아마존 블로그(http://mng.bz/RMGv)에 다이나모DB에서 수행하는 관계형 모델링 예제를 소개한다.
**36** 관계형 모델링을 포함한 많은 고급 다이나모DB 주제는 릭 훌리한^Rick Houlihan의 AWS re:Invent 2018 강연을 참고하도록 하자. 'Amazon 다이나모DB 심층 분석: 다이나모DB용 고급 설계 패턴(https://www.youtube.com/watch?v=HaEPXoXVf2k)'

| | | | |
|---|---|---|---|
| frontier-url/{seed}/{url} | PATCH | update | URL 상태 업데이트 |
| frontier-url | PUT | bulkInsert | URL 일괄 생성 |
| frontier-url/{seed} | GET | list | 지정된 최대 레코드 수까지 상태별로 시드에 대한 URL 나열 |

각 API에 대한 정의는 프론티어 서비스(frontier-service)에 대한 구성 파일 serverless.yml에서 확인할 수 있다. 여기서는 시스템 매니저 파라미터 스토어<sup>Systems Manager Parameter Store</sup>에 서비스 API 변수를 정의한다. 이번 API는 DNS를 사용하지 않으므로 다른 서비스에서 접근할 수 없다. 대신 API 게이트웨이가 생성한 URL을 파라미터 스토어에 등록해두면 올바른 IAM 권한을 가진 서비스에서 해당 API를 이용할 수 있다.

모든 람다 코드는 handler.js에 구현해두었다. 여기에는 다이나모DB SDK 호출을 생성하고 실행하는 로직이 포함되는데, 코드를 자세히 살펴보면 대부분의 코드가 4~5장의 핸들러와 유사하다는 것을 알 수 있다. 다만, 한 가지 중요한 차이점은 많은 보일러플레이트 코드를 완화하기 위해 Middy라는 라이브러리를 도입했다는 것이다. Middy(https://middy.js.org)는 일반적인 작업 수행시 람다 호출에 대한 미들웨어 라이브러리이다. 미들웨어는 단순히 이벤트 처리기의 수명주기에 연결되는 함수 집합으로, Middy의 내장 미들웨어 또는 타사 미들웨어를 사용하거나 직접 작성할 수 있다.

프론티어 핸들러를 위해 다음 예시와 같이 Middy 미들웨어를 설정했다.

예시 8-3 프론티어 핸들러 미들웨어 초기화

```
const middy = require('middy')
...

const { cors, jsonBodyParser, validator, httpEventNormalizer,
    httpErrorHandler } = require('middy/middlewares')

const loggerMiddleware = require('lambda-logger-middleware')
const { autoProxyResponse } = require('middy-autoproxyresponse')
...
```

```
      function middyExport(exports) {
        Object.keys(exports).forEach(key => {
          module.exports[key] = middy(exports[key])  ◁──┤ Middy는 일반 람다 핸들러를 래핑한다.
            .use(loggerMiddleware({logger: log}))  ◁────── lambda-logger-middleware³⁷는 개발 환경에서 요청 및
            .use(httpEventNormalizer())                    응답을 기록하며, 6장에서 소개한 Pino 로거와 함께 사용된다.
            .use(jsonBodyParser())  ◁──┤ jsonBodyParser는 자동으로 본문을 파싱하여 객체를 제공한다.
            .use(validator({ inputSchema: exports[key].schema }))  ◁── validator는 우리가 정의한 JSON
            .use(cors())  ◁──┤ cors는 자동으로 응답에 대한 헤더에 CORS를 추가한다.   스키마에 대해 입력 본문과 매개변수의
            .use(autoProxyResponse())                                                유효성을 검사한다.
            .use(httpErrorHandler())  ◁───── httpErrorHandler는 statusCode 및 message 속성이 포함된 오류를
        })                                   처리하여 일치하는 HTTP 응답을 생성한다.
      }


      middyExport({
        bulkInsert,
        create,
        list,
        update
      })
```

(pEventNormalizer는
eryStringParameter
pathParameter에 빈
체를 추가한다.

ddy-autoproxy³⁸은
한 JSON 객체 응답을
다 프록시 HTTP
값으로 변환한다.

이와 같은 미들웨어 구성은 모든 서비스에 쉽게 복제해 사용할 수 있어 일반적이고 반복적인
람다 보일러플레이트 코드의 사용을 피할 수 있다.


## 8.5.4 프론티어 배포 및 테스트

프론티어 서비스는 6장에서 설명한 대로 serverless-offline 및 serverless-dyna-
modb-local 플러그인으로 구성된다. 이를 통해 다이나모DB 환경을 통해 로컬로 API 및 람다
함수를 실행할 수 있게 되는데, 실행을 위해 다이나모DB 데이터베이스를 설치를 진행하도록
하자.

```
$ npm install
$ serverless dynamodb install
$ npm start
```

---

37 https://github.com/eoinsha/lambda-logger-middleware
38 https://www.npmjs.com/package/middy-autoproxyresponse

`npm start`명령은 오프라인 프론티어 서비스[39]를 실행하는 스크립트를 시작한다. 기본적으로 API는 `localhost:4000`에서 실행되며, cURL을 사용하여 커맨드라인에서 API를 테스트할 수 있다.

```
# 새로운 시드 URL 생성
$ curl -X POST http://localhost:3000/dev/frontier-url/dummy-seed
# 주어진 시드에 대해 보류 중인 모든 URL 나열
$ curl http://localhost:3000/dev/frontier-url/dummy-seed?status=PENDING
```

모든 것이 로컬에서 예상대로 작동하면 프론티어를 AWS 계정에 배포하도록 하자.

```
$ sls deploy
```

AWS 커맨드라인 도구나 관리 콘솔을 사용하여 생성된 다이나모DB 테이블 및 인덱스를 검사할 수 있다. 그런 다음 모든 실제 작업이 발생하는 서비스 페처 프로그램으로 이동해보자.

# 8.6 웹 페이지를 검색하고 구문을 분석하는 페처

URL을 가져오는 배치 작업 요청에 응답할 수 있는 프론티어 서비스가 생겼으므로 이제 페처를 구현할 준비가 끝났다. 페처 서비스의 코드는 **chapter8-9/fetch-service** 디렉터리에 있으며, 페처 구현의 물리적 아키텍처와 컨퍼런스 웹 사이트 페이지를 검색할 때 수행하는 단계의 순서는 [그림 8-6]에서 확인할 수 있다.

이 서비스는 일련의 URL에 대한 페치 요청을 수락하며, 각 URL마다 페이지 검색, 렌더링, 파싱 단계가 연속적으로 실행된다.

> **NOTE_** 페치 핸들러에는 람다 트리거를 정의하지 않았다. 이번에는 API 게이트웨이나 비동기 이벤트를 사용하는 대신 AWS 람다 SDK를 사용하여 핸들러를 직접 호출한다. 이는 특별한 경우로 이번 페처 구현이 여러 페이지를 가져오며 실행시간이 길기 때문이다. API 게이트웨이는 보통 30초가 지나면 시간 초과로 사용할 수 없으며, 스케줄러에서 동기식 호출을 원하기 때문에 이벤트 기반 트리거는 적합하지 않다.

---

**39** 옮긴이_ 로컬에서 다이나모DB 환경을 사용하려면 자바를 필수로 설치해야 한다.

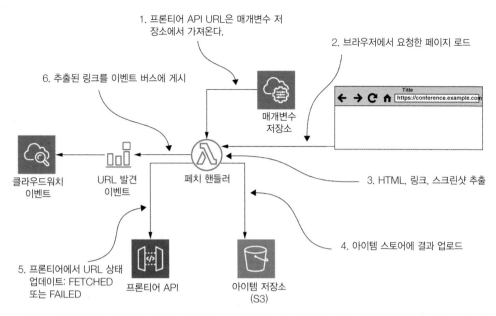

1. 프론티어 API URL은 매개변수 저장소에서 가져온다.

2. 브라우저에서 요청한 페이지 로드

6. 추출된 링크를 이벤트 버스에 게시

매개변수 저장소

클라우드워치 이벤트

URL 발견 이벤트

페치 핸들러

3. HTML, 링크, 스크린샷 추출

4. 아이템 스토어에 결과 업로드

5. 프론티어에서 URL 상태 업데이트: FETCHED 또는 FAILED

프론티어 API

아이템 저장소 (S3)

**그림 8-6** 페처 구현은 매개변수 저장소, 프론티어 API, 임베디드 헤드리스 웹 브라우저, 아이템 저장소, 이벤트 버스와 통합된다.

## 8.6.1 헤드리스 브라우저 구성 및 제어

서비스 구성(serverless.yml)에는 다음 예시와 같이 serverless-plugin-chrome(https://github.com/adieuadieu/serverless-chrome) 플러그인이 포함된다.

**예시 8-4** 페치 서비스 serverless.yml은 크롬 플러그인을 로드하고 구성한다.

```
service: fetch-service

plugins:
...
  - serverless-plugin-chrome
...

custom:
  chrome:
```

플러그인은 serverless.yml에 지정되며 핸들러가 호출되기 전, 브라우저가 열린다.

```
        flags: ◄─────────────────────────┐   브라우저 커맨드라인 인수가 제공된다. 적절한 스크린샷을
            - --window-size=1280,1696          만들기 위해 해상도 값을 제공하고 스크롤바를 숨길 것이다.
            - --hide-scrollbars
    ...
```

이 플러그인은 람다 함수가 로드될 때 크롬 웹 브라우저를 (사용자 인터페이스 없는) 헤드리스 모드로 자동 설치한다. 그런 다음 chrome-remote-interface 모듈(https://github.com/cyrus-and/chrome-remote-interface)을 사용하여 프로그래밍 방식으로 브라우저를 제어한다.

## 8.6.2 페이지 출력 캡처

우리의 주요 목표는 HTML 페이지와 링크를 수집하는 것이다. 링크를 가져와야 하는지 여부를 결정하기 위해 전략적 워커가 처리를 진행하며, 가져온 콘텐츠를 더 잘 시각화하기 위해 페이지의 스크린샷 캡처도 진행할 것이다.

[그림 8-5]에서 크롤러 아키텍처의 파서 컴포넌트를 살펴보았다. 구현상 파서는 페처 프로그램의 일부로 구현된다. 이는 단순화이자 최적화로, 페처 프로그램에서는 이미 웹 브라우저를 로드하고 페이지를 파싱하고 렌더링하는 오버 헤드가 발생했다. 이후 브라우저의 DOM API를 사용하여 페이지를 쿼리하고 링크를 추출하는 것은 매우 간단한 일이다.

모든 브라우저의 상호작용 및 추출 코드는 Node.js 모듈 browser.js에 캡슐화되어있다. 다음 예시를 통해 추출 작업을 살펴보자.

**예시 8-5** 브라우저 모듈 로드 함수

```
function load(url) {
  return initBrowser().then(page =>
    page.goto(url, { waitUntil: 'domcontentloaded' }).then(() =>  ◄──┐  올바른 URL을 로드하고 문서가
      Promise.all([                                                    로드될 때까지 기다린다.
        page.evaluate(`
JSON.stringify(Object.values([...document.querySelectorAll("a")])  ◄──┐  페이지의 DOM(문서 객체 모델)을
  .filter(a => a.href.startsWith('http'))                             쿼리한 뒤 자바스크립트를 사용하여
  .map(a => ({ text: a.text.trim(), href: a.href }))                 링크를 추출한다.
```

```javascript
      .reduce(function(acc, link) {
        const href = link.href.replace(/#.*$/, '')
        if (!acc[href]) {
            acc[href] = link
        }
        return acc
      }, {})))
    `),
          page.evaluate('document.documentElement.outerHTML'),   ⟵──┐ 페이지에서 생성된
          page.evaluate(`                                            │ HTML을 캡처한다.
            function documentText(document) {   ⟵──┐ 페이지와 그 안에 있는 '〈iframe〉' 텍스트를 가져온다.
              if (!document || !document.body) {
                return ''
              }
              return document.body.innerText + '\\n' +
                [...document.querySelectorAll('iframe')].map(iframe =>
                   documentText(iframe.contentDocument)).join('\\n')
              }
            documentText(document)
          `),
          page.screenshot()   ⟵──┐ 페이지의 스크린샷 이미지를 만든다.
        ]).then(([linksJson, html, text, screenshotData]) => ({
          links: JSON.parse(linksJson).reduce(
            (acc, val) =>
              acc.find(entry => entry.href === val.href) ? acc : [...acc, val],
            []
          ),
          html,
          text,
          screenshotData
        }))
      )
   )
  }
```

브라우저 모듈의 load 함수에 URL을 넣어 호출하면 다음 작업이 수행된다.

### 8.6.3 다중 페이지 페치

페치 서비스의 람다 핸들러는 여러 URL을 허용한다. 이 구현으로 람다 함수가 가능한 한 많은 페이지를 로드하고 처리할 수 있다. fetch 호출로 전송되는 모든 URL은 동일한 시드 URL에서 오도록 이러한 호출을 최적화할 수 있다. 이렇게 하면 유사한 콘텐츠가 있을 가능성이 높아지고 브라우저에서 수행되는 캐싱의 이점을 얻을 수 있다. URL은 람다 함수에 의해 순서대로 가져오며, 이 동작은 쉽게 변경할 수 있으며 병렬 페처에 대한 지원을 추가하여 프로세스를 더욱 최적화할 수 있다.

페이지에 있는 모든 링크는 시스템의 이벤트 버스에 게시된다. 이렇게 하면 이벤트를 구독하는 다른 서비스가 비동기적으로 반응할 수 있다. 이벤트 버스의 경우 클라우드워치 이벤트를 사용하며, 페치 서비스는 검색된 링크를 다음 예시에 표시된대로 최대 10개(클라우드워치 제한)의 배치 사이즈로 게시한다.

**예시 8-6** 검색된 URL에 대한 클라우드워치 이벤트 생성

```
const cwEvents = new AWS.CloudWatchEvents({...})
...
function dispatchUrlDiscoveredEvents(item, links) {
  if (links.length > 0) {
    if (links.length > 10) {
      return dispatchUrlDiscoveredEvents(item, links.splice(0, 10))    ◁── 클라우드워치 이벤트 API를
        .then(() => dispatchUrlDiscoveredEvents(item, links))              사용하여 한 번에 10개의
    }                                                                      이벤트만 보낼 수 있으므로
                                                                           10개를 추출한 다음 나머지를
                                                                           재귀적으로 처리한다.

    const eventEntries = links.map(link => ({
      Detail: JSON.stringify({ item, link }),    ◁── Detail 속성은 이벤트의 JSON 페이로드이다.
      Source: 'fetch-service',    ◁── 이벤트의 출처를 식별한다.
      DetailType: 'url.discovered'    ◁── 이벤트 유형은 클라우드워치 규칙에서
    }))                                    수신 이벤트의 이벤트를 일치시키는 데
                                           사용된다.

    return cwEvents.putEvents({ Entries: eventEntries })    ◁── 이벤트 배치는 AWS SDK의
      .promise().then(() => {})                                 클라우드워치 이벤트 API를
  }                                                             사용하여 전송된다.
  return Promise.resolve()
}
```

페이지를 성공적으로 가져올 경우 프론티어의 URL 업데이트 API가 호출되어 **FETCHED**가 표시된다. 페이지 로드에 실패하면 **FAILED**가 표시된다.

## 8.6.4 페처 배포 및 테스트

페처 프로그램을 AWS에 배포하려면 우선 로컬에서 테스트를 진행해야 한다. 이를 위해 먼저 모듈 종속성을 설치하도록 하자.

```
$ npm install
```

다음으로 서버리스 로컬 호출을 사용한다. 로컬 호출은 아이템 스토어 S3 버킷에 콘텐츠 복사를 시도한다. 또한 페이지에서 발견된 링크와 관련된 클라우드워치에 이벤트를 게시한다. 결과적으로 **AWS_** 환경변수를 사용하거나 AWS 프로필을 사용하므로 AWS 자격 증명이 구성되었는지 확인해야 한다. 다음 명령어를 통해 로컬 호출 명령을 실행하여 페치 서비스 코드와 테스트 이벤트를 전달하자.

```
$ source ../.env
$ serverless invoke local -f fetch --path test-events/load-request.json
```

크롬 브라우저가 실행되고 웹 페이지(https://fourtheorem.com)가 로드된다. 플랫폼에 따라 호출이 끝난 뒤 브라우저를 수동 종료해야 할 수도 있다. 함수 호출이 완료되면 AWS 관리 콘솔에서 아이템 스토어의 S3 버킷으로 접속해 HTML 파일과 스크린샷이 포함된 단일 디렉터리를 다운로드받아 지금까지 작업한 결과물을 살펴보도록 하자. 이것으로 AWS에 배포할 준비가 끝났다.

```
$ serverless deploy
```

## 8.7 전략 서비스에서 크롤링 공간 결정하기

웹 크롤러에서 크롤링 공간을 결정하는 프로세스는 도메인 및 애플리케이션에 따라 다르다. 이 시나리오는 여러 가지 가정을 통해 크롤링 전략을 단순화한다.

- 크롤러는 로컬 링크만 따라간다.
- 각 시드 URL에 대한 크롤링 전략은 독립적이다. 다른 시드를 크롤링하여 찾은 링크에서 중복 콘텐츠를 처리할 필요가 없다.
- 크롤링은 깊이 제한을 따른다.

이어서 크롤러 서비스 구현을 살펴보도록 하자. 코드는 chapter8-9/strategy-service에서 찾을 수 있으며, [그림 8-7]의 다이어그램은 이 서비스의 물리적 구조를 나타낸다.

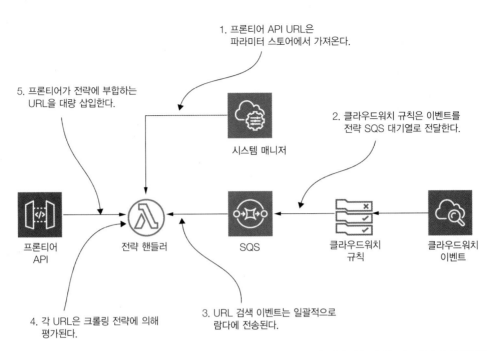

1. 프론티어 API URL은
   파라미터 스토어에서 가져온다.

5. 프론티어가 전략에 부합하는
   URL을 대량 삽입한다.

2. 클라우드워치 규칙은 이벤트를
   전략 SQS 대기열로 전달한다.

시스템 매니저

프론티어 API

전략 핸들러

SQS

클라우드워치 규칙

클라우드워치 이벤트

4. 각 URL은 크롤링 전략에 의해
   평가된다.

3. URL 검색 이벤트는 일괄적으로
   람다에 전송된다.

**그림 8-7** 전략 서비스 구현은 SQS를 통해 클라우드워치 이벤트에 연결되며, 매개 변수 저장소 및 프론티어 API와 통합된다.

이 서비스가 매우 간단하다는 것을 알 수 있으며, [예시 8–7]에 표시된대로 이벤트 배치를 처리한다. handler.js의 내용은 chapter8-9/strategy-service에서 찾을 수 있다.

**예시 8-7** 페이지 크롤링 전략

```
const items = event.Records.map(({ body }) => {
  const { item, link } = JSON.parse(body)    ← 이벤트의 각 레코드는 파싱되어 링크와 발견된 페이지를
                                                추출한다.
  return {    ←
    seed: item.seed,            새 페이지에 대한 프론티어
    referrer: item.url,         레코드가 생성된다.
    url: link.href,             여기에는 참조 페이지의 URL,
                                링크 텍스트 레이블, 증가된 크롤링
    label: link.text,           깊이가 포함된다.
    depth: item.depth + 1
  }
}).filter(newItem => {
  if (newItem.depth > MAX_DEPTH) {    ←  최대 크롤링 깊이를 초과하는 항목은 제외된다.
```

```
    log.debug(
      `Rejecting ${newItem.url} with depth (${newItem.depth}) beyond limit`
    )
  } else if (!shouldFollow(newItem.seed, newItem.url)) {  ◁─── 다른 도메인의 항목은 제외된다.
    log.debug(
      `Rejecting ${newItem.url} from a different domain to seed ${
        newItem.seed
      }`
    )
  } else {
    return true
  }
  return false
})


log.debug({ items }, 'Sending new URLs to Frontier')
return items.length > 0
  ? signedAxios({ method: 'PUT', url: frontierUrl, data: items })  ◁─┐ 프론티어의 대량 삽입
      .then(() => ({}))                                              │ API는 Axios HTTP
      .catch(err => {                                                │ 라이브러리[40]를 사용하여
        const { data, status, headers } = err.response || {}           적격 항목과 함께 호출된다.
        if (status) {
          log.error({ data, status, headers }, 'Error found')
        }
        throw err
      })
  : Promise.resolve({})
```

방금 처리한 이벤트는 클라우드워치 이벤트 API를 사용하여 페치 서비스에 전달되었다. 전략 서비스가 이벤트를 수신하는 방법을 이해하려면 [그림 8-7]을 살펴본 뒤 [예시 8-8]에 표시된 **strategy-service**의 `serverless.yml`을 참조하자.[40]

---

**40** https://github.com/axios/axios

```
Resources:
  strategyQueue:
    Type: AWS::SQS::Queue      ◁── SQS 대기열을 정의한다. 이것은 handleDiscoveredUrls
    Properties:                     람다 핸들러에 대한 트리거이다.
      QueueName: ${self:custom.strategyQueueName}


  strategyQueuePolicy:
    Type: AWS::SQS::QueuePolicy
    Properties:
      Queues:
        - !Ref strategyQueue
      PolicyDocument:
        Version: '2012-10-17'
        Statement:
          - Effect: Allow
            Action:
              - sqs:SendMessage         SQS 대기열에는 클라우드워치 이벤트 서비스에
            Principal:                  대기열로 메시지를 보낼 수 있는 권한을 부여하는
              Service: events.amazonaws.com  ◁── 리소스 정책이 제공된다.
            Resource: !GetAtt strategyQueue.Arn


  discoveredUrlRule:
    Type: AWS::Events::Rule    ◁── 클라우드워치 규칙은 주어진 패턴의 이벤트와 일치하도록
    Properties:                     정의된다.
      EventPattern:
        detail-type:
          - url.discovered   ◁─┤ 규칙은 DetailType: url-discovered가 있는 이벤트와 일치한다.
      Name: ${self:provider.stage}-url-discovered-rule
      Targets:
        - Arn: !GetAtt strategyQueue.Arn   ◁─┤ SQS 대기열은 규칙의 대상으로 지정된다.
          Id: ${self:provider.stage}-url-discovered-strategy-queue-target
          InputPath: '$.detail'   ◁─┤ 대상으로 전송된 메시지의 본문은 메시지 페이로드다.
```

지금부터 전략 서비스를 AWS에 직접 배포해보겠다.

```
$ npm install
$ serverless deploy
```

이제 크롤러의 마지막 부분을 만들 차례다.

## 8.8 스케줄러를 활용한 크롤러 오케스트레이션

웹 크롤러의 마지막 구성 요소인 스케줄러는 사이트 크롤링 프로세스를 시작하고 끝까지 추적
한다. 거대한 모놀리식 아키텍처에 익숙한 사람에게 서버리스의 사고 방식으로 서버리스 프로
세스를 설계하기란 어려운 일이다. 또한, 구현 과정에서 다음 요구 사항을 적용해야 한다.

- 사이트당 동시에 가져올 수 있는 작업 수를 제한한다.
- 프로세스는 다음 배치작업을 진행하기 전에 지정된 시간동안 기다린다.

이 요구 사항은 흐름 제어<sup>flow control</sup>에 적용해야 한다. 이벤트 중심 접근 방식만으로도 흐름 제어
를 달성할 수 있으나 쉽지 않다. 람다 함수 내에서 동일한 사이트에 대한 요청을 클러스터링하
는 아키텍처는 상당히 복잡하고 추론하기 어렵기 때문이다.

흐름 제어 문제를 해결하기 전에 이 서비스를 구성하는 코드를 탐색해보자.

### 8.8.1 코드 확인

스케줄러 서비스 코드는 chapter8-9/scheduler-service에서 찾을 수 있다. 이번 server-
less.yml 파일을 살펴보면 새로운 플러그인 serverless-step-functions이 사용되는 것을
확인할 수 있다. 이는 크롤링 프로세스를 조정하는데 도움이 되는 AWS 서비스 스텝 함수를 사
용하는 플러그인이다. 지금부터 스텝 함수에 대해 알아보겠다.

## 8.8.2 스텝 함수 사용

스케줄러는 AWS 스텝 함수를 사용하여 프로세스의 흐름 제어 및 오케스트레이션을 구현한다. 스텝 함수에는 다음과 같은 기능이 있다.

- 최대 1년 동안 실행할 수 있다.
- 스텝 함수는 람다를 포함한 많은 AWS 서비스에 통합된다.
- 대기, 조건부 논리, 병렬 작업 실행, 실패, 재시도에 대한 지원이 제공된다.

스텝 함수는 아마존 상태 언어Amazon States Language(ASL)라는 특정 구문을 사용한 JSON으로 정의된다. `serverless-step-function` 플러그인을 사용하면 `stepFunctions` 섹션 아래의 서버리스 구성 파일에서 함수에 대한 ASL을 정의할 수 있다. 서버리스 프레임워크 구성은 YAML을 사용하는데, 이 설정은 JSON으로 변환된 후 기본 클라우드포메이션 스택을 구성하는 리소스를 생성하는 데 사용한다. [그림 8-8]은 스케줄러 스텝 함수의 흐름을 보여준다.

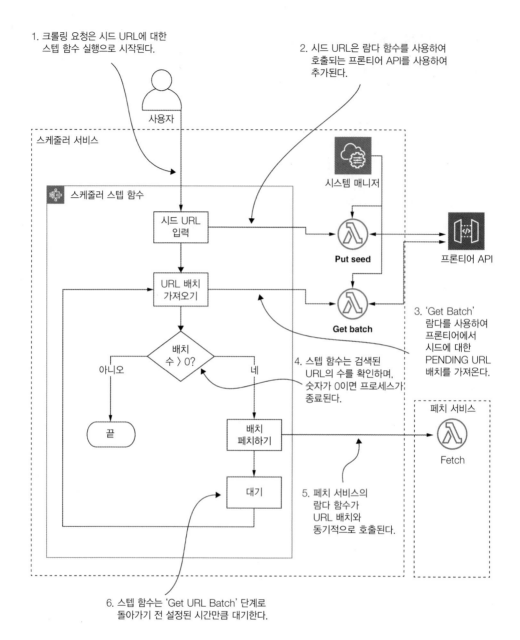

1. 크롤링 요청은 시드 URL에 대한 스텝 함수 실행으로 시작된다.

2. 시드 URL은 람다 함수를 사용하여 호출되는 프론티어 API를 사용하여 추가된다.

사용자

스케줄러 서비스

스케줄러 스텝 함수

시드 URL 입력

시스템 매니저

Put seed

프론티어 API

URL 배치 가져오기

Get batch

3. 'Get Batch' 람다를 사용하여 프론티어에서 시드에 대한 PENDING URL 배치를 가져온다.

배치 수 > 0?

아니오

네

4. 스텝 함수는 검색된 URL의 수를 확인하며, 숫자가 0이면 프로세스가 종료된다.

끝

배치 페치하기

페치 서비스

Fetch

대기

5. 페치 서비스의 람다 함수가 URL 배치와 동기적으로 호출된다.

6. 스텝 함수는 'Get URL Batch' 단계로 돌아가기 전 설정된 시간만큼 대기한다.

**그림 8-8** 스케줄러는 AWS 스텝 함수로 구현된다. 스케줄러 서비스 내에서 정의된 람다와 페치 서비스의 페치 람다에 대한 동기식 호출을 수행한다.

우리는 이미 다른 컴포넌트 서비스가 구축되는 방법을 배웠으며, 시스템과 상호 작용하는데 사용하는 API 및 이벤트 처리에 대해 설명했다. 이제 스케줄러에서 관리하는 종단간 크롤링 프로세스를 살펴볼 것이다. 특히, 프로세스의 Wait 및 Check Batch Count 단계는 제어 흐름이 스텝 함수로 어떻게 쉽게 관리되는지 살펴볼 수 있다. 스텝 함수 상태 머신에 대한 ASL 코드 목록은 [예시 8-9]에 나와 있다.

**예시 8-9** 스케줄러 서비스 상태 머신의 ASL

```
StartAt: Seed URL
States:
  Seed URL:
    Type: Task
    Resource: !GetAtt PutSeedLambdaFunction.Arn      상태 머신은 putSeed 람다를 호출하여
                                                      크롤링 프로세스를 시작한다.
    Next: Get URL Batch
    InputPath: '$'
    ResultPath: '$.seedResult'
    OutputPath: '$'
  Get URL Batch:
    Type: Task
    Resource: !GetAtt GetBatchLambdaFunction.Arn     이어서 getBatch 람다 함수를 사용하여
                                                      URL 배치를 검색한다.
    Next: Check Batch Count
    InputPath: '$'
    ResultPath: '$.getBatchResult'
    OutputPath: '$'
  Check Batch Count:
    Type: Choice       배치 처리의 URL 수는 선택 상태에서 확인된다. 이것은 스텝 함수에서 간단한 흐름
    Choices:           제어가 구현되는 방법의 예이다. 카운트가 0이면 상태 머신은 완료 상태로 종료된다.
                       그렇지 않으면 Fetch 상태로 진행한다.
      - Not:
          Variable: $.getBatchResult.count
          NumericEquals: 0
        Next: Fetch
    Default: Done
  Fetch:
    Type: Task
    Resource: ${ssm:/${self:provider.stage}/fetch/lambda-arn}    매개변수 저장소를 사용하여
                                                                  검색된 페치 서비스의 람다는
    InputPath: $.getBatchResult.items                             프론티어에서 URL 배치와
    ResultPath: $.fetchResult                                     함께 호출된다.
```

```
       Next: Wait
    Wait:
       Type: Wait      ◄────
       Seconds: 30
       Next: Get URL Batch
    Done:
       Type: Pass
       End: true
```

페치 작업이 완료되면 상태 시스템은 크롤링 대상 사이트에 과도한 부하를 주지 않기 위해 30초를 기다린다. 그런 다음 상태 시스템은 Get URL Batch 상태로 되돌린 뒤 더 많은 페이지를 처리한다.

### 8.8.3 스케줄러 배포 및 테스트

스케줄러를 배포한 뒤, 주어진 시드 URL에 대한 크롤링 프로세스를 시작할 수 있다.

```
$ npm install
$ serverless deploy
```

이제 크롤링을 실행하기 위한 모든 서비스가 준비되었다. 스텝 함수 실행을 시작하여 크롤링 프로세스를 실행할 수 있다. 이 과정은 AWS 커맨드라인 명령어를 사용한 수행 또한 가능하다. 이를 위해 먼저 list-state-machines 명령을 사용하여 CrawlScheduler의 스텝 함수의 ARN을 찾아야 한다.

```
$ aws stepfunctions list-state-machines --output text
```

다음은 출력결과의 예제이다.

```
STATEMACHINES 1561365296.434 CrawlScheduler arn:aws:states:eu-west-
1:123456789123:stateMachine:CrawlScheduler
```

다음으로 ARN을 제공하고 시드 URL이 포함된 JSON을 전달하여 State Machine을 실행한다.

```
$ aws stepfunctions start-execution \
--state-machine-arn arn:aws:states:eu-west-1:1234567890123:stateMachine:CrawlScheduler \
--input '{"url": "https://fourtheorem.com"}'
```

CLI를 사용하는 대신 AWS 관리 콘솔에서 스텝 함수 실행을 지시할 수도 있다. 브라우저에서 스텝 함수 서비스로 이동하여 CrawlScheduler 서비스를 선택하자. [그림 8-9]과 유사한 화면이 나타나야 한다.

그림 8-9 AWS 관리 콘솔의 스텝 함수보기를 사용하면 새 실행을 시작하고 기존 실행의 진행 상황을 볼 수 있다. 여기에서 ASL JSON을 검사하거나 편집할 수도 있다.

화면에서 [실행 시작] 버튼을 클릭한다. 여기에서 시작할 경우 상태로 전달할 JSON 객체를 입력할 수 있으며, JSON 객체에는 크롤링할 사이트의 URL을 입력할 수 있다(그림 8-10).

그림 8-10 스텝 함수 콘솔의 [실행 시작] 메뉴에서 크롤링할 사이트의 URL을 제공하여 크롤링 프로세스를 시작할 수 있다.

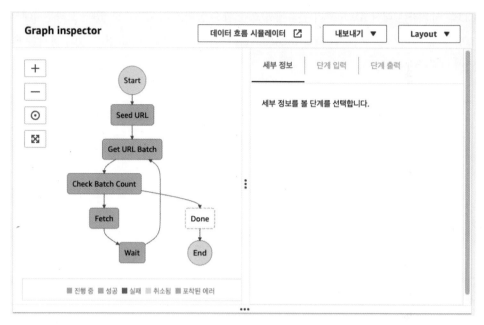

**그림 8-11** 스텝 함수 콘솔의 시각적 워크플로를 통해 사용자는 진행 상황을 모니터링할 수 있다.

실행이 시작되면 콘솔이 실행 뷰로 이동한다. 여기에서 [그림 8-11]과 같이 스텝 함수 실행 진행 상황을 시각화하여 볼 수 있다. 상태를 클릭하면 입력 데이터, 출력 데이터, 오류 여부를 확인할 수 있다.

스텝 함수 실행이 완료되면 아이템 스토어 S3 버킷의 내용을 살펴보자. 시드 URL에서 링크된 중요 페이지와 관련된 파일 모음을 찾아야 한다. 페이지 컨텐츠 예시가 [그림 8-12]에서 확인할 수 있다.

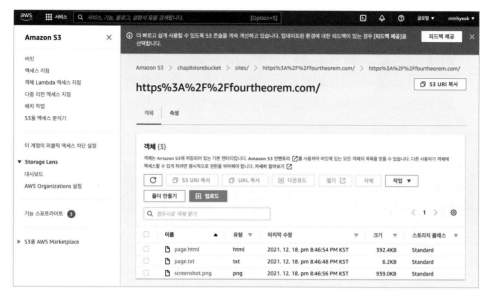

**그림 8-12** S3 콘솔에서 아이템 저장소를 찾을 수 있으며, 이를 통해 생성된 HTML을 검사하고 페이지의 스크린샷을 눈으로 확인할 수 있다.

컨퍼런스 웹 사이트에서 수집된 데이터는 9장에서 살펴볼 지능형 데이터 추출의 기초가 된다. 9장으로 넘어가기 전에 AWS 콘솔에서 크롤러 컴포넌트를 자세히 살펴보기를 권한다. 스텝 함수를 따라 각 단계를 순서대로 살펴보고 페치 서비스, 전략 서비스, 프론티어에 대한 클라우드워치 로그를 확인해보자. 데이터 및 이벤트의 흐름은 [그림 8-9]의 다이어그램과 일치해야 한다. 이렇게 코드의 흐름을 다시 살펴보면 이번 장에서 설명한 모든 내용을 제대로 이해하는 데에 도움이 될 것이다.

다음 장에서는 엔티티 인식으로 텍스트 데이터에서 특정 정보를 추출하는 방법을 알아볼 것이다.

## 8.9 요약

- AI 알고리즘, 관리형 서비스의 유형에 따라 AI 애플리케이션에 필요한 데이터가 결정된다.
- 올바른 데이터가 아직 없다면 공개적으로 사용 가능한 데이터 소스를 찾거나 자체 데이터셋을 생성하는 방법을 살펴보자.

- 웹 크롤러와 스크래퍼는 웹 사이트에서 데이터를 찾아 추출한다.

- 다이나모DB 보조 인덱스를 사용하여 추가 쿼리를 수행할 수 있다.

- 웹 크롤링, 특히 특정 소규모 사이트 들을 위한 서버리스 애플리케이션을 설계하고 구축할 수 있다.

- 이벤트 기반 서버리스 시스템은 클라우드워치 이벤트(또는 이벤트브릿지)를 이벤트 버스로 사용할 수 있다.

- 흐름 제어가 필요한 프로세스는 AWS 스텝 함수를 사용하여 오케스트레이션할 수 있다.

> **WARNING_** 9장은 이 시스템을 기반으로 계속 구축되며 9장 끝에 배포된 리소스를 제거하는 방법에 대한 지침을 제공한다. 9장의 실습을 작업할 계획이 없는 경우 이 장에서 배포한 모든 클라우드 리소스를 추가 비용을 피하기 위해 완전히 제거하자.

# 빅데이터에 AI를 적용해 인사이트 얻기

> **이 장의 주요 내용**
>
> ◆ 아마존 컴프리헨드로 NER 수행하기
>
> ◆ 컴프리헨드의 작업 모드 이해(비동기, 배치, 동기)
>
> ◆ 비동기 컴프리헨드 서비스 사용
>
> ◆ S3 알림을 사용하여 람다 함수 트리거하기
>
> ◆ 데드레터 큐를 사용하여 람다에서 오류 처리하기
>
> ◆ 컴프리헨드 결과 처리

8장에서는 머신러닝 분석에 사용하기 위해 웹사이트에서 비정형 데이터를 수집하는 문제를 다뤘다. 이 장은 8장의 서버리스 웹 크롤러를 기반으로 한다. 이번에는 수집한 데이터에서 의미 있는 통찰을 추출하기 위해 머신러닝을 사용한다. 8장의 웹 크롤러를 기반으로 실습을 진행하므로, 8장을 완료하지 않았다면 지금 돌아가서 실습을 진행하자. 8장의 내용을 이미 끝냈다면 바로 정보 추출 부분을 시작할 수 있다.

## 9.1 AI로 웹페이지에서 중요한 정보 추출

8장에서 다룬, 컨퍼런스에서 강연하는 연사 정보를 찾는 시나리오를 떠올려보자. 우리는 사람들이 관심을 가질 컨퍼런스와 연사를 검색할 수 있는 시스템을 만들고자 했다. 8장의 웹 크롤러 부분에서 이 시나리오의 첫번째 부분, 즉 컨퍼런스 데이터를 수집하는 시스템을 구축했다.

사용자가 수집한 구조화되지 않은 웹사이트 텍스트를 모두 수동으로 검색할 필요는 없다. 대신, 그들에게 행사 이름과 행사 장소, 날짜, 강연자 목록을 제공하고자 한다.

최근의 관리형 AI 서비스가 발전하기 전까지는 구조화되지 않은 텍스트에서 이런 의미있는 데이터를 추출하는 것은 쉬운 문제가 아니었다.

8장의 시나리오를 바탕으로 구성한 요구 사항 개요를 다시 살펴보자. 이번에는 이 장과 관련된 부분을 중심으로 살펴보겠다.

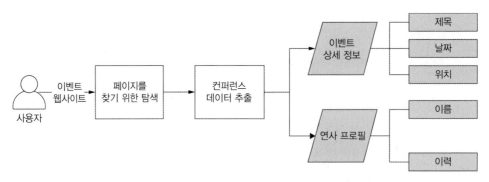

**그림 9-1** 이번 장에서는 이미 수집한 데이터에서 이벤트와 발표자 정보를 추출하는 방법을 다룬다.

## 9.1.1 문제 이해

구조화되지 않은 텍스트에서 중요한 정보를 추출하는 문제를 엔티티명 인식<sup>Named Entity</sup> Recognition(NER)이라고 부른다. 엔티티명은 사람, 위치, 조직 등에 해당한다. 날짜, 수치가 될 수도 있다. NER은 어려운 문제로 이를 주제로 많은 연구가 이뤄지고 있다. 아직 완전히 해결되지 않은 문제로 결과가 100% 정확하다고 보장할 수 없다는 점을 염두해두자. 애플리케이션에 따라 사람이 직접 결과를 확인해야 할 수 있다. 예를 들어 텍스트 본문에서 위치를 감지하는 시스템이 있다고 가정하자. 그리고 텍스트의 문장에서 아폴로 11호의 커맨드 모듈인 '콜롬비아<sup>Columbia</sup>'를 언급한다고 가정하자. NER은 이 단어를 우주선 모듈이 아닌 지명으로 식별할 수도 있다! 모든 NER 시스템은 각 인식 결과에 대한 가능성 점수를 제공한다. 이때 가능성 점수는 절대 100%가 될 수 없다.

컨퍼런스 정보 추출 시나리오의 경우, 웹사이트 데이터에서 사람, 위치, 날짜의 이름을 추출하는 것을 목표로 한다. 이 추출한 데이터를 저장하고 사용자가 접근할 수 있도록 공개하겠다.

## 9.1.2 아키텍처 확장

이제부터 컨퍼런스 웹페이지에서 필요한 정보를 추출하는 서버리스 시스템을 설계하고 배포한다. 1장의 표준 서버리스 아키텍처를 바탕으로 이 장의 아키텍처 구성 요소를 살펴보자(그림 9-2).

이전 장에 비해 서비스 및 통신 채널의 다양성이 적다. AWS 서비스 관점에서 이 장에서 살펴볼 구조는 비교적 간단하다. 새로 도입되는 부분은 아마존 컴프리헨드 기능 및 S3 이벤트 알림으로 데이터 처리를 위한 트리거로 사용한다.

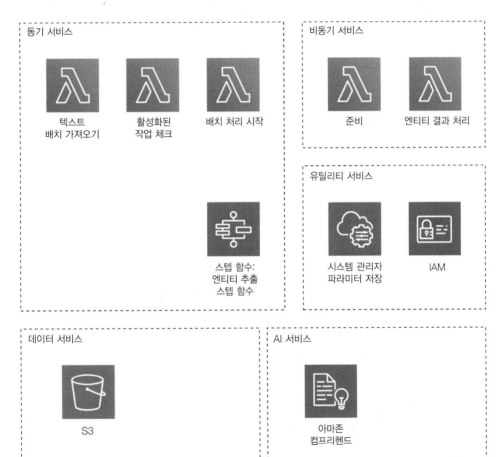

**그림 9-2** 서버리스 엔티티 추출 시스템 아키텍처. 이 시스템은 스텝 함수를 사용하여 조정된 동기식 람다 함수로 구성된다. 데이터는 8장에서 소개한, 아이템 저장소 S3 버킷에 저장된다. S3의 버킷 알림은 비동기 서비스를 트리거한다.

## 9.2 컴프리헨드의 엔티티 인식 API

아마존 컴프리헨드에는 엔티티 인식을 위한 여러 인터페이스가 있다. 데이터가 시스템을 통과하는 방식에 대해 자세히 알아보기 전에 컴프리헨드의 작동 방식과 아키텍처에 미칠 수 있는 영향을 이해하는 시간을 가져 보자.

아마존 컴프리헨드의 세 가지 엔티티 인식 인터페이스는 [표 9-1]에 정리되어있다.

표 9-1 아마존 컴프리헨드의 동작 모드

| API | 설명 | 한계 |
|---|---|---|
| 온디맨드 엔티티 인식 | 단일 텍스트 지원, 결과는 동기적으로 반환 | 문자 5,000자까지만 지원 |
| 배치 엔티티 인식 | 다중 텍스트 지원, 결과는 동기적으로 반환 | 25개 문서에 대해 문자 5,000자까지만 지원 |
| 비동기 엔티티 인식 | 대규모 다중 텍스트 분석 가능, S3에서 읽은 텍스트를 분석하여 S3에 동기식으로 결과 기록 | 초당 1개 요청 가능, 문서당 100KB, 전체 문서 최대 용량 5GB |

컴프리헨드의 한계에 대한 자세한 내용은 아마존 컴프리헨드 가이드라인 문서[41]를 참조하자.

이 시나리오의 목적상 5,000자보다 큰 문서를 분석해야 하므로 비동기 엔티티 인식 모드를 선택해야 한다. 이 모드에서는 분석을 시작하기 위한 `StartEntititesDetectionJob`과 작업 상태를 폴링하기 위한 `DescribeEntitiesDetectionJob`이라는 두 가지 API를 사용해야 한다.

컴프리헨드는 엔티티 인식 결과를 배열로 반환한다. 각 배열 요소에는 다음 속성이 포함된다.

- Type: 인식된 엔티티 유형(PERSON, LOCATION, ORGANIZATION, COMMERCIAL_ITEM, EVENT, DATE, QUANTITY, TITLE, OTHER).
- Score: 분석 결과의 신뢰도 점수. 0과 1 사이의 값이다.
- Text: 인식된 엔티티의 텍스트이다.
- BeginOffset: 텍스트 내 엔티티의 시작 오프셋.
- EndOffset: 텍스트 내 엔티티의 끝 오프셋.

컴프리헨드의 작동 방식을 이해하기 위해 AWS CLI를 사용하여 일회성 테스트를 실행해보자. 셸 환경은 새로운 AWS 서비스에 익숙해지기에 유용한 방법이다.

---

41 '아마존 컴프리헨드의 가이드라인 및 제한사항(http://mng.bz/2WAa)'

이제부터 코드와 함께 저장해 둔 샘플 텍스트 chapter8-9/sample-text/apollo.txt를 분석하겠다. 텍스트는 위키피디아의 아폴로 11호 페이지[42]에서 가져온 것이다. 샘플 텍스트는 다음과 같다.

**예시 9-1** 엔티티 인식을 위한 샘플 텍스트: apollo.txt

Apollo 11 was the spaceflight that first landed humans on the Moon. Commander Neil Armstrong and lunar module pilot Buzz Aldrin formed the American crew that landed the Apollo Lunar Module Eagle on July 20, 1969, at 20:17 UTC. Armstrong became the first person to step onto the lunar surface six hours and 39 minutes later on July 21 at 02:56 UTC; Aldrin joined him 19 minutes later. They spent about two and a quarter hours together outside the spacecraft, and they collected 47.5 pounds (21.5 kg) of lunar material to bring back to Earth. Command module pilot Michael Collins flew the command module Columbia alone in lunar orbit while they were on the Moon's surface. Armstrong and Aldrin spent 21 hours 31 minutes on the lunar surface at a site they named Tranquility Base before lifting off to rejoin Columbia in lunar orbit.

CLI에서 다음 명령을 사용하여 온디맨드 엔티티 인식을 실행할 수 있다.

```
export INPUT_TEXT=`cat apollo.txt`
aws comprehend detect-entities --language-code=en -- text $INPUT_TEXT >
results.json
```

이 명령의 출력 결과는 results.json에 저장되어 컴프리헨드가 시행한 엔티티 인식 작업에 대한 분석 결과를 살펴볼 수 있다. [표 9-2]를 통해 결과 중 일부를 표 형식으로 살펴보겠다.

--------------------------------

42 '영문 위키백과 아폴로 11호 페이지(https://en.wikipedia.org/wiki/Apollo_11)'

**표 9-2** 컴프리헨드의 샘플 엔티티 인식 결과

| Type | Text | Score | BeginOffset | EndOffset |
|---|---|---|---|---|
| ORGANIZATION | Apollo 11 | 0.49757930636405900 | 0 | 9 |
| LOCATION | Moon | 0.9277622103691100 | 62 | 66 |
| PERSON | Neil Armstrong | 0.9994082450866700 | 78 | 92 |
| PERSON | Buzz Aldrin | 0.9906044602394100 | 116 | 127 |
| OTHER | American | 0.6279735565185550 | 139 | 147 |
| ORGANIZATION | Apollo | 0.23635128140449500 | 169 | 175 |
| COMMERCIAL_ITEM | Lunar Module Eagle | 0.7624998688697820 | 176 | 194 |
| DATE | "July 20, 1969" | 0.9936476945877080 | 198 | 211 |
| QUANTITY | first person | 0.8917713761329650 | 248 | 260 |
| QUANTITY | about two and a quarter hours | 0.9333438873291020 | 395 | 424 |
| QUANTITY | 21.5 kg | 0.995818555355072 | 490 | 497 |
| LOCATION | Earth | 0.9848601222038270 | 534 | 539 |
| PERSON | Michael Collins | 0.9996771812438970 | 562 | 577 |
| LOCATION | Columbia | 0.9617793560028080 | 602 | 610 |

컴프리헨드의 엔티티 인식을 사용하면 아주 적은 노력으로 매우 정확한 결과를 얻을 수 있다.

컨퍼런스 사이트에서 크롤링한 모든 웹페이지에 대해 이러한 종류의 결과를 얻기 위해서는 비동기 엔티티 인식 API를 사용해야 한다. 즉, 이 API의 다음 특성을 활용해야 한다.

- 컴프리헨드의 엔티티 인식 작업은 비동기 모드에서 실행할 경우 더 오래 걸리며, 각 작업은 5~10분 정도 걸린다. 동기식 모드에서보다 오랜 시간이 걸리지만, 훨씬 더 큰 문서를 처리할 수 있다는 장점이 있다.
- API 스로틀링 제한에 도달하지 않도록 초당 하나 이상의 요청을 피하고, 각 작업에서 여러 웹페이지를 제출한다.
- 아마존 컴프리헨드의 비동기 API는 구성된 S3 버킷에 결과를 기록한다. S3 버킷에서 알림 트리거를 사용하여 결과를 처리해야 한다.

8장의 웹 크롤러는 각 웹 페이지에 대한 텍스트 파일(**page.txt**)을 S3 버킷에 작성했다. 이번에는 엔티티 인식을 위해 S3의 별도 스테이징 디렉터리에 사본을 만들자. 이렇게 하면 처리할 새 텍스트 파일에 대한 스테이징 디렉터리의 내용을 확인할 수 있다. 처리가 시작되면 준비 영역에서 파일을 삭제한다. 원본 파일(page.txt)은 사이트 디렉터리에 영구적으로 남으므로 나중에 필요할 경우 추가로 활용할 수 있다.

계속해서 스테이징 영역에 텍스트 파일의 복사본을 만드는 간단한 서비스를 구현해보자.

## 9.3 정보 추출을 위한 데이터 준비

처리할 준비가 끝난 파일은 아이템 저장소 S3 버킷 내에 생성한 스테이징 영역 incoming-texts 디렉터리에 저장된다. S3 알림 트리거는 버킷에 새 page.txt 파일이 도착하면 웹 크롤러가 반응하여, 각 파일을 incoming-texts/에 복사하도록 지시한다.

### 9.3.1 코드 확인

준비 서비스 코드는 chapter8-9/preparation-service 디렉터리에 있다. 이 디렉터리에는 서버리스 설정파일인 serverless.yml 파일이 포함되어있다. 준비 서비스를 배포하고 테스트 하기 전에 코드의 내용을 살펴보자.

### 9.3.2 S3 이벤트 알림 생성

준비 서비스는 주로 이벤트 알림이 있는 간단한 함수 하나로 구성된다. 어떻게 작동하는지 알아보기 위해 serverless.yml을 자세히 살펴보자. 다음 예시는 S3 버킷에서 첫 번째 이벤트 알림이 발생한 파일의 일부를 보여준다.

**예시 9-2** 준비 서비스 serverless.yml 파일의 일부

```
service: preparation-service
frameworkVersion: '>=1.47.0'  ◁── 존재하는 S3 버킷을 이벤트 트리거로 쓰려면 서버리스 프레임워크 1.47.0
                                  이상의 버전[43]을 사용해야 한다. 이 행에서 해당 버전을 강제한다.
plugins:
```

------

**43** '서버리스 프레임워크 기존 버킷에서 사용하기(http://mng.bz/1g7q)'

```
        - serverless-prune-plugin
```
배포할 때마다 람다 함수의 새로운 버전이 생성된다. 해당 플러그인이 람다 함수가 쌓일 때마다 오래 된 버전을 제거해준다.[44]

```
        - serverless-pseudo-parameters
```
우리 설정에서 클라우드포메이션 서브 함수를 ${AWS::AccountId}처럼 마치 파라미터를 사용하듯이 호출[45]하고자 하지만, 이 문법은 서버리스 프레임워크의 문법과 충돌한다.[46] 이 플러그인을 쓰면 간단히 파라미터를 (#{AWS::AccountId})와 같은 문법[47]으로 쓸 수 있다.

```
        - serverless-dotenv-plugin
      ...
```
이전 장에서와 마찬가지로, 이 플러그인[48]을 사용해서 .env 파일에서 환경 변수를 불러온다.

```
    provider:
      ...
      iamRoleStatements:
        - Effect: Allow
          Action:
            - s3:GetObject
            - s3:PutObject
            - s3:ListBucket
```
함수에 권한을 부여하여 아이템 저장 버킷에서 읽고 쓰기가 가능하게 한다.
```
          Resource:
            - arn:aws:s3:::${env:ITEM_STORE_BUCKET}/*
    ...
    functions:
      prepare:
        handler: handler.prepare
        events:
```
S3 이벤트 핸들러 함수는 handler.js에 정의되어있다. 함수명은 prepare로 익스포트된다.
```
          - s3:
              bucket: ${env:ITEM_STORE_BUCKET}
              event: s3:ObjectCreated:*
              rules:
```
람다 트리거는 S3 알림으로 정의된다.
```
                - suffix: page.txt
```
알림은 버킷 내에 page.txt로 끝나는 객체(파일)와 대응한다.
```
              existing: true
```
이 행은 서버리스 프레임워크가 버킷을 생성하지 못하게 한다. 그 대신 존재하는 아이템 저장 버킷에 알림 트리거를 생성한다.

**44** 'Serverless Prune Plugin(https://github.com/claygregory/serverless-prune-plugin

**45** 'The Sub Function and CloudFormation variables(http://mng.bz/P18R)'

**46** 'Serverless Framework Variables(http://mng.bz/Jx8Z)'

**47** 'Serverless Pseudo Parameters Plugin(http://mng.bz/wpE5)'

**48** 'Serverless Dotenv Plugin(http://mng.bz/qNBx)'

이렇게 준비 핸들러에 대한 함수, 리소스, 트리거를 선언했다. 이제 이 함수의 구현으로 넘어
가자.

---

### 클라우드포메이션과 S3 알림 트리거

클라우드포메이션은 논리적으로 그룹화된 리소스를 지원하고 장애 발생시 롤백하는 환상적인
방식으로 코드형 인프라Infrastructure as Code(IaC)를 정의한다. 그러나 클라우드포메이션은 리소스 유
형을 생성하는 데 있어서는 AWS SDK만큼 유연하지 못하다.

그 한 가지 예가 버킷 알림이다. 클라우드포메이션을 사용하면 버킷 리소스가 생성된 경우에만
알림을 추가할 수 있다.[49] 하지만 우리가 원하는 건 시스템의 모든 서비스에 대해 기존 버킷에
알림을 추가할 수 있는 것이다.

서버리스 프레임워크는 이 문제에 대한 훌륭한 해결 방법을 제공한다. existing: true 속성과
함께 s3 이벤트 유형을 사용하면 프레임워크는 내부적으로 AWS SDK를 사용하여 기존 버킷에
새 알림을 추가한다. 이는 공식 클라우드포메이션 지원이 요구 사항에 미치지 못할 때 유용한 해
결 방법으로 클라우드포메이션 커스텀 리소스를 사용할 수 있다. 커스텀 리소스에 대한 자세한
내용은 AWS 설명서[50]를 참조하자.

---

## 9.3.3 준비 핸들러 구현

준비 서비스의 handler 모듈의 목표는 텍스트가 엔티티 인식을 위해 준비되는 데 필요한 모든
처리를 수행한다. 이 실습에서 준비 서비스의 역할은 인식 처리를 위해 텍스트를 올바른 파일
이름으로 올바른 디렉터리에 텍스트를 넣는 것이다. 준비 서비스의 handler 모듈은 다음 예시
에서 볼 수 있다.

예시 9-3 준비 서비스 핸들러

```
...
const s3 = new AWS.S3({ endpoint: process.env.S3_ENDPOINT_URL })
```

---

**49** 'CloudFormation AWS::S3::NotificationConfiguration(http://mng.bz/7GeQ)'
**50** 'AWS CloudFormation Templates Custom Resources(http://mng.bz/mNm8)'

```
function prepare(event) {
  const record = event.Records[0]          ◁─┤ 모든 S3 알림 이벤트는 길이 1의 배열이다.
  const bucketName = record.s3.bucket.name
  const key = decodeURIComponent(record.s3.object.key)
                                                        ◁─┐ 객체 키는 S3 이벤트로 들어올 때
                                                          │ URL 인코딩된다.
  const object = { Bucket: bucketName, Key: key }
  ...
  return s3
    .getObject(object)
    .promise()
    .then(({ Body: body }) => body)
    .then(body => body.toString())
    .then(text => {
      const textObjectKey = `incoming-texts/
        ${key.substring(KEY_PREFIX.length).replace(/page.txt$/
        , 'pending.txt')}`
                                                    ◁─┐ 스테이징 영역 사본의 키는
                                                      │ 들어오는 키 스트링의 접두사
      ...                                            │ 파일명을 교체해서 생성된다
      return s3              ◁─┤ S3 객체의 내용은 타겟 키에 쓰여진다.
        .putObject({ Body: text, Bucket: bucketName, Key: textObjectKey})
        .promise()
    })
}
```

### 9.3.4 데드 레터 큐(DLQ)로 복원력 강화

준비 서비스를 배포하기 전에 복원과 재시도 문제를 해결하자. 이벤트 핸들러가 이벤트 처리에 실패하면 이벤트가 손실될 위험이 있다. 람다는 함수를 두 번 재시도한다.[51] 함수가 두 차례의 재시도에도 이벤트를 성공적으로 처리하지 못하면 더 이상의 자동 재시도는 없다.

다행히 모든 람다 함수에 대해 데드 레터 큐$^{Dead\ Letter\ Queue}$(DLQ)를 설정할 수 있다. 여기에서 자동 재시도가 실패한 후 처리되지 않은 이벤트가 발생한다. DLQ에 포함되면 재처리 방법을 다시 결정할 수 있다.

--------------------------------

**51** 'Lambda Asynchronous Invocation(`http://mng.bz/5pN7`)'

DLQ는 SQS 큐 또는 SNS 주제로 만들 수 있다. SNS는 2장에서 다룬 Pub/Sub 메시징에 사용된다. SQS는 포인트 간 메시징에 사용된다. 이번에는 하나만 필요하기 때문에 SQS 큐를 DLQ로 사용하겠다. DLQ의 상호 작용은 [그림 9-3]에서 볼 수 있다.

다음은 처리되지 않은 메시지를 처리하는 방법이다.

- SQS 큐를 prepare 람다 함수를 위한 DLQ로 설정한다.
- 모든 재시도가 실패하면 처리되지 않은 메시지가 큐로 전송된다.
- AWS 콘솔에서 간헐적으로 SQS 큐를 검사한다. 프로덕션 시나리오의 경우 큐의 메시지 수가 0을 초과할 때 알람이 울리도록 클라우드워치 알람을 설정하는 것이 이상적이다. 하지만 과정이 복잡해지지 않도록 이 장에서는 클라우드워치 알람을 생성하지 않겠다.[52]
- DLQ에서 메시지를 검색하여 원래의 prepare 람다 함수로 다시 전달하는 것이 유일한 목적인 두 번째 람다 함수를 생성한다. 처리되지 않은 메시지를 발견하였을 때 이를 수동으로 호출하고 문제 해결을 위한 조치를 취할 수 있다.

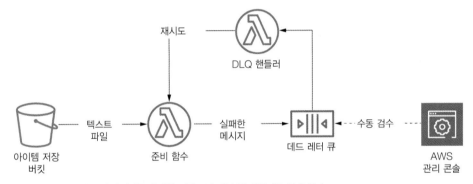

**그림 9-3** DLQ는 람다 실행 실패를 유발한 이벤트의 검사 및 재처리를 쉽게 한다.

### 9.3.5 재시도 핸들러와 DLQ 생성

2장과 3장에서는 SQS 큐를 사용하여 람다 함수를 트리거했다. DLQ는 람다를 자동으로 재시도하지 않는다. 재시도할 람다를 수동 호출하기 위해 재시도 핸들러를 이용해 SQS 큐에서 메시지를 수동으로 읽어들인다. `serverless.yml`에 추가된 내용을 살펴보자. 다음 예시는 해당 코드의 일부로 `chapter8-9/preparation-service`에서 전체 구성 파일을 찾을 수 있다.

---

**52** SQS 큐의 메시지 수에 따른 클라우드워치 알람 설정은 `http://mng.bz/6AjR`에서 확인할 수 있다.

```yaml
custom:
  ...
  dlqQueueName: ${self:provider.stage}PreparationDlq
  ...
provider:
  ...
  iamRoleStatements:
  ...
    - Effect: Allow
      Action:
        - sqs:GetQueueUrl
        - sqs:DeleteMessage
        - sqs:SendMessage
        - sqs:ReceiveMessage
      Resource:
        - !GetAtt preparationDlq.Arn
functions:
  prepare:
    ...
    onError: !GetAtt preparationDlq.Arn
  ...
  retryDlq:
    handler: dlq-handler.retry
    environment:
      DLQ_QUEUE_NAME: ${self:custom.dlqQueueName}
...
resources:
  Resources:
    preparationDlq:
      Type: AWS::SQS::Queue
      Properties:
        QueueName: ${self:custom.dlqQueueName}
        MessageRetentionPeriod:
```

이름 충돌을 막기 위해 DLQ 큐 이름은 배포된 각 스테이지에 따라 달라진다.

람다는 DLQ에 메시지를 쓰고 처리하기 위해 4가지 권한을 필요로 한다.

onError는 준비 람다 함수의 DLQ를 SQS 대기열 ARN으로 설정하는 데 사용된다.

재시도 람다 함수는 아무런 이벤트 트리거 없이 설정된다. DLQ 큐는 환경 변수를 통해 설정된다.

DLQ의 메시지 지속 기간은 1일로 설정했다. 전달되지 않은 메시지를 수동으로 복구하는 용도로는 충분히 긴 시간이다. 최대 14일로 설정 가능하다.

람다 핸들러는 **dlq-handler.js**의 **retry** 함수에 구현되어 있으며, 다음과 같은 작업을 수행한다.

1. DLQ에서 메시지 배치를 검색한다.
2. 각 메시지에 대해 메시지에서 원본 이벤트를 추출한다.
3. handler 모듈을 로드하고 이벤트와 함께 prepare 함수를 직접 호출하여, 성공이나 실패 응답을 기다린다.
4. 이벤트가 성공하면 DLQ에서 메시지를 삭제한다.
5. 다음 메시지를 처리하며, 배치의 모든 메시지가 처리될 때까지 계속한다.

DLQ 처리는 여러 람다 함수에 적용하려는 공통 패턴이므로 별도의 오픈 소스 NPM 모듈인 **lambda-dlq-retry**로 추출했다.[53] 이 모듈을 사용하면 재시도 구현이 더 간단해진다. 다음 예시에 표시된 **dlq-handler.js**를 살펴보자.

**예시 9-5** 준비 서비스 DLQ 핸들러

```
const lambdaDlqRetry = require('lambda-dlq-retry')  ◁── lambda-dlq-retry 모듈을 임포트한다.
const handler = require('./handler')  ◁── 준비 서비스를 위해 prepare 함수를 담은 모듈이 필요하다.
const log = require('./log')
module.exports = {                                       lambda-dlq-retry 모듈로 특정
  retry: lambdaDlqRetry({ handler: handler.prepare, log })  ◁──  핸들러를 써서 생성한 DLQ 재시도
}                                                        핸들러를 익스포트한다. 로거 인스턴스를
                                                         전달할 수도 있다. 디버그 로깅이 켜지면
                                                         DLQ 항목과 관련된 로그를 만들게 된다.
```

**lambda-dlq-retry**는 메시지를 최대 10개까지 일괄 처리한다는 점을 알아두면 도움이 될 것이다. 이 숫자는 환경 변수 **DLQ_RETRY_MAX_MESSAGES**를 대체 값으로 변경함으로서 바꿀 수 있다.

## 9.3.6 준비 서비스 배포 및 테스트

지금까지 이 장에서 4개의 람다 함수를 생성했다. 배포하고 실행하기 전에, 지금까지 만든 함수를 검토하여 함께 작동하는 방식에 대해 명확한 이해하는 시간을 가져 보자. [그림 9-4]에는 이 장의 시작 부분부터 소개한 서비스 아키텍처를 다시 표시하였다. 이미 다른 부분은 진하게 표시했다.

---

**53** lambda-dlq-retry(https://github.com/eoinsha/lambda-dlq-retry)

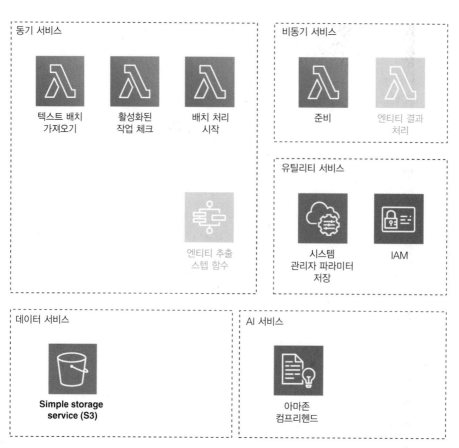

**그림 9-4** 지금까지 텍스트 준비, 텍스트 파일 배치 가져오기, 엔티티 인식 시작, 인식 진행률 확인을 위한 람다 함수를 구현했다.

준비 서비스를 배포하기 전에 8장에서 설명된 대로 chapter8-9 디렉토리에 .env를 설정했는지 확인하자. 여기에는 아이템 저장소 버킷 이름의 환경 변수가 저장되어있어야 한다. 완료했다면 일반적인 빌드 및 배포 단계를 진행할 수 있다.

```
$ npm install
$ sls deploy
```

함수를 테스트하기 위해 page.txt라는 파일명을 가진 파일을 사용하여 항목 저장소 버킷에 파일을 수동으로 업로드할 수 있다. 그런 다음 incoming-texts 스테이징 영역에 복사되었는지 확인할 수 있다. 간단한 컴프리헨드 테스트에 이미 가지고 있는 샘플 텍스트를 사용할 수 있다.

```
$ source ../.env
$ aws s3 cp ../sample-text/apollo.txt s3://${ITEM_STORE_BUCKET}/sites/test/page.txt
```

prepare 함수에 대한 로그를 확인하기 위해 서버리스의 logs 명령어를 사용할 수 있다. 이렇게 하면 함수에 대한 클라우드워치 로그를 가져와 콘솔에 인쇄한다. 8장에서 로깅을 위해 pino 모듈을 사용했기 때문에 출력을 pino-pretty 모듈에 연결하여 읽을 수 있는 출력으로 만들 수 있다.

```
$ npm install -g pino-pretty
$ sls logs -f prepare | pino-pretty
```

다음과 같은 출력을 볼 수 있을 것이다.

**예시 9-6** 준비 서비스 로그 출력

```
START RequestId: 259082aa-27ec-421f-9caf-9f89042aceef Version: $LATEST
[1566803687880] INFO (preparation-service/
1 on 169.254.238.253): Getting S3 Object object: {
"Bucket": "item-store-bucket", "Key": "sites/test/page.txt"
}
[1566803687922] INFO (preparation-service/
1 on 169.254.238.253): Uploading extracted text bucketName: "item-store-bucket"
key: "sites/test/page.txt"
textObjectKey: "incoming-texts/test/pending.txt"
```

그런 다음 S3 버킷에서 스테이징 영역의 파일 내용을 확인할 수 있다.

```
$ aws s3 ls s3://${ITEM_STORE_BUCKET}/incoming-texts/test/pending.txt
```

마지막으로 DLQ 재시도 기능을 테스트할 것이다. 테스트 및 작동 여부가 확인되지 않았는데, 장애 복구를 처리하는 프로세스에는 의미가 없다. 오류를 시뮬레이션하기 위해 S3 버킷에 대한 읽기 권한을 철회해보겠다.

다음과 같이 serverless.yml에서 람다 IAM 정책 중 GetObject 권한을 주석 처리한다.

```
...
- Effect: Allow Action:
# - s3:GetObject
- s3:PutObject
...
```

수정된 IAM 역할로 업데이트된 준비 서비스를 배포한다.

```
$ sls deploy
```

다른 S3 키(경로)를 사용하여 동일한 테스트를 다시 실행할 수 있다.

```
$ aws s3 cp ../sample-text/apollo.txt s3://${ITEM_STORE_BUCKET}/sites/test2/page.txt
```

이번에는 prepare 함수 로그에서 오류를 발견할 수 있어야 한다.

```
START RequestId: dfb09e2a-5db5-4510-8992-7908d1ac5f13 Version: $LATEST
...
[1566805278499] INFO (preparation-service/
1 on 169.254.13.17): Getting S3 Object object: {
"Bucket": "item-store-bucket", "Key": "sites/test2/page.txt"
}
[1566805278552] ERROR (preparation-service/1 on 169.254.13.17): Error in handler err: {
"type": "Error",
"message": "Access Denied",
```

이 오류는 1분 후 한 번, 그리고 2분 후 한 번 표시된다. 이는 AWS 람다가 자동으로 재시도하기 때문이다. 세 번째 시도가 실패하면 DLQ에 메시지가 표시될 것이다.

재전송을 시도하기 전에 AWS 콘솔을 사용하여 오류를 검사한다.

1. SQS 콘솔로 이동하여 큐 목록에서 devPreparationDlq를 찾는다. 메시지 수가 1로 설정되어 있음을 알 수 있다.

2. 목록에서 큐의 체크박스에 표시하고 [메시지 전송 및 수신] 버튼을 클릭한다. 메시지 섹션에서 [메시지 폴링] 버튼을 누른 다음 전달되지 않은 S3 이벤트 메시지가 표시되면 [폴링 중지]를 누른다.

3. 전체 메시지를 보려면 해당 메시지를 선택한 뒤 [세부 정보 보기]를 클릭한다. 이제 prepare 람다 함수에서 오류를 일으킨 S3 이벤트의 전체 텍스트를 볼 수 있다.

4. 원본 메시지의 문제를 해결하는 데 유용한 정보를 확인할 수 있다. 두 번째 탭인 메시지 속성을 선택하면 요청 ID와 함께 오류 메시지를 볼 수도 있다. 이 ID는 람다 함수 호출과 일치하며, 이 오류를 클라우드워치의 로그와 다시 연관시키는 데 사용할 수 있다. 여기에 '오류 코드'가 200으로 표시된 것을 알 수 있다. DLQ 메시지에는 오류 코드가 항상 200으로 설정되므로 무시해도 된다.

다음으로 serverless.yml에서 올바른 권한을 복원하여 재전송을 테스트하자. s3:GetObject 줄의 주석 처리를 제거하고 sls deploy를 입력해 재배포하자. AWS 콘솔, AWS CLI 또는 서버리스 프레임워크 호출 명령을 사용하여 람다의 재시도를 트리거할 수 있다. 다음 명령은 AWS CLI를 사용한다.

```
$ aws lambda invoke --function-name preparation-service-dev-retryDlq /tmp/dlq-
retry-output
```

이것을 실행하고 /tmp/dlq-retry-output에서 출력을 검사하면 간단한 JSON 객체 ({"count": 1})가 표시된다. 이것은 하나의 메시지가 처리되고 전달되었음을 의미한다! sls logs 명령을 사용하여 이전과 마찬가지로 람다 재시도의 출력을 검사할 수 있다.

```
$ sls logs -f retryDlq | pino-pretty
```

이번에는 S3 이벤트가 성공적으로 처리되었음을 보여준다.

## 9.4 텍스트 배치 처리량 관리

이제 웹 크롤러가 생성한 파일로 컨퍼런스 웹페이지의 텍스트를 채우는 준비 서비스가 별도의 스테이징 영역에 마련되었다. 또한 비동기 컴프리헨드 API를 사용하고 텍스트를 배치 처리하기로 결정했다. 다음 단계는 처리할 텍스트 파일 배치를 검색하는 간단한 람다를 생성하는 것이다.

## 9.4.1 코드 확인

getTextBatch 함수는 extract-servicehandler 모듈에서 찾을 수 있다. 추출 서비스는 결과 추출 및 보고를 다루기 때문에 이 장의 나머지 기능을 담고 있다.

```
$ cd ../extraction-service
```

## 9.4.2 텍스트 배치 처리

getTextBatch의 소스코드는 다음 예시에서 볼 수 있다. 이 함수는 S3의 listObjectsV2 API를 사용하여 스테이징 영역에서 파일을 지정된 한도까지 읽는다.

예시 **9-7** getTextBatch 함수

```
const MAX_BATCH_SIZE = 25
const INCOMING_TEXTS_PREFIX = 'incoming-texts/'
...

function getTextBatch() {
  ...
  return s3
    .listObjectsV2({
      Bucket: itemStoreBucketName,
      Prefix: INCOMING_TEXTS_PREFIX,      ◁──┐ 스테이징 영역(incoming-texts)에서
      MaxKeys: MAX_BATCH_SIZE                 │ 25개 키를 읽어온다.
    })
    .promise()
    .then(({ Contents: items }) =>
      items.map(item => item.Key.substring(INCOMING_TEXTS_PREFIX.length))   ◁──┐ 배치 결과에서 incom-
    )                                                                          │ ing-texts/ 접두사를
    .then(paths => {                                                           │ 제거하기 위해 파일명
      log.info({ paths }, 'Text batch')                                       │ 을 수정한다.
      return {       ◁──┐ 파일명을 변경한 후
        paths,           │ 배치 크기와 함께 배치를 반환한다.
        count: paths.length
      }
```

```
    })
  }
```

추출 서비스가 완전히 배포될 때까지 기다릴 것이므로, `sls invoke local` 명령을 사용하여 이를 테스트해보자. 함수를 로컬에서 실행하고 있지만 S3를 호출한다는 점에 유의하자. 따라서 이러한 SDK 호출을 실행할 권한이 있는지 확인하려면 AWS_ 환경 변수를 설정해야 한다.

다음과 같이 로컬에서 함수를 실행한다.[54]

```
$ sls invoke local -f getTextBatch
```

함수 실행 결과 다음 예시와 유사한 출력이 표시될 것이다.

**예시 9-8** getTextBatch의 샘플 출력

```
{
  "paths": [
    "test/pending.txt", "test2/pending.txt"
  ],
  "count": 2
}
```

# 9.5 비동기 엔티티 추상화

우리는 이미 컨퍼런스 웹페이지에서 텍스트를 얻을 수 있다. 이제 텍스트 파일 셋을 가져와 엔티티를 인식하는 함수를 빌드해보자. 컴프리헨드를 사용하면 비동기 엔티티 인식을 진행할 수 있음을 떠올리자. 이 방법을 사용하면 입력 파일이 S3에 저장된다. 컴프리헨드를 폴링하여 인식 작업의 상태를 확인할 수 있으며, 결과는 S3 버킷의 지정된 경로에 기록된다.

------

**54** 옮긴이_ 로컬에서 함수를 실행하면 경우에 따라 DATA_ACCESS_ROLE_ARN에 관련 오류가 발생할 수 있다. 이 경우 로컬 실행시에만 serverless.yml 파일의 27번 라인을 주석 처리하면 함수가 정상적으로 실행된다.

## 9.5.1 코드 확인

추출 서비스의 코드는 chapter8-9/extraction-service 디렉토리에 있다. startBatch-Processing 및 checkActiveJobs 함수는 handler.js에서 찾을 수 있다.

## 9.5.2 엔티티 인식 작업 시작

컴프리헨드용 AWS SDK는 startEntitiesDetectionJob 함수를 제공한다.[55] 이 함수는 처리할 S3의 모든 텍스트 파일에 대한 입력 경로를 지정해야 한다. 처리에서 텍스트 파일이 생략되면 안되기에, 처리할 파일을 배치 디렉토리에 복사하고 startEntitiesDetectionJob 호출이 성공한 후에만 소스 파일을 삭제한다.

추출 서비스의 handler.js에 있는 startBatchProcessing 람다 함수에서 이를 확인할 수 있다.

**예시 9-9** 추출 서비스 핸들러 startBatchProcessing 함수

```
function startBatchProcessing(event) {        이벤트는 경로의 배열로서 전달된다. 경로에는 incoming_texts가
  const { paths } = event  ◁────────────      앞에 붙어 있으며, 경로의 집합이 배치를 이룬다.
  const batchId = new Date().toISOString().replace(/[^0-9]/g, '')      ◁───────  현재 ㅅ
  log.info({ itemStoreBucketName, batchId, paths }, 'Starting batch processing')      배치 ㄷ
                                                                                     이것을
                                                                                     배치 ㄷ
  return (          배치의 모든 파일을 처리 전에                                        생성한
    Promise.all(  ◁  배치 디렉토리로 복사한다.
      // Copy all files to a batch staging folder
      paths
        .map(path => ({
          Bucket: itemStoreBucketName,
          CopySource: encodeURIComponent(
            `${itemStoreBucketName}/${INCOMING_TEXTS_PREFIX}${path}`  ◁   S3 copyObject API를
          ),                                                              쓰려면 CopySource
          Key: `${BATCHES_PREFIX}${batchId}/${path}`                      속성이 URL 인코딩되어
        }))                                                               있어야 한다.
        .map(copyParams => s3.copyObject(copyParams).promise())
```

--------------------------------

**55** `startEntitiesDetectionJob, AWS SDK for Javascript (http://mng.bz/oRND)`

```
      )
        // Start Processing
        .then(() => startEntityRecognition(batchId)) ◁┐
        // Delete the original files so they won't be reprocessed
        .then(() =>        ┌─ 배치 인식이 시작되면, incoming_texts 디렉토리의
          Promise.all( ◁──┘  모든 입력 경로 삭제를 진행한다.
            paths.map(path =>
              s3
                .deleteObject({
                  Bucket: itemStoreBucketName,
                  Key: `${INCOMING_TEXTS_PREFIX}${path}`
                })
                .promise()
            )
          )
        )
        .then(() => log.info({ paths }, 'Batch process started'))
        .then(() => ({ batchId }))
    )
}
```

배치 ID를 startEntityRecognition 함수로 전달해서 배치의 모든 파일이 함께 분석되게 한다.

이제 파일을 배치 디렉토리에 복사하여 `incoming_texts`의 각 파일이 어떻게 처리되는지 확인할 수 있다. 배치 인식 작업 시작시 오류가 발생하면, 파일이 `incoming_texts`에 남아 있으므로 후속 배치를 사용하여 다시 처리할 수 있다.

`startEntityRecognition` 함수를 호출하는 것을 볼 수 있는데, 이는 컴프리헨드의 start-EntitiesDetectionJob API에 대한 파라미터 생성을 담당한다. [예시 9-10]은 이 함수의 코드다.

**예시 9-10** 추출 서비스 startEntityRecognition 람다 함수

```
function startEntityRecognition(batchId) {
  return comprehend
    .startEntitiesDetectionJob({
      JobName: batchId, ◁── 트러블슈팅을 용이하게 하기 위해 작업명으로 배치 ID를 생성한다.
      DataAccessRoleArn: dataAccessRoleArn, ◁┐
```

이 작업은 S3 버킷에 대한 읽기, 쓰기 권한을 가진 IAM 역할을 필요로 한다. 이 역할 정의는 extraction-service/serverless.yml에 있다.

```
    InputDataConfig: {
      InputFormat: 'ONE_DOC_PER_FILE',      컴프리헨드에 S3 디렉터리의 각 파일이 하나씩의 문서를
                                            표현함을 알려준다. 다른 경우에는 ONE_DOC_PER_LINE을
      S3Uri: `s3://${itemStoreBucketName}/${BATCHES_PREFIX}${batchId}/`   쓸 수 있다.
    },                                                            배치 내의 파일에 대한
    LanguageCode: 'en',                                           경로는 파일을 복사해
    OutputDataConfig: {                                           넣은 경로이다.
      S3Uri: `s3://${itemStoreBucketName}/
        ${ENTITY_RESULTS_PREFIX}${batchId}`   컴프리헨드의 결과는 배치 ID로 지정된
    }                                         출력 디렉터리에 쓰여진다.
  })
  .promise()
  .then(comprehendResponse => {
    log.info({ batchId, comprehendResponse }, 'Entity detection started')
  })
}
```

startBatchProcessing 함수는 이 장의 핵심이다. 추출된 텍스트를 관리형 AI 서비스인
AWS 컴프리헨드로 전달하여 이후에 중요 데이터를 추출하도록 만든다.

## 9.6 엔티티 인식 진행 확인

엔티티 인식 작업 처리를 시도하기 전에 checkActiveJobs 살펴보자. 이것은 컴프리헨드 API
를 사용하여 진행중인 작업의 상태를 보고하는 간단한 람다 함수이다. 수동으로 진행률을 확인
하는 방법으로 AWS 관리 콘솔의 컴프리헨드 섹션을 살펴볼 수도 있다. 진행중인 작업 수를 알
면 더 많은 작업을 시작할 시기를 알 수 있고, 컴프리헨드의 동시 작업 실행 수를 제어할 수도
있다. checkActiveJobs의 코드는 다음 예시에서 볼 수 있다.

예시 9-11 추출 서비스 checkActiveJobs 람다 함수

```
function checkActiveJobs() {
  return comprehend
    .listEntitiesDetectionJobs({        listEntitiesDetectionJobs API를 호출하여
      Filter: { JobStatus: 'IN_PROGRESS' },   진행 중인 작업을 필터링한다. 반환값의 수를
                                              제한하기 위해 MaxResults를 설정한다.
                                              여기에서는 10의 값을 사용했다.
```

```
      MaxResults: MAX_COMPREHEND_JOB_COUNT
    })
    .promise()
    .then(({ EntitiesDetectionJobPropertiesList: jobList }) => {
      log.debug({ jobList }, 'Entity detection job list retrieved ')
      return {                          결과를 변환하여 진행 중인 작업의 총 수를
        count: jobList.length,          담은 출력과 각 작업의 요약을 얻을 수 있다.
        jobs: jobList.map(
          ({ JobId: jobId, JobName: jobName, SubmitTime: submitTime }) => ({
            jobId,
            jobName,
            submitTime
          })
        )
      }
    })
}
```

지금까지 파일 배치에 대한 엔티티 인식을 수행하는 데 사용할 수 있는 3개의 람다 함수를 살펴보았다.

1. getTextBatch를 사용하여 처리할 제한된 수의 파일을 선택한다.
2. startBatchProcessing로 파일 배치에 대한 엔티티 인식 실행을 시작한다.
3. 진행중인 인식 작업 수를 보고하려면 checkActiveJobs를 사용한다. 이것은 나중에 모든 엔티티 추출 로직을 하나로 묶을 때에도 유용하다.

이미 sls invoke local을 사용하여 getTextBatch를 테스트했다. 다음으로, 추출 서비스를 배포하고 샘플 텍스트 파일 일괄 처리를 시작하여 이러한 함수를 실제로 어떻게 결합하는지 확인해보자.

## 9.7 배치 엔티티 인식의 배포와 테스트

함수를 테스트하기 위해 먼저 추출 서비스를 배포할 것이다. 다른 모든 서버리스 프레임워크

배포와 동일한 방식으로 진행하면 된다.

```
$ cd extraction-service
$ npm install
$ sls deploy
```

이제 서버리스 프레임워크 CLI를 사용하여 원격 함수를 호출할 수 있다. **startBatchPro-cessing** 람다 함수에 간단한 JSON 인코딩 경로의 배열을 전달한다. 이 예에서는 들어오는 텍스트 S3 디렉터리에 이미 있는 두 파일을 사용할 것이다. 이 파일에는 Apollo 11 샘플 텍스트가 포함되어있다. 나중에는 실제 컨퍼런스 웹페이지 데이터에 대해 엔티티 인식을 수행할 것이다!

```
$ sls invoke -f startBatchProcessing --data \
  "{\"paths\":[\"test/pending.txt\", \"test2/pending.txt\"]}"
```

실행이 성공하면 다음 출력과 같은 내용(배치 ID가 포함된 JSON 객체)이 표시된다.

```
{
  "batchId": "20190829113049287"
}
```

다음으로 **checkActiveJobs**를 실행하여 활성화된 컴프리헨드 작업의 수를 확인한다.

예시 **9-12** checkActiveJobs의 출력

```
{
  "count": 1,              ◁─┤ 진행 중인 모든 작업의 수
  "jobs": [
    {
      "jobId": "acf2faa221ee1ce52c3881e4991f9fce",      ◁─┤ 컴프리헨드가 작업 ID를 생성한다.
      "jobName": "20190829113049287",        ◁─┤ 작업 이름은 생성된 배치 ID와 대응된다.
      "submitTime": "2019-08-29T11:30:49.517Z"
    }
  ]
}
```

5~10분 후 checkActiveJobs를 다시 실행하면 진행중인 작업이 0으로 출력된다. 이 시점에서 작업의 출력을 검사할 수 있다.

extract-service 디렉토리에는 배치 작업의 결과를 편리하게 찾고, 추출하고, 출력하는 데 사용할 수 있는 셸 스크립트가 포함되어있다. 실행하려면 다음 명령을 입력하자.

```
$ ./scripts/get-batch_results.sh <BATCH_ID>
```

<BATCH_ID>로는 startBatchProcessing이 실행될 때 확인한 배치 ID 값을 입력하자. 이 스크립트를 실행하면 각 샘플 텍스트에 대한 컴프리헨드 엔티티 인식 결과를 나타내는 JSON이 출력된다. 지금까지의 예에서 배치의 두 파일에는 아폴로 11호에 대한 샘플 텍스트를 담았다.


## 9.8 인식 결과 유지

지금까지 커맨드라인에서 엔티티 추출 기능을 수동으로 실행하고 NER 출력을 확인하는 방법을 살펴보았다. 컨퍼런스 사이트의 크롤링과 분석을 위한 종단간 애플리케이션의 경우 엔티티 추출 결과를 유지해야 한다. 이렇게 하면 API를 사용하여 회의를 찾는 청중을 위해 사람, 위치, 날짜에 대해 추출된 이름을 제공할 수 있다!

엔티티 인식 작업을 시작할 때 구성한 출력 디렉터리에 컴프리헨드 결과가 도착하면 엔티티 결과 처리가 이루어진다. 여기에서도 준비 서비스와 마찬가지로 S3 버킷 알림을 사용한다. 추출 서비스에 대한 serverless.yml에서 processEntityResults 함수를 찾을 수 있다(예시 9-13).

예시 **9-13** serverless.yml 의 일부(processEntityResults)

```
processEntityResults:
  handler: handler.processEntityResults
  events:
    - s3:
        bucket: ${env:ITEM_STORE_BUCKET}    ◁── 알림 설정은 준비 서비스 S3 버킷 알림과 같은 버킷에 있다.
        event: s3:ObjectCreated:*                이 경우 접두/접미어가 다르다.
        rules:
```

```
          - prefix: entity-results/  ◁──  startEntitiesDetectionJobs 호출에서 명시한 바와 같이 모든
          - suffix: /output.tar.gz   ◁──  컴프리헨드 결과는 entity-results에 유지된다.
                                          컴프리헨드는 다른 임시 파일을 쓴다. 우리가 관심있는
          existing: true                  부분은 오직 output.tar.gz에 있는 최종 결과이다.
```

결과가 도착하면 람다 함수를 사용하여 결과를 추출하고 프론티어 서비스에 유지할 것이다. 프론티어 서비스는 모든 URL의 상태를 유지하므로 크롤링/추출 상태와 함께 결과를 저장하는 것이 편리하다. 필요한 모든 단계를 단계별로 살펴보자.

1. S3 알림은 processEntityResults 함수를 트리거한다.
2. 객체를 S3에서 스트림으로 가져온다.
3. 스트림의 압축을 풀고 추출하다.
4. 출력의 각 JSON 행을 파싱한다.
5. 각 컴프리헨드 결과 항목의 구조는 보다 접근 가능한 데이터 구조로 변환된다. 결과는 항목 유형(PERSON, LOCATION 등)별로 그룹화된다.
6. 웹 페이지의 시드 및 URL은 S3 객체의 경로(키)에서 파생된다.
7. 변환된 인식 결과는 프론티어 서비스로 전송된다.

람다 함수 및 관련 내부 함수(handleEntityResultLines, storeEntityResults)는 추출 서비스의 handler.js 모듈에서 찾을 수 있다.

## 9.9 전체 연결하기

컨퍼런스 사이트 크롤링 및 인식 애플리케이션의 마지막 작업은, 모든 기능을 연결하여 크롤러가 새 페이지 데이터를 사용할 수 있도록 모든 사이트를 자동으로 분석하는 것이다.

8장에서 했던 것처럼 AWS 스텝 함수를 사용할 것이다.

### 9.9.1 엔티티 추출 조정

[그림 9-5]는 스텝 함수에서 구현된 제어 논리가 우리가 만든 람다 함수와 어떻게 관련되는지 보여준다.

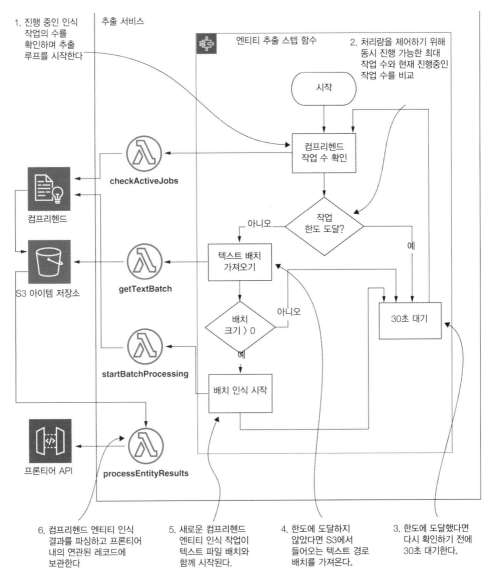

**그림 9-5** 추출 서비스의 논리적 단계는 AWS 스텝 함수를 사용하여 조정된다. 이를 통해 동시에 실행되는 머신러닝 작업의 수를 제어할 수 있으며, 고급 오류 복구 시나리오를 지원하도록 확장할 수도 있다.

컨퍼런스 데이터 추출 프로세스는 새로 크롤링한 페이지 텍스트를 확인하고, 설정된 동시 작업 제한에 따라 비동기 엔티티 인식을 시작하는 연속 루프이다. 앞서 살펴본 바와 같이 결과 처리는 S3 버킷에 컴프리헨드 결과가 도착하여 구동되는 별도의 비동기 프로세스이다.

[그림 9-5]는 스텝 함수를 약간 단순화한 것이다. 스텝 함수는 실제로 연속 실행 이벤트를 지원하지 않는다. 최대 실행 시간은 1년이다. 또한 함수에 도달 가능한 End 상태가 있어야 한다. 이를 처리하기 위해 스텝 함수에 로직을 추가했다. 100회 반복 후 함수 실행을 종료한다. 이는 장기간 실행되는 작업을 잊어버리지 않아 예상치 못한 큰 AWS 비용이 발생하는 것을 방지하기 위한 안전 조치이다! 다음 예시는 스텝 함수 YAML의 요약된 일부를 보여준다. 전체 코드는 추출 서비스의 `serverless.yml`에 포함되어있다.

**예시 9-14** 엔티티 추출 스텝 함수 설정의 일부

```
StartAt: Initialize
States:
  Initialize:        ⟵── start 상태에서 반복 카운트를 100으로 초기화한다.
    Type: Pass
    Result:
      iterations: 100
    ResultPath: $.iterator
    Next: Iterator
  Iterator:          ⟵── Iterator 작업은 루프의 시작점이다.
    Type: Task           람다 함수를 호출하고 카운트를 감소시킨다.
    Resource: !GetAtt IteratorLambdaFunction.Arn
    ResultPath: $.iterator
    Next: ShouldFinish
  ShouldFinish:      ⟵── 반복 회수를 확인한다.
    Type: Choice         100회 반복되었다면 상태 머신을 종료한다.
    Choices:
      - Variable: $.iterator.iterations
        NumericEquals: 0
        Next: Done
    Default: Check Comprehend
Check Comprehend:
  Type: Task
  Resource: !GetAtt CheckActiveJobsLambdaFunction.Arn
  ...

Check Job Limit:     ⟵── checkActiveJobs 함수를 실행했으므로,
  Type: Choice           활성화된 작업 수가 한도(10)에 도달했는지 비교한다.
```

```yaml
  Choices:
    - Variable: $.activeJobsResult.count
      NumericGreaterThanEquals: 10
      Next: Wait
  Default: Get Text Batch
Get Text Batch:
  Type: Task
  Resource: !GetAtt GetTextBatchLambdaFunction.Arn
  ...

Check Batch Size:
  Type: Choice
  Choices:
    - Variable: $.textBatchResult.count
      NumericEquals: 0
      Next: Wait
  Default: Start Batch Processing
Start Batch Processing:
  Type: Task
  Resource: !GetAtt StartBatchProcessingLambdaFunction.Arn
  ...

Wait:
  Type: Wait
  Seconds: 30
  Next: Iterator
Done:
  Type: Pass
  End: true
```

Check Batch Size: ← 들어오는 텍스트 배치를 받는다. 더 가져올 텍스트가 없으면 대기하고, 있으면 엔티티 인식 작업을 시작한다.

Wait: ← 30초 대기 시간은 데이터의 처리량을 제어하기 위한 변수 중 하나이다. 최대 배치 사이즈나 동시 처리 컴프리헨드 작업 수를 통해 조정할 수도 있다.

단순 반복 함수는 handler.js 모듈의 extraction-service에 들어있다.

## 9.9.2 종단간 데이터 추출 테스트

마침내 최종 서버리스 AI 애플리케이션 구축을 완료했다! 지금까지 다양한 서버리스 아키텍처를 다루고, 믿을 수 없을 정도로 강력한 AI 서비스를 배웠으며, 놀라운 AI 시스템을 구축했다. 이 여정의 끝에 도달한 것을 축하한다! 이제 종단간 컨퍼런스 데이터 크롤링 및 추출 애플리케이션을 실행하여 수확을 거둘 차례가 왔다. 컨퍼런스 웹사이트의 URL을 전달해 웹 크롤러를 시작하자. 그런 다음 AI를 사용하여 감지된 컨퍼런스 및 연사에 대한 세부 정보가 나타나기 시작하면, 편안하게 앉아 자동 추출 로직이 작동하는 모습을 관찰하면 된다.

8장 끝에서 했던 것처럼 시드 URL로 웹 크롤러를 시작한다. 이번에는 실제 컨퍼런스 웹사이트를 선택하겠다!

```
$ aws stepfunctions start-execution \
  --state-machine-arn arn:aws:states:eu-west-
    1:1234567890123:stateMachine:CrawlScheduler \
  --input '{"url": "https://ted.com/speakers"}'
```

동일한 방식으로 엔티티 추출 단계 기능을 시작한다. 이 명령에는 JSON 입력이 필요없다.

```
$ aws stepfunctions start-execution \
  --state-machine-arn arn:aws:states:eu-west-
    1:1234567890123:stateMachine:EntityExtraction
```

두 경우 모두 스텝 함수 ARN을 배포에 맞는 올바른 값으로 바꿔야 한다. 8장에서 나온 바와 같이, 이를 검색하는 데 필요한 AWS CLI 명령은 다음과 같다.

```
$ aws stepfunctions list-state-machines --output text
```

상태 머신이 실행되면 AWS 콘솔 스텝 함수 섹션에서 보고, 전환이 발생할 때 상태를 클릭하여 진행 상황을 모니터링할 수 있다. [그림 9-6]은 엔티티 추출 상태 머신의 진행 상황을 보여준다.

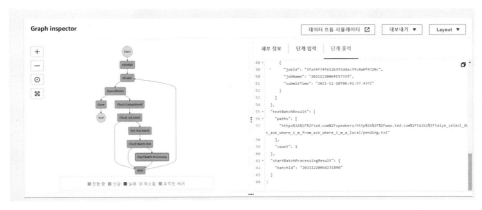

**그림 9-6** 엔티티 추출 상태 머신의 진행 상황 모니터링

### 9.9.3 컨퍼런스 데이터 추출 결과 확인

애플리케이션을 위한 프런트엔드 UI 구축은 이 장의 범위를 벗어나므로, 결과를 검사하기 위한 편리한 스크립트로 제공되는 `scripts/get_extracted_entities.js`를 사용하자. 이 스크립트를 실행하면 다이나모DB 쿼리가 실행되어 프론티어 테이블에서 주어진 시드 URL에 대해 추출된 항목을 찾는다. 그런 다음 이러한 결과를 집계하여, 출현 횟수와 머신러닝 프로세스를 사용하여 찾은 각 항목의 평균 점수를 요약하는 CSV 파일을 생성한다. 스크립트는 다음과 같이 실행된다.

```
$ scripts/get_extracted_entities.js https://ted.com/speakers
```

스크립트는 AWS SDK를 사용하므로 셸에서 AWS 크레덴셜을 구성해야 한다. 스크립트는 생성된 CSV 파일의 이름을 출력하며, 이 예에서는 `https-ted-com-speakers.csv`이다. 엑셀과 같은 애플리케이션을 사용하여 CSV를 열어 결과를 확인하자. [그림 9-7]은 이 컨퍼런스 웹사이트에 대한 결과를 보여준다.

| | A | B | C | D | E | F |
|---|---|---|---|---|---|---|
| 1 | TYPE | TEXT | SCORE | OCCURRE | ES | |
| 1912 | PERSON | "Irma L. Olgu | 0.99346924 | 2 | | |
| 1913 | PERSON | "Isha Datar" | 0.99813065 | 2 | | |
| 1914 | PERSON | "Iyeza" | 0.97275047 | 1 | | |
| 1915 | PERSON | "J.J. Abrams" | 0.99693578 | 11 | | |
| 1916 | PERSON | "J.J. Abrams' | 0.9960034 | 1 | | |
| 1917 | PERSON | "J.J. Abrams" | 0.99735405 | 1 | | |
| 1918 | PERSON | "JAMIE C. BE | 0.99916459 | 1 | | |
| 1919 | PERSON | "JAMIL ZAKI' | 0.98327009 | 1 | | |
| 1920 | PERSON | "JARRETT J. k | 0.99785333 | 1 | | |
| 1921 | PERSON | "JAY BHARA | 0.91919573 | 1 | | |
| 1922 | PERSON | "JEFF DEAN" | 0.98043299 | 1 | | |
| 1923 | PERSON | "JENNA C. LI | 0.99804092 | 1 | | |
| 1924 | PERSON | "JENNIFER A. | 0.9988104 | 1 | | |
| 1925 | PERSON | "JENNY SCH | 0.99719894 | 1 | | |
| 1926 | PERSON | "JIM CHUCH | 0.98458216 | 1 | | |
| 1927 | PERSON | "JJ Abrams" | 0.99862991 | 1 | | |
| 1928 | PERSON | "JJK" | 0.66845594 | 1 | | |
| 1929 | PERSON | "JOAN" | 0.9954411 | 1 | | |
| 1930 | PERSON | "JOSH GIEGE | 0.9980213 | 1 | | |
| 1931 | PERSON | "Jack Danger | 0.99623219 | 1 | | |
| 1932 | PERSON | "Jad Abumra | 0.99695639 | 10 | | |
| 1933 | PERSON | "Jad Nichola | 0.99844314 | 2 | | |
| 1934 | PERSON | "Jake Aadlan | 0.97939669 | 1 | | |
| 1935 | PERSON | "James Cord | 0.99968164 | 1 | | |
| 1936 | PERSON | "James Dunc | 0.9947853 | 1 | | |
| 1937 | PERSON | "James Nach | 0.99838449 | 1 | | |
| 1938 | PERSON | "James Rams | 0.99842055 | 1 | | |
| 1939 | PERSON | "Jamie C. Be | 0.99879264 | 2 | | |
| 1940 | PERSON | "Jamie Olive | 0.92875334 | 1 | | |
| 1941 | PERSON | "Jamil Zaki" | 0.99898707 | 2 | | |

그림 9-7 엔티티 추출 상태 머신의 진행 상황 모니터링

이 경우 PERSON 엔티티만 표시하도록 필터링했다. 그 결과, 크롤링된 사이트의 모든 페이지에서 언급된 사람 이름이 모두 나타난다!

컨퍼런스 크롤러 및 추출기의 한계를 테스트하기 위해 다른 컨퍼런스 사이트를 자유롭게 사용해보자. 물론, 항상 그렇듯이 AWS 사용 비용을 고려하자. 프리 티어를 사용할 수 있지만, 볼륨이 증가함에 따라 비용이 비싸질 수 있다. 확실하지 않다면 실행중인 모든 스텝 함수 상태 머

신을 중지하고, 테스트가 완료되는 즉시 배포된 애플리케이션을 제거하자. chapter8-9 디렉 토리에는 삭제 작업을 도와줄 `clean.sh` 스크립트가 포함되어있으니 활용하도록 하자!

## 9.10 요약

- 이벤트 드리븐 컴퓨팅은 S3 알림 및 AWS 람다를 사용하여 이루어진다.
- 데드 레터 큐는 전달되지 않은 메시지를 캡처한다. 데이터 손실을 방지하기 위해 AWS 람다 및 SQS와 함께 구현할 수 있다.
- NER은 텍스트에서 이름, 장소, 날짜와 같은 개체를 자동으로 식별하는 프로세스이다.
- 아마존 컴프리헨드에는 분석중인 텍스트의 양에 따라 선택할 수 있는 여러 작동 모드가 있다.
- 컴프리헨드를 사용하여 비동기 배치 엔티티 인식을 수행할 수 있다.
- 스텝 함수를 사용하여 비동기 AI 분석 작업의 동시성과 처리량을 제어할 수 있다.
- 컴프리헨드에서 생성한 머신러닝 분석 데이터는 애플리케이션의 비즈니스 요구 사항에 따라 추출 및 변환할 수 있다.

> **WARNING_** 추가 비용을 피하기 위해 이 장에서 배포한 모든 클라우드 리소스를 완전히 제거했는지 확인 하자!

## 마치며

마지막 장의 끝까지 완료한 여러분에게 축하를 전한다! 이 책에서 다음과 같은 내용을 배웠다.

- 물체 감지 기능이 있는 이미지 인식 시스템
- 음성 기반 작업 관리 앱
- 챗봇
- 자동화된 신분증 스캐너
- 전자 상거래 시스템을 위한 AI 통합: 고객 제품 리뷰 이면의 감정을 파악하고 맞춤형 분류기를 사용하여 분류하고 올바른 부서로 전달
- 연사 프로필 및 이벤트 장소를 포함한 컨퍼런스에 대한 정보를 모으기 위해 엔티티 인식을 사용하는 이벤트 웹사이트 크롤러

우리는 또한 많은 아이디어, 도구, 기술, 아키텍처 예시를 다루었다. 서버리스 및 AI는 빠르게 진화하는 주제지만, 이러한 기본 원칙은 놀라운 AI 서버리스 시스템을 구축할 때 계속 활용할 수 있도록 설계되었다.

시간을 할애해 이 책을 읽어준 독자 여러분에게 감사한다. 더 자세한 내용을 필요로 한다면, 블로그 (https://fourtheorem.com/blog)에서 AI, 서버리스 아키텍처 등에 대한 더 많은 글을 찾을 수 있다.

이 주제에 대한 모든 업데이트를 보려면 트위터 및 링크드인에서 아래 계정을 팔로우하자.

- 피터 엘거(@pelger) - linkedin.com/in/peterelger
- 오언 셔너히(@eoins) - linkedin.com/in/eoins

# AWS 계정 생성 및 설정

이 부록은 AWS에 익숙하지 않은 독자를 위해 AWS를 설정하는 방법과 책의 예제를 위해 환경을 구성하는 방법을 다룬다.

## A.1 AWS 계정 생성하기

AWS를 사용하려면 먼저 계정을 생성해야 한다. 이 계정은 모든 클라우드 리소스를 위한 바구니이다. 여러 사람이 접근해야 한다면, 계정에 여러 사용자를 연결할 수 있다. 기본적으로 계정에는 한 명의 루트 사용자가 있다. 계정을 생성하려면 다음이 필요하다.

- 신원 확인을 위한 전화 번호
- 청구서를 지불할 신용 카드

가입 절차는 5단계로 구성된다.

1. 로그인 정보 입력
2. 연락처 정보 입력
3. 결제 세부 정보 입력

4. 신원 인증

5. 서비스 플랜 선택

즐겨 사용하는 웹 브라우저에 https://aws.amazon.com을 입력하고 [AWS 계정 생성] 버튼을 클릭하자.

## A.1.1 로그인 정보 입력

AWS 계정 생성은 [그림 A-1]과 같이 고유한 AWS 계정 이름을 정의하는 것으로 시작된다. AWS 계정 이름은 모든 AWS 고객 내에서 전역적으로 고유해야 한다. 계정 이름 외에도 AWS 계정의 루트 사용자를 인증하는 데 사용되는 이메일 주소와 암호를 지정해야 한다. 계정 오용을 방지하기 위해 강력한 암호를 선택하는 것이 좋다. 최소 20자로 구성된 암호를 사용하자. 데이터 침해, 데이터 손실 또는 원치 않는 리소스 사용을 방지하려면 원치 않는 접근으로부터 AWS 계정을 보호해야 한다. 계정에서 다중 인증<sup>multi-factor authentication</sup>(MFA)를 사용하는 방법을 확인하는 것도 좋다.

그림 A-1 AWS 계정 생성: 회원가입 페이지

다음 단계는 연락처 정보 입력이다(그림 A-2). 모든 필수 필드를 채우고 다음으로 진행하자.

## AWS에 가입

### 연락처 정보

AWS를 어떻게 사용할 계획이신가요?
○ 비즈니스 – 업무, 학교 또는 조직의 경우
○ 개인 – 자체 프로젝트의 경우

이 계정에 대해 누구에게 문의해야 하나요?

전체 이름

전화 번호
국가 코드와 전화 번호를 입력합니다.

+1 222-333-4444

국가 또는 리전

미국 ▼

주소

아파트, 동, 호수, 빌딩, 층 등

시

시, 도 또는 리전

우편 번호

☐ AWS 고객 계약 ↗을 읽었으며 이에 동의합니다.

**계속(2/5단계)**

**그림 A-2** AWS 계정 생성: 연락처 정보 입력

## A.1.2 결제 정보 입력

다음으로 결제 정보를 입력해야 한다(그림 A-3). 신용 카드 정보를 입력하자.

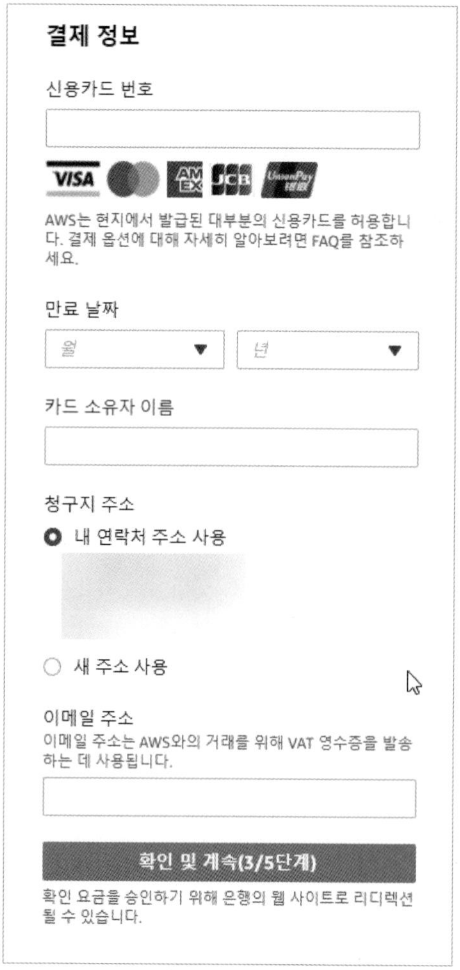

**결제 정보**

신용카드 번호

AWS는 현지에서 발급된 대부분의 신용카드를 허용합니다. 결제 옵션에 대해 자세히 알아보려면 FAQ를 참조하세요.

만료 날짜

월 ▼    년 ▼

카드 소유자 이름

청구지 주소

● 내 연락처 주소 사용

○ 새 주소 사용

이메일 주소
이메일 주소는 AWS와의 거래를 위해 VAT 영수증을 발송하는 데 사용됩니다.

**확인 및 계속(3/5단계)**

확인 요금을 승인하기 위해 은행의 웹 사이트로 리디렉션될 수 있습니다.

**그림 A-3** AWS 계정 생성: 결제 정보 입력

다음 단계에서는 신원 확인을 진행한다. [그림 A-4]는 그 첫 번째 단계를 보여준다. 확인 수단을 문자 메시지로 선택하고 연락처를 작성한 뒤 보안 문자를 입력하고 [SMS 전송] 버튼을 누르면 AWS에서 문자 메시지가 온다.

**그림 A-4** AWS 계정 생성: 신원 인증

다음 화면에서 전송받은 코드를 입력하면 신원 인증은 끝난다.

## A.1.3 플랜 선택

마지막 단계는 서비스 플랜을 선택하는 것이다(그림 A-5). 일단 무료인 기본 지원을 선택하자. 나중에 비즈니스용 AWS 계정을 생성한다면 비즈니스 지원을 권장한다. 플랜은 추후에 변경할 수도 있다. 계정이 준비될 때까지 몇 분 정도 기다려야 한다. 준비가 끝나면, [그림 A-6]과 같이 [AWS Management Console로 이동] 버튼을 클릭하여 AWS 계정에 로그인할 수 있다!

## Support 플랜 선택

비즈니스 또는 개인 계정에 대한 Support 플랜을 선택합니다. 플랜 및 요금 예시를 비교 ☑해 보세요.
언제든지 AWS Management Console에서 플랜을 변경할 수 있습니다.

| 🔘 기본 지원 - 무료 | ⚪ 개발자 지원 - 시작가는 29 USD/월 | ⚪ 비즈니스 지원 - 시작가는 100 USD/월 |
|---|---|---|
| • AWS를 처음 시작하는 신규 사용자에게 권장<br>• AWS 리소스에 대한 연중무휴 24시간 셀프 서비스 액세스<br>• 계정 및 청구 문제 전용<br>• Personal Health Dashboard 및 Trusted Advisor에 대한 액세스 | • AWS를 체험해보는 개발자에게 권장<br>• 업무 시간 중 AWS Support에 대한 이메일 액세스<br>• 12시간(업무 시간 기준) 이내의 응답 시간 | • AWS 기반 프로덕션 워크로드 실행에 추천<br>• 이메일, 전화 및 채팅을 통한 연중무휴 24시간 기술 지원<br>• 1시간 이내의 응답 시간<br>• Trusted Advisor 모범 사례 권장 사항 전체 세트 |
|  |  |  |

엔터프라이즈 수준의 지원이 필요하신가요?

최저 월 15,000 USD로 15분 이내에 응답을 받을 수 있으며 기술 지원 관리자가 배정된 컨시어지 스타일의 서비스를 이용할 수 있습니다. 자세히 알아보기 ☑

**가입 완료**

그림 A-5 AWS 계정 생성: 지원 계획 선택

**aws**

# 축하합니다.

AWS에 가입해 주셔서 감사합니다.

계정을 활성화하는 중입니다. 이 작업은 몇 분 밖에 걸리지 않습니다. 이 작업이 완료되면 이메일을 받게 됩니다.

**AWS Management Console로 이동**

다른 계정에 가입or 영업 팀에 문의하세요.

**그림 A-6** AWS 계정 생성: AWS 계정을 성공적으로 생성했다.


## A.2 로그인

이제 AWS 계정이 마련되었고, AWS 관리 콘솔에 로그인할 수 있다. 관리 콘솔은 AWS 자원을 확인하고 제어할 수 있는 웹 기반 도구로, AWS API의 대부분의 기능을 활용할 수 있다. [그림 A-7]에서 https://console.aws.amazon.com에 로그인했을 때의 화면을 볼 수 있다. 이메일을 입력하고 [다음] 버튼을 클릭한 후 비밀번호를 입력하면 로그인하게 된다.

**그림 A-7** AWS 계정 생성: 콘솔 로그인하기

성공적으로 로그인하고 나면 [그림 A-8]과 같이 콘솔의 시작 페이지로 이동한다.

**그림 A-8** AWS 콘솔

## A.3 모범 사례

앞 절에서는 AWS 루트 계정 설정에 대해 설명했다. 이 계정을 테스트용으로만 사용하려는 경우 이것으로 충분하다. 그러나 프로덕션용으로 사용한다면 루트 계정을 사용하지 않는 것이 좋다. 이 주제를 전부 다루는 것은 이 책의 범위를 벗어나니, `http://mng.bz/nzQd`에 설명된 대로 IAM 사용자, 그룹, 역할 설정과 같은 AWS 계정 모범 사례를 참조하기를 권장한다. 또한 최신 AWS 관련 보안 주제를 확인하기 위한 훌륭한 자료인 AWS 보안 블로그(`https://aws.amazon.com/blogs/security/`)를 권장한다.

## A.4 AWS 커맨드라인 인터페이스

AWS 클라우드 리소스를 생성, 편집, 검사하기 위한 방법으로 다음과 같은 여러 방법이 있다.

- 웹 브라우저에서 AWS 콘솔을 사용하여 수동으로 관리.
- 프로그래밍 방식으로, 특정 프로그래밍 언어로 AWS SDK를 사용한다. 자바스크립트, 파이썬을 포함한 많은 언어가 지원된다.
- 서버리스 프레임워크와 같은 타사 도구 사용. 이러한 도구는 일반적으로 내부적으로 AWS SDK를 사용한다.
- AWS 커맨드라인 인터페이스(CLI) 사용.

이 책에서는 최대한 서버리스 프레임워크를 사용한다. 어떤 경우에는 AWS CLI로 명령을 실행한다. 되도록 AWS 콘솔 사용은 피하고자 한다. AWS 콘솔은 AWS 제품에 익숙해지기 위해, 테스트를 위해서는 적합하며 사용하기도 가장 쉽다. 하지만 AWS를 잘 알수록 AWS CLI와 SDK의 활용을 극대화할 수 있다. 프로그래밍 방식의 장점은 다음과 같다.

- 코드(CLI 명령 포함)는 사용자의 변경을 기록한다.
- 버전 제어(깃 등)하에 코드를 배치하고 변경 사항을 효과적으로 관리할 수 있다.
- 수동적인 단계를 많이 수행하지 않고도 작업을 빠르게 다시 실행할 수 있다.
- 포인트 앤 클릭 인터페이스에서 흔히 발생하는 인적 오류가 발생할 가능성이 적다.

이제 필요한 CLI 명령을 실행할 수 있도록 AWS CLI를 설정하자.

설치 방법은 플랫폼에 따라 다르다. 윈도우 OS를 사용한다면 OS 버전에 따라 64비트 (`https://s3.amazonaws.com/aws-cli/AWSCLI64PY3.msi`) 또는 32비트(`https://s3.am-`

azonaws.com/aws-cli/AWSCLI32PY3.msi) 설치 프로그램을 다운로드하면 된다.

## A.4.1 리눅스에서 AWS CLI 설치하기

대부분의 리눅스 패키지 관리자는 AWS CLI에 대한 빠른 설치 옵션을 제공한다. 우분투 또는
데비안 시스템에서는 apt를 사용하면 된다.

```
$ sudo apt install awscli
```

센토스, 페도라와 같이 yum을 사용하는 배포판은 다음 명령을 입력한다.

```
$ sudo yum install awscli
```

## A.4.2 맥OS에서 AWS CLI 설치하기

맥OS 사용자에게 가장 간단한 설치 방법은 홈브루Homebrew를 사용하는 것이다.

```
$ brew install awscli
```

## A.4.3 다른 OS에서 AWS CLI 설치하기

앞에서 다룬 OS와 다른 OS를 쓰고 있다면, 파이썬으로 pip를 사용하여 AWS CLI를 설치하
는 등의 다른 방법이 있다. 자세한 내용은 AWS CLI 설치 설명서(http://mng.bz/X0gE)를 참
조하자.

## A.4.4 로컬 AWS 환경 설정하기

로컬 개발 시스템에서 AWS 서비스에 접근하려면 API 접근 키 쌍을 생성하고 개발 셸에서 사
용할 수 있게 해야 한다. 이렇게 하려면 먼저 AWS 계정에 다시 로그인한 다음 [그림 A-9]에
설명된 대로 AWS 사용자 메뉴에서 [보안 자격 증명]을 선택한다.

**그림 A-9** AWS 보안 크레덴셜 메뉴

다음으로 왼쪽 메뉴에서 사용자를 선택하고 목록에서 사용자 이름을 선택한다. 사용자 요약 페이지에서 [보안 자격 증명] 탭을 선택한 후 [그림 A-10]에 설명된 대로 사용자 요약 화면에서 [액세스 키 만들기]를 선택한다.

**그림 A-10** AWS 사용자 요약 화면

그러면 AWS가 API 접근 키 쌍을 생성한다. 이 키를 사용하려면 [그림 A-11]과 같이 CSV 파일을 다운로드하자.

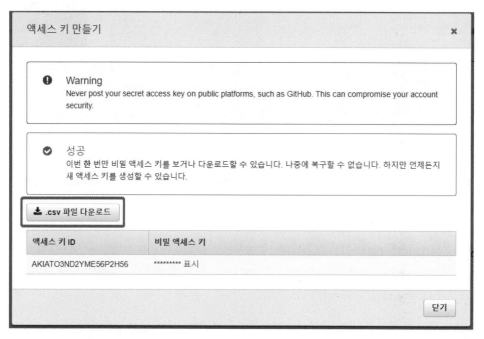

**그림 A-11** AWS 키 생성 대화 상자

나중에 사용하기 편하도록 이 CSV 파일을 안전한 곳에 저장해두자. CSV 파일에는 접근 키 ID와 보안 접근 키 두 가지 식별자가 있다. 파일 내용은 다음 예시와 비슷하다.

**예시 A-1** AWS 크레덴셜 CSV 파일

```
Access key ID,Secret access key ABCDEFGHIJKLMNOPQRST,123456789abcdefghijklmnopqrst
uvwxyz1234a
```

이러한 키를 접근에 사용하려면 개발 셸에 추가해야 한다. 유닉스 계열 시스템이라면 셸 설정에 환경 변수를 추가하면 된다. 예를 들어, bash 셸 사용자는 다음 예시에 표시된 대로 `.bash_profile` 파일에, zsh 사용자는 `.zshrc` 파일에 다음 내용을 추가하면 된다.

```
export AWS_ACCOUNT_ID=<AWS 계정 ID 번호>
export AWS_ACCESS_KEY_ID=<액세스 키 ID>
export AWS_SECRET_ACCESS_KEY=<비밀 액세스 키>
export AWS_DEFAULT_REGION=eu-west-1
export AWS_REGION=eu-west-1
```

> **NOTE_** AWS_REGION 및 AWS_DEFAULT_REGION 환경 변수를 모두 설정했다. 이는 자바스크립트 SDK 와 CLI 사이의 불일치 때문이다. AWS CLI는 AWS_DEFAULT_REGION을 사용하는 반면, SDK는 AWS_REGION을 사용한다. 향후 이 문제가 수정될 것으로 예상하지만, 지금은 두 변수를 동일한 지역으로 설정하는 것이 간단한 수정 방법이다.

윈도우 사용자는 제어판의 시스템 구성 대화 상자를 사용하여 이러한 환경 변수를 설정해야 한다. 설정된 환경 변수를 적용하려면 개발 셸을 다시 시작해야 한다.

---

### 키 관리

구성 파일을 사용하여 AWS API 접근을 설정하는 방법은 다양하게 있다. 여기에서는 편의상 로컬 개발을 위한 환경 변수를 사용했다.

접근 키가 실수로 노출되지 않도록 주의해서 관리해야 한다. 예를 들어, 공개 깃 저장소에 접근 키를 추가하는 것은 최악의 방식이다!

여기에서는 로컬 개발 환경에서만 AWS API 키에 대한 환경 변수 사용을 제안하고 있다. 프로덕션 환경에서는 이 작업을 수행하지 않는 것이 좋다. 이 책에서 자세히 다루지는 않지만, AWS 키 관리 서비스Key Management Service(KMS)와 같이 키 관리를 돕는 별도의 서비스도 있다.

---

## A.4.5 설정 확인

설정이 올바른지 확인하려면 다음 명령을 실행하자.

```
$ aws --version
$ aws s3 ls s3://
```

둘 다 오류 없이 완료되어야 한다. 그렇지 않다면 이 부록의 이전 단계를 모두 검토하자.

# AWS 관리형 AI 서비스의 데이터 요구 사항

1장에서 AWS 관리형 AI 서비스를 요약한 표를 제공했다. 이 부록은 이 표를 확장하여 각 서비스에 대한 데이터 요구 사항을 정리했다(표 B-1). 또한 각 서비스에서 학습이 지원되는지 여부도 표시했다. 이 부록을 7장에서 배운 데이터 수집 관련 내용과 함께 사용하면, 올바른 데이터를 가지고 있고 적절한 데이터 준비를 수행했는지 확인할 수 있다.

**표 B-1** AI 서비스의 데이터 요구 사항

| 애플리케이션 | 서비스 | 요구 데이터 | 학습 지원 |
| --- | --- | --- | --- |
| 기계 번역 | AWS 트랜스레이트 | 원래 언어로 된 텍스트 | 커스텀 학습을 지원하지 않음. 하지만 도메인에 맞는 특정 커스텀 용어집 정의 가능. |
| 문서 분석 | AWS 텍스트렉트 | 고해상도 이미지 및 문서 | 학습 불필요. |
| 키 프레이즈 | AWS 컴프리헨드 | 텍스트 | 학습 불필요. |
| 감정 분석 | AWS 컴프리헨드 | 텍스트 | 학습 불필요. |
| 토픽 모델링 | AWS 컴프리헨드 | 텍스트 | 학습 불필요. |
| 문서 분류 | AWS 컴프리헨드 | 텍스트 및 분류 레이블 | 학습 필요. 6장에서 커스텀 분류자에 대해 다루었다. |

| 객체 추출 | AWS 컴프리헨드 | 텍스트(커스텀 객체의 경우 레이블링한 객체 필요) | 표준 객체(이름, 날짜, 장소)는 학습 없이 추출 가능. 텍스트와 객체 레이블을 통해 커스텀 객체를 추출하도록 학습도 가능. |
|---|---|---|---|
| 챗봇 | AWS 렉스 | 텍스트 발화 | 학습 불필요. 4장에서 다룬 바와 같이 AWS 렉스는 간단한 발화와 설정된 슬롯으로 모델을 생성. |
| STT | AWS 트랜스크라이브 | 오디오 파일 또는 스트리밍 오디오 | 학습 불필요. 다만 커스텀 어휘 및 발음을 통해 결과 개선이 가능. |
| TTS | AWS 폴리 | 텍스트(SSML 어노테이션이 있으면 좋음) | 학습 불필요(4장에서 다룸). |
| 객체, 장면, 활동 감지 | AWS 레코그니션 | 이미지 또는 비디오 | 학습 불필요. |
| 얼굴 인식 | AWS 레코그니션 | 이미지 또는 비디오 | 학습 불필요. 커스텀 얼굴 추가 가능. |
| 얼굴 분석 | AWS 레코그니션 | 이미지 또는 비디오 | 학습 불필요. |
| 이미지 내 텍스트 | AWS 레코그니션 | 이미지 | 학습 불필요. |
| 시계열 예측 | AWS 포캐스트 | 시계열 데이터 및 아이템 메타데이터 | 학습 필요. 사용자가 제공한 이력 데이터 및 메타데이터를 기반으로 모델을 학습. |
| 실시간 개인화 및 추천 | AWS 퍼스널라이즈 | 아이템 카탈로그 및 사용자 데이터 | 학습 필요. 제공한 데이터를 바탕으로 최적의 알고리즘을 골라 모델을 학습. |

보다시피 대부분의 서비스에는 학습 단계가 필요하지 않다. 이러한 경우 데이터 수집 및 학습 프로세스가 크게 단순화된다. 학습이든, 사전 학습된 모델을 사용하든, AWS는 필요한 데이터의 종류와 데이터 형식에 대한 명확한 사양을 가지고 있다.

# AI 애플리케이션을 위한
# 데이터 소스

7장에서는 AI 지원 애플리케이션을 만들 때 좋은 데이터 수집 및 준비의 중요성에 대한 개요를 제공한다. 이 부록에는 AI 성공을 위한 올바른 데이터를 확보하기 위해 활용할 수 있는 몇 가지 데이터 소스가 나열되어있다.

## C.1 공개 데이터셋

1. AWS의 오픈 데이터 레지스트리The Registry of Open Data(https://registry.opendata.aws)에는 페타바이트 규모의 공공 크롤링Common Crawl 데이터(http://common- crawl.org/the-data)가 있다.

2. 트위터 API와 같은 공용 API는 많은 양의 데이터를 제공한다. 6장에서 소셜 미디어 게시물을 사용하여 분류 및 감정 분석을 수행하는 방법을 살펴보았다.

3. 구글에는 공개 데이터셋용 검색 엔진(https://tool-box.google.com/datasetsearch)과 공개 데이터셋의 목록(https://ai.google/tools/datasets)이 있다.

4. 캐글에는 수천 개의 데이터셋(https://www.kaggle.com/datasets)의 디렉토리가 있다.

5. 이제 많은 정부 데이터 소스를 사용할 수 있다. 대표적 예로 https://data.gov의 미국 공개 정부 데이터가 있다.

**6.** 2장을 읽고 고양이보다 개 이미지를 원했던 독자라면, 스탠포드 독스<sup>Stanford Dogs</sup> 데이터셋(`http://vision.stanford.edu/aditya86/ImageNetDogs`)에서 제공하는 20,000개의 개 이미지에 만족할 것이다!

> **TIP_** 공개 데이터셋에는 라이선스가 적용된다. 각 데이터셋의 라이선스를 확인하고, 작업에서 데이터셋을 사용할 때의 법적 의미를 이해하는 것은 독자 여러분의 숙제로 남겨둔다.

## C.2 소프트웨어 분석 및 로그

이미 패키징된 공개 데이터 외에도, 머신러닝 애플리케이션을 위한 데이터를 수집하는 많은 방법이 있다. 기존 소프트웨어 시스템에는 머신러닝 알고리즘을 위해 준비하고 최적화할 수 있는 분석 및 로그 데이터가 있다.

- 웹 및 모바일 애플리케이션에서 최종 사용자 상호 작용에 대한 데이터를 수집하는 분석 플랫폼은 사용자 행동 및 상호 작용에 대한 원시 데이터의 귀중한 소스이다. 구글 애널리틱스가 그 예이다.
- 웹 서버 및 백엔드 애플리케이션 로그 또는 감사 로그는 시스템과의 상호 작용을 위한 포괄적인 소스가 될 수 있다.

## C.3 인력 데이터 수집

쉽게 구할 수 없는 데이터를 대규모로 수집하거나 변환해야 하는 경우, 이 작업을 크라우드 소싱하는 여러 가지 방법이 있다.

- 데이터 수집 회사에서 데이터를 수집(설문 조사 또는 기타 수단을 통해)하거나 변환하는 서비스를 제공한다.
- API 기반 크라우드 소싱 서비스가 있다. 아마존 메카니컬 터크가 대표적인 예이다(`https://www.mturk.com`).
- 사실 우리 대부분은 이미 자발적으로 무수한 보안 문자 검사를 수행했다! 대표적으로, reCAPTCHA와 같은 서비스는 이미지 인식 알고리즘에 대한 레이블이 지정된 학습 데이터를 수집하는 수단으로도 사용된다.

# C.4 장치 데이터

애플리케이션에 따라 소프트웨어 모니터링 도구 또는 하드웨어 센서를 사용하여 기존 시스템에서 원격 분석을 수집할 수 있다.

- 센서는 더 이상 산업 자동화 장치에 국한되지 않는다. 사물 인터넷 장치는 많은 환경에서 보편화되고 있으며, 방대한 데이터셋을 생성한다.
- 스틸 이미지 또는 비디오 카메라를 사용하여 학습 및 분석을 위한 이미지 데이터를 수집할 수 있다. 예를 들어, 구글 스트리트뷰<sup>Google StreetView</sup>에 필요한 이미지 캡처의 규모와 reCAPTCHA가 이러한 이미지를 대규모로 레이블링하는 수단으로 사용되는 방법을 생각해보자.

# 인증 및 DNS 도메인 설정

이 책에 나오는 여러 시스템에는 프로그래밍 방식이 아닌 AWS 관리 콘솔을 통해 수행해야 하는 공통 AWS 설정이 필요하다. 일부 수동 확인이 필요하기 때문이다. 예제 시스템을 실행하기 전에 다음 설정을 완료했는지 확인하자.

## D.1 도메인 설정

S3 버킷, API 게이트웨이와 같은 AWS 리소스에 대한 동적 HTTP 엔드포인트를 생성하면 AWS는 이러한 엔드포인트에 대한 URL을 생성한다. 프로덕션 애플리케이션을 빌드하지 않을 때는 이러한 생성된 이름을 사용할 수도 있다. 하지만 문제는 이러한 리소스를 제거하고 파기할 때마다 URL이 변경된다는 점이다. 이런 이름은 또한 길고 기억하기 어렵다. 이러한 문제를 피하기 위해 도메인을 등록할 것이다. AWS에서 라우트 53 서비스를 사용하면 프로세스가 쉬워진다. 이미 가지고 있는 도메인을 사용하려는 경우, 또는 이미 등록된 도메인의 하위 도메인을 사용하려면 라우트 53 설명서(http://mng.bz/Mox8)를 참조하자.

## D.1.1 도메인 이름 등록

라우트 53을 사용하여 처음부터 새 도메인을 등록하는 과정을 살펴보자.

이 AWS 계정에 아직 도메인 관련 리소스가 없는 경우 기본 AWS 콘솔의 네트워킹 섹션에서 라우트 53 링크를 클릭하면(모든 서비스 제어가 이미 확장되었다고 가정) 첫 화면으로 이동한다. 리소스를 이미 생성했다면 라우트 53 대시보드로 이동하게 된다.

**그림 D-1** 아마존 라우트 53 소개 페이지

[그림 D-1]은 라우트 53 소개 페이지를 보여준다. 보다시피 라우트 53은 서로 다르지만 밀접하게 관련된 네 가지 서비스, 즉 도메인 등록(아마존 역시 도메인 등록 가능 업체다), DNS 관리(트래픽을 도메인으로 보내는 데 사용할 도구), 트래픽 관리(트래픽 리디렉션을 처리하기 위한 도구), 가용성 모니터링(대상 리소스가 해야할 역할을 수행하는지 확인하는 도구)을 제공한다. 이 중 여기에서 다룰 것은 도메인 등록과 DNS 관리이다.

라우트 53의 대시보드에서 도메인 등록 섹션에 등록할 도메인 이름의 주요 부분(예: `ac-me-corporation.com`을 등록하려는 경우 `acme-corporation`)을 입력한 뒤 [확인] 버튼을 누른다. 검색 결과로 연간 등록 비용과 함께 `.com`, `.org`, `.net` 등의 도메인이 표시된다. 그 중 하나를 선택하고 [확인]을 클릭한다. 라우트 53은 온라인 기록을 검색하여 해당 조합이 현재 사용 가능한지 확인한다. 필요에 맞는 도메인 이름을 찾으면 카트에 추가하고 결제 절차를 거쳐 첫 해 등록비를 지불하자. 도메인 등록 비용은 일반적으로 연간 미화 10달러에서 15달러 사이이며, 프리 티어 사용량에 포함되지 않는다. 잠시 후 새 도메인이 라우트 53 대시보드에 나타난다(도메인 등록이 완료되기까지 시간이 걸릴 수 있다). 이제 도메인을 설정하고 새로 개발한 서버리스 AI 애플리케이션에 사용할 준비가 된 것이다!

> **NOTE_** 도메인 등록에 반드시 라우트 53을 사용해야 하는 것은 아니다. 실제로 다른 도메인 공급자가 더 저렴한 대안을 제공한다. 다른 회사를 통해 등록한 도메인에 대해서도 라우트 53의 다른 기능을 사용할 수 있다.

## D.1.2 호스팅 영역 설정

도메인은 등록했지만 아직 수신 요청에 대해 수행할 작업을 지정하지 않았다. 라우트 53은 등록된 도메인에 대한 호스팅 영역을 자동으로 생성한다. 콘솔의 라우트 53 섹션에서 호스팅 영역을 클릭하고 링크를 따라 새 호스팅 영역으로 이동하자. 이동한 페이지에서 미리 생성된 두 개의 레코드 세트를 볼 수 있다.

- SOA: 도메인의 기본 DNS 구성 정보를 식별한다.
- NS: 도메인 호스트에 대해 쿼리할 수 있는 권한 있는 네임 서버를 나열한다. 이들은 도메인 이름 번역 요청에 대한 답변을 제공하는 공공 서비스다.

> **NOTE_** 레코드 세트는 도메인 동작의 특정 측면을 정의하는 데이터 레코드 세트다.

이 레코드 세트는 건드리지 말자. 새 도메인 이름을 완전히 사용할 수 있도록 하는 것만으로는 충분하지 않다. 나중에 서버리스 프레임워크를 사용하여 도메인 이름 서버를 사용하는 모든 사람에게 애플리케이션에서 사용하는 IP 주소를 요청하도록 알리는(브라우저가 도메인을 가리키도록) 새 레코드를 자동으로 추가할 것이다.

# D.2 인증서 설정

웹 보안은 광범위한 주제로 이 책에서 전부 다룰 수는 없다. 그래도 우리는 모든 웹 트래픽에

HTTPS를 사용하고 싶다. 일반 HTTP를 사용하던 시절은 지났으며, 초기부터 보안 권장 사항을 고려하는 것이 좋다. 인증서 생성 및 갱신을 쉽게 관리할 수 있도록 AWS 인증서 관리자 Certificate Manager를 사용할 것이다.

AWS 콘솔에서 보안, 자격 증명 및 규정 준수 섹션의 Certificate Manager 링크를 클릭한다. 그러면 [그림 D-2]에 표시된 인증서 관리자 대시보드로 이동한다.

**그림 D-2** 인증서 관리자의 첫 페이지

[인증서 요청]을 선택하고, 퍼블릭 인증서 요청 옵션을 선택하자. [그림 D-3]에 표시된 인증서 요청 페이지에서는 인증서에 대한 도메인을 지정할 수 있다. 등록된 도메인의 모든 하위 도메인에 사용할 와일드카드 인증서를 요청한다. 예를 들어, `stuff.org`를 등록한 경우 와일드카드 인증서는 `api.stuff.org` 및 `www.stuff.org`를 보호한다.

`*.stuff.org`(와일드 카드 도메인 이름)을 입력한 뒤 [이 인증서에 다른 이름 추가]버튼을 눌러 입력 창을 추가하고 `stuff.org`를 입력하자. 그런 다음 유효성 검사 방법을 선택한다. 그러면 [그림 D-3]과 유사한 페이지가 표시된다. AWS 콘솔은 추가한 도메인에 대한 유효성 검사를 요청하여 사용자가 소유자인지 확인한다.

**그림 D-3** 인증서로 보호할 도메인 이름 입력 및 유효성 검사 방법 선택

DNS 검증을 선택하고 [요청]버튼을 누른다. 라우트 53에 도메인을 등록했으므로, 호스팅 영역에 특수 검증 DNS 항목을 자동으로 생성하는 옵션이 있다. [그림 D-4]와 같이 각 도메인에 대해 섹션을 확장한다.

**그림 D-4** 라우트 53을 사용하여 검증 DNS 레코드 생성

'Route 53에서 레코드 생성'을 클릭한다. 각 도메인에 대해 이 단계를 확인하고 레코드 생성을 클릭하자.

도메인의 유효성이 확인되고 인증서 프로비저닝이 완료되기까지 최대 30분 정도 기다려야할 수 있다. 이 작업이 완료되면 인증서 관리자는 [그림 D-5]과 같이 인증서 상태를 '발급됨'으로 표시한다.

**그림 D-5** AWS 콘솔의 Certificate Manager(인증서 관리자) 섹션에 표시된 인증서

이제 도메인 등록을 마치고, 트래픽이 암호화되도록 관련 SSL/TLS 인증서를 생성했다. 나중에 이 도메인을 사용하여 새로 배포된 애플리케이션에 접근할 수 있다. 실습 중에는 생성한 인증서에 대한 ARN 또한 사용하므로 별도로 저장해두도록 하자.

# 서버리스 프레임워크
# 내부 뜯어보기

이 부록에서는 AWS의 서버리스 기술, 특히 이 책의 여러 예제 시스템에 사용되는 서버리스 프레임워크에 대해 자세히 살펴볼 것이다.

1장에서 언급했듯이 서버리스라는 용어는 서버가 없는 시스템을 의미하는 것이 아니다. 기본 서버 인프라에 관심을 가질 필요 없이 시스템을 구축할 수 있다는 의미이다. 서버리스 기술을 사용함으로써 우리는 추상화 수준을 한 단계 끌어올려 애플리케이션 로직에 더 집중할 수 있으며, 기술적으로 '무거운 작업'에 덜 신경써도 된다.

서버리스를 뒷받침하는 핵심 개념은 IaC^Infrastructure as Code(코드로서의 인프라)이다. IaC를 사용하면 시스템의 전체 인프라를 소스코드로 취급할 수 있다. 이는 인프라를 깃과 같은 형상 관리 시스템에 저장하고 소프트웨어 개발 모범 사례를 생성 및 유지 관리에 적용할 수 있다는 뜻이다.

모든 주요 클라우드 제공 업체는 IaC에 대한 메커니즘을 지원한다. AWS에서 IaC를 지원하는 서비스를 클라우드포메이션클라우드포메이션이라고 한다.

클라우드포메이션은 JSON 또는 YAML 형식으로 템플릿 파일을 생성하여 구성할 수 있다. 텍스트 편집기를 사용하여 직접 템플릿을 작성할 수 있지만 템플릿이 매우 장황하기 때문에 상당한 크기의 시스템에서는 빠르게 다루기가 어려울 수 있다. 개발자는 SAM, AWS CDK, 서버리스 프레임워크와 같이 클라우드포메이션을 사용하는 데 도움이 되는 다양한 도구를 사용할 수 있다. 여러 클라우드를 대상으로 하는 해시코어HashiCorp의 테라폼Terraform과 같은 다른 도구도 있지만, 여기서는 다루지 않는다.

서버리스 프레임워크는 모든 AWS 리소스를 배포하는 데 사용할 수 있지만, 기본적으로는 서버리스 웹 애플리케이션 관리 및 배포를 위한 것이다. 즉 API 게이트웨이, 람다 함수, 다이나모DB 테이블과 같은 데이터베이스 리소스를 위한 것이다. 서버리스 설정 파일은 이러한 유형의 애플리케이션을 설명하는 가벼운 도메인 특정 언어domain-specific language(DSL)로 간주할 수 있다.

[그림 E-1]은 서버리스 프레임워크가 클라우드포메이션과 어떻게 협력하는지 보여준다.

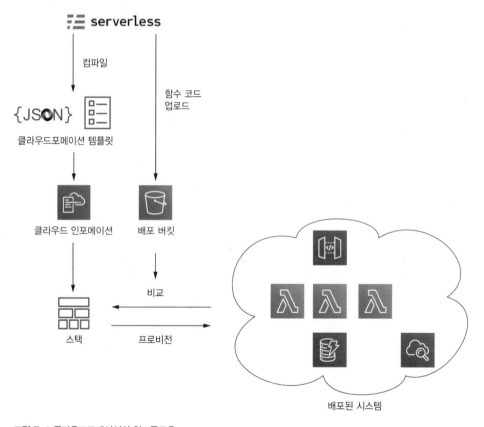

그림 E-1 클라우드포메이션의 워크플로우

배포시 서버리스 설정 파일(serverless.yml)은 클라우드포메이션 템플릿으로 '컴파일'된다. 배포 버킷이 생성되고, 정의된 각 람다 함수에 대한 코드 아티팩트가 업로드된다. 각 람다 함수에 대해 해시가 계산되고 템플릿에 포함된다. 그런 다음 서버리스는 클라우드포메이션의 Up-dateStack 메서드를 호출하여 배포 작업을 클라우드포메이션에 위임한다. 그런 다음 클라우드포메이션이 기존 인프라 쿼리를 진행한다. 차이점을 발견하면(예: 새 API 게이트웨이 경로가 정의된 경우) 클라우드포메이션은 배포를 새로 컴파일된 템플릿에 맞추기 위해 필요한 인프라 업데이트를 수행한다.

## E.1 프로세스 살펴보기

간단한 서버리스 설정 파일을 사용하여 배포 프로세스를 자세히 살펴보자. 먼저 hello라는 새 빈 디렉토리를 만들자. 이 디렉토리로 cd하고 serverless.yml 파일을 만들자. 다음 예시에 표시된 코드를 이 파일에 추가하자.

예시 E-1 간단한 serverless.yml 예

```
service: hello-service

provider:
  name: aws
  runtime: nodejs14.x
  stage: dev
  region: eu-west-1

functions:
  hello:
    handler: handler.hello
    events:
      - http:
          path: say/hello
          method: get
```

다음으로 동일한 디렉토리에 `handler.js` 파일을 만들고 다음 예시의 코드를 여기에 추가한다.

예시 E-2 간단한 handler 함수

```
'use strict'

module.exports.hello = async event => {
  return {
    statusCode: 200,
    body: JSON.stringify({
      message: 'Hello!',
      input: event
    },
    null, 2)
  }
}
```

이제 이 핸들러를 AWS에 배포해보자. AWS 계정을 설정하고 배포하기 전에 커맨드라인도 설정해야 한다. 아직 이 작업을 수행하지 않았다면 부록 A의 설정 프로세스를 참고하자.

이 간단한 애플리케이션을 배포하려면 다음 명령을 실행하면 된다.

```
$ serverless deploy
```

배포 프로세스 중에 생성된 아티팩트를 살펴보자. 이 애플리케이션을 배포할 때 프레임워크가 애플리케이션 디렉터리에 `.serverless`라는 로컬 작업 디렉터리를 만들었다. 이 디렉터리를 보면 다음 예시에 나열된 파일을 볼 수 있다.

예시 E-3 서버리스 작업 디렉토리

```
cloudformation-template-create-stack.json
cloudformation-template-update-stack.json
hello-service.zip
serverless-state.json
```

각 파일은 다음 용도로 사용된다.

- cloudformation-template-create-stack.json은 코드 아티팩트를 위한 S3 배포 버킷(아직 없는 경우)을 만드는 데 사용된다.
- cloudformation-template-update-stack.json에는 배포를 위해 컴파일된 클라우드포메이션 템플릿이 포함되어있다.
- hello-service.zip에는 람다 함수의 코드 번들이 있다.
- serverless-state.json은 현재 배포된 상태의 로컬 사본을 보유한다.

AWS 웹 콘솔에 로그인하여 프레임워크에서 배포한 내용을 정확히 확인하자. 먼저 S3로 이동하여 'hello'라는 문자열이 포함된 버킷을 검색한다. hello-service-dev-serverlessde-ployment-bucket-zpeochtywl7m과 비슷한 이름의 버킷을 찾아야 한다. 이것은 프레임워크가 코드를 AWS에 푸시하는 데 사용하는 배포 버킷이다. 이 버킷 내부를 살펴보면 다음 예시와 유사한 구조가 표시된다.

**예시 E-4** 서버리스 배포 버킷

```
serverless hello-service
dev
<timestamp>
compiled-cloudformation-template.json hello-service.zip
```

<timestamp>는 배포를 실행한 시간으로 대체된다. 서비스가 업데이트되면 프레임워크는 배포를 위해 업데이트된 템플릿과 코드를 이 버킷에 푸시한다.

다음으로 AWS 콘솔을 사용하여 람다 및 API 게이트웨이 웹 콘솔로 이동하자. 오른쪽 상단의 검색창을 클릭하거나 단축키 Alt-S를 누른 뒤 [그림 E-2]와 같이 'lambda'와 'api gateway'를 검색하자.

aws
서비스
lambda
'lambda' 검색 결과
서비스 (5)
기능 (2)
블로그 (90)
설명서 (44,067)
지식 문서 (30)
자습서 (4)
마켓플레이스 (210)
서비스
모든 5개 결과 보기
Lambda
서버에 대한 걱정 없이 코드 실행
CodeBuild
코드 빌드 및 테스트
AWS Signer
코드에 대한 신뢰 및 무결성 보장
Amazon Lex
음성 및 텍스트 챗봇 구축

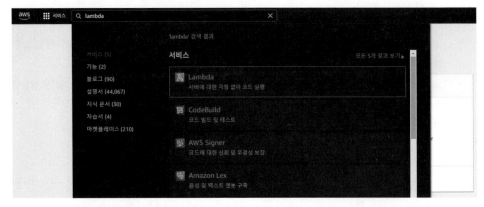

**그림** E-2 AWS 웹 콘솔에서 서비스 검색.

람다 및 API 게이트웨이 콘솔에서 [그림 E-3] 및 [그림 E-4]와 같이 배포된 서비스 인스턴스를 볼 수 있다.

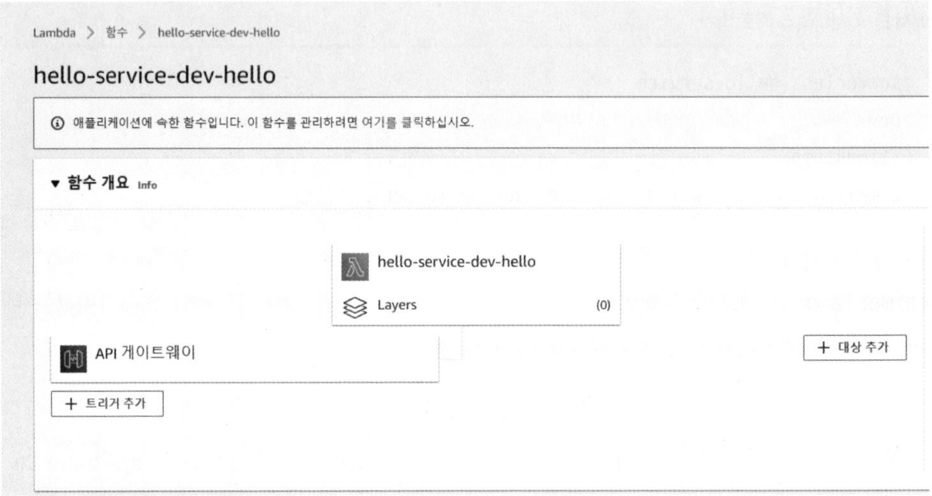

Lambda > 함수 > hello-service-dev-hello
hello-service-dev-hello
애플리케이션에 속한 함수입니다. 이 함수를 관리하려면 여기를 클릭하십시오.
함수 개요 Info
hello-service-dev-hello
Layers
(0)
API 게이트웨이
+ 트리거 추가
+ 대상 추가

**그림** E-3 배포된 람다 함수

**그림 E-4** 배포된 API 게이트웨이

마지막으로 클라우드포메이션 웹 콘솔을 열면 [그림 E-5]와 같이 서비스에 대해 배포된 템플 릿이 표시된다.

프레임워크의 배포 프로세스를 이해하면 문제가 발생할 때 문제를 진단하는 데 도움이 될 수 있다. 명심해야할 것은, `serverless deploy`가 클라우드포메이션 `UpdateStack`에 배포를 위임하고, 문제가 발생할 경우 AWS 콘솔을 사용하여 스택 업데이트 기록 및 현재 상태를 확인할 수 있다는 것이다.

**그림 E-5** 배포된 클라우드포메이션 스택

## E.2 클린업

예제 스택을 마쳤으면 다음을 실행하여 제거하자.

```
$ serverless remove
```

프레임워크가 여기에 설명된 모든 항목을 제거했는지 확인하자.

# INDEX

# INDEX

# INDEX

# INDEX